現代文化論
新しい人文知とは何か

吉見俊哉［著］

前 口 上

現代文化論へようこそ！ あなたがこれから学ぶ「現代文化論」は，英語でいえば「コンテンポラリー・カルチュラル・スタディーズ（Contemporary Cultural Studies）」と総称される分野で，そのキーワードは「現代」と「文化」です。

さっそく質問ですが，「近代」から区別される「現代」とは，いつから始まったのでしょう？ 答えは，19 世紀末から 20 世紀初頭にかけてで，これは 18 世紀末まで遡れる「近代」の変容局面に当たります。もちろん，1910〜20 年代に開花する「現代」と，第二次世界大戦後の「現代」，そして 21 世紀初頭の「現代」は異なります。最初の「現代」は，欧米や日本の大都市中心の階級社会でした。第 2 の「現代」は，アメリカ化する大衆社会です。そして現在進行中の第 3 の「現代」は，グローバル化と新自由主義の社会です。これらの 3 層に変化してきた「現代」という舞台で「文化」がいかに演じられてきたのか。そのドラマを読み解くにはどのような方法論が必要かをお伝えしていくのが本書の使命です。

本書は全体で，4 幕 14 場のドラマ形式をとっています。現代文化そのものが，3 層の舞台において演じられていく多層的なドラマであるのに対応させたつもりです。それぞれの幕の扉には，シェイクスピアの代表的なドラマの現代版を掲げていますが，その解説を裏面に付しました。多くの大学で 1 学期の授業は 15 週でしょうか

i

ら，最終回を除く14週間で，1週1場ずつを学んでいっていただきたいと思います。それぞれの幕のなかの場の順番は，組み換えていただくのも可能で，そのへんはお任せします。

　第1幕から第4幕に進むに従い，全体として抽象から具体へ，過去から現在へ重心をシフトさせていますが，本書の最大の眼目は，現代文化の個別事例について知ること以上に，そのような事象をどう学問的に理解し，分析していけるのかという，理論や方法論のレベルの理解を深めることにあります。本書を学び終えたときに，あなたは現代文化を考察するための多くの学問的な道具を手にしているはずです。それらを基礎に，15週目には，総括的なディスカッションをしていただければと思います。

　毎週の授業に相当するそれぞれの場は，いずれも3つのシーンから構成されています。これは，報告の担当者を決めるときのことを配慮したもので，全体で42のシーンがありますから，授業参加者が20人程度ならば1人2シーン，40人程度ならば1人1シーン，80人程度ならば2人で1シーン，報告を担当してもらえばいい計算です。また，それぞれの場に「予習図書」と「復習課題」を示しています。予習図書は，海外の大学で一般的な「Reading Assignment」に相当するもので，本来は各学生がこの何冊かを事前に読んでくることが期待されるはずです。また復習課題は，ティーチング・アシスタント（TA）の大学院生がこれらの課題について参加学生と少人数で議論するためのものです。学習の効果を高めるためには，こうした復習のプロセスが不可欠です。いずれも日本の大学では，学生が履修しなければならない科目数が多すぎ，TA制度も未整備なので困難ですが，可能な範囲内で活用してください。

現代文化論：もくじ

前口上　　i

図版出所一覧　　xii

第1幕　〈文化〉という問い

第1場　文化とは何か　　3
ポップカルチャーを学びたいあなたへ

1　ポップカルチャーと〈文化〉…………………………3
日本のポップカルチャーを勉強したいんです　3　　「大好き」の罠　5　　「リサーチ・クエスチョン」の限界　5　　多様性のなかのあいまいさ　6

2　近代西欧における〈文化〉概念…………………7
自然の「耕作」から精神の「耕作」へ　7　　「文明」と「文化」　8　　「文化」と「教養」　9　　「無秩序」を〈文化〉に調教する？　10　　シェイクスピアを正典化する　12

3　〈文化〉概念の拡散と20世紀的変容……………13
近代日本における「文明」と「文化」　13　　「未開」か「文化」か　15　　現代社会と〈文化〉の拡散　16　　大衆文化への保守主義的批判　16　　複雑な問いとしての〈文化〉　18　　文化論の論点先取　19

第2場　遊びから文化へ　　21
ホイジンガとカイヨワから現代へ

iii

1 〈文化〉は遊ぶ ……………………………………… 21

宗教と文化，遊びと文化 21　　手段としての遊びから遊びそれ自体へ 22　　根源的な生の範疇としての遊び 24　民衆のカーニバル的生活 24　　グロテスクな境界侵犯 26

2 〈遊び〉の諸類型と近代 ………………………… 27

カイヨワのホイジンガ批判 27　　〈遊び〉と〈聖〉と〈俗〉 27　　遊びの4つの類型 29　　混沌の文化，計算の文化 30　　〈遊び〉のなかの儀礼的往還 31　　リミナリティとリミノイド 33

3 日本における〈遊ぶ〉文化 …………………… 34

柳田國男と聖なる〈遊び〉 34　　鬼ごっことかくれんぼ 36　　〈遊ぶ〉の古層 37　　五感のなかの〈触れる〉 37　「たまふり」と「気がふれる」 39

第3場 | 大都市と労働者の文化 41

ウィリアムズとシカゴ学派の文化研究

1 大衆の時代とメトロポリスの文化 ……………… 41

〈宗教と近代〉から〈文化と現代〉へ 41　　シカゴ派社会学と大都市の「心の状態」 43　　無宿者たちの都市文化 44　　ダンスホールのなかの性と階級，人種 45

2 労働者階級の経験のなかから ………………………… 46

ジョージ・オーウェルと労働者階級 46　　『読み書き能力の効用』の労働者文化論 48　　労働者階級の若者たちの態度変容 49　　レイモンド・ウィリアムズと『文化と社会』 50　　「大衆＝マス」の陥穽 52　　多声的な言語としての階級文化 54

3 記述される者たちからのまなざし ………………… 56

ストリート・コーナー・ソサエティの若者たち 56　　労働者階級文化へのまなざしの変化 57　　「ポピュラー・アート」としての文化消費 58　　「街頭の若者」から

iv

「野郎ども」へ　60　　「野郎ども」の文化の洞察と呪縛 62

第4場　コミュニケーションとしての文化　65

鶴見俊輔と戦後日本の〈文化〉研究

1　コミュニケーションとしての文化 ……………… 65

レイモンド・ウィリアムズと鶴見俊輔　65　　準米国産の プラグマティズム思想　66　　コミュニケーション思想と してのプラグマティズム　67　　人文学のコミュニケーシ ョン論的転回　68　　ディスコミュニケーションの発見 69　　創造性としてのディスコミュニケーション　71

2　限界芸術論の射程 ……………………………… 72

記号としての芸術　72　　美的経験＝遊びと芸術の3類型 73　　限界芸術の研究方法　74　　限界芸術としてのデモ 75　　限界芸術としての複製メディア　77　　家族アルバ ムの意味の変容　78

3　マスとしての文化のなかから ………………… 80

思想の科学研究会と大衆芸術研究　80　　大衆小説，任侠 映画と流行歌／替え歌　80　　キッチュ，やりかたの技法， 遊び　83

第2幕　日本近代と〈文化〉の位相

第5場　文明開化から文化主義へ　89

近代日本における〈文化〉の変容

1　「文明」のなかの「文化」 …………………… 89

「カルチャー」と「文化」の間　89　　福澤諭吉と「文明」 としての文化　91　　辞書のなかの「文明」と「文化」 93

もくじ　v

2 大正文化主義の勃興 …………………………………… 95
  「文明」の明治から「文化」の大正へ 95　　森本厚吉と
  文化生活運動の展開 97　　ドイツ哲学からの文化主義の
  輸入 98　　人格的自由としての「文化」101　　土田杏
  村と大正文化主義の深化 103

  3 労働者階級と民衆文化創造の主体 …………………… 104
  民衆のための芸術，民衆による芸術 104　　大山郁夫と
  民衆文化論 106　　権田保之助と民衆娯楽論 107

第6場　文化国家の挫折とマス・カルチャー　110

戦後日本における〈文化〉の変容

  1 敗戦・占領と「文化国家」の理念 ………………… 110
  「軍事」国家から「文化」国家へ 110　　新憲法のなかの
  文化主義 111　　教育行政を地方委譲し，文化省を新設
  する 112　　知識人の「文化国家」に対する懐疑 114

  2 大衆天皇制とマス・カルチャーの時代 ………… 115
  「大衆／庶民」の文化と「大衆社会」の文化 115　　松下
  圭一と大衆社会の政治／文化 117　　皇太子成婚と「大
  衆天皇制」119

  3 見田社会学と大衆社会の文化的基底 ……………… 122
  見田社会学と「文化」の問題 122　　文化の基底にある
  〈構造〉と〈実存〉124　　「新しい望郷の歌」と大衆社会
  の文化的基底 126

第3幕　〈文化〉としての現代

第7場　資本としての文化　131

文化産業からクリエイティブ産業へ

  1 文化産業の支配 …………………………………… 131

20世紀をどのように捉えるか　131　　『啓蒙の弁証法』
と文化産業の支配　132　　文化産業から意識産業へ　134
意識産業の前提条件　135　　〈文化〉を構成する〈資本〉
137

2　文化資本と趣味の戦略 …………………………… 138
「眼」や「耳」の社会的組成　138　　人生の軌道と資質の
取得を媒介する〈階級〉　140　　〈趣味＝テイスト〉の闘
争ゲーム　141

3　クリエイティブ産業論への旋回 ……………… 143
文化産業批判 vs 知識産業論　143　　知識産業論からクリ
エイティブ産業論へ　145　　グローバル化と新自由主義
のなかで　147　　〈資本〉と〈文化〉をめぐる3つのアプ
ローチ　148

第8場 ┃ 差異としての文化　　151

消費社会と文化の政治学

1　大衆社会から消費社会への変容 ……………… 151
ポスト高度経済成長と消費社会の出現　151　　メディア
化する都市空間　152　　リースマンと他人指向型性格
154　　ガルブレイスとテクノストラクチュア　156

2　ボードリヤールと消費社会の記号分析 ………… 158
ボードリヤールのガルブレイス批判　158　　消費＝欲求
充足から消費＝言語活動へ　159　　記号システムのなか
の「個性」の消費　160

3　差異化するシステムと多声的な実践 ……………… 162
複数的な意味生成行為の場　162　　エンコーディング／
デコーディングと記号の多声性　164　　意味をめぐる抗
争と差異化システムの支配　166　　消費社会の限界？：
格差社会とグローバル・リスク　167

もくじ　vii

第9場　越境としての文化　170

文化帝国主義とポストコロニアリズム

1　文化帝国主義の政治　…………………………………　170

世界に浸透するアメリカの大衆文化　170　　軍事的帝国
主義から文化帝国主義へ　172　　文化帝国主義論の限界
173　　文化帝国主義論とポスト植民地　174

2　サイードとオリエンタリズムの政治　……………　175

西洋が「オリエント」を想像する　175　　「オリエント」
への異なるアプローチ　176　　政治から文化へ，文化か
ら政治へ　177　　オリエンタリズムが「西洋＝自己」を
生産する　178

3　グローバル化と多元的なフロー　………………　180

重層的なローカル／グローバル　180　　グローバルなフ
ローが生む重層的地景　181　　脱領土化していく世界
182　　文化帝国主義論の再評価？　183

第10場　ジェンダーの文化政治　187

ジェンダー研究と現代文化

1　ジェンダーが問い返す現代文化　…………………　187

フェミニズムとジェンダーの20世紀　187　　ジェンダー
から現代文化を眺める　189　　ジェンダーは権力関係を
媒介している　191　　権力が，ジェンダー化された自我
を生産する　192

2　メディアのなかのジェンダー表象　………………　195

家電広告のなかの女性イメージ　195　　家電の購入者と
しての主婦＝奥さま　196　　あいまい化するジェンダー
と社会的役割　198

3　ショッピングのなかのジェンダー関係　…………　200

女性の職業の現代的拡大　200　　「ショップ・ガール」と

viii

してのデパート店員　203

第4幕　現代における〈文化〉の諸相

第11場　ネットワーキングする文化　209
集合知の時代を生きる

1　ネット社会と断片化する知識 ……………………… 209
なぜ，コピペはだめなのか　209　　ネットは何が図書館
と違うのか　210　　知的権威主義からの解放とその陥穽
211　　体系としての知識　211　　インターネットは私た
ちの知を豊かにしない？　213

2　インターネット社会と市民ネットワーク ………… 214
パソコン通信の広がりと限界　214　　1995年がインター
ネット社会元年　215　　ネットワーク化する市民社会
217　　個人の緩やかなつながり　219

3　氾濫するポスト真実と虚構への自閉 ……………… 221
ネット社会の匿名性が生む諸問題　221　　ネットで氾濫
する偽ニュース　223　　新聞とプラットフォームの地位
逆転　224　　編集からアルゴリズムへ　225　　ポスト真
実がアメリカ大統領を生む　227

第12場　パフォーミングする文化　231
日常化する舞台

1　歌う身体のパフォーマンス ……………………… 231
カラオケ・レコードと「歌う」自己の反転　231　　ハー
ドとしてのカラオケの誕生と発展　232　　視聴者参加型
のステージとしてのカラオケ　233　　歌謡番組文化の飽
和と自己のスター化　235

もくじ　ix

2 コスプレする身体のパフォーマンス ……………… 236
マンガ・アニメからコスプレ文化へ 236　自己目的化するコスプレ 239　コスプレ文化のエスノグラフィー 240　ストリート・ファッションの自己のパフォーマンス 242

3 スポーツする身体のパフォーマンス ……………… 244
「観るスポーツ」の時代から「するスポーツ」の時代へ 244　マラソンは，努力と忍耐のスポーツか 245　苦しむマラソンから楽しむマラソンへの転換 246　市民マラソンの台頭と〈走る私〉のパフォーマンス 248　反転した〈客席〉と〈舞台〉 250

第13場　観光のまなざし／上演する地域　254
現代文化としての地域

1 観光のまなざしのなかの地域 ……………… 254
「観光」というまなざしの組織化 254　海浜リゾートと観光客 256　疑似イベントとしての「観光」 257　「観光＝疑似イベント」論の限界 258

2 〈触れる〉まなざしとしての観光 ……………… 259
「眺める」ことと「触れる」こと 259　ホストとゲストの相互行為としての観光 260　マス・ツーリズムの概念を超える観光 262　ホストとゲストの境界線のあいまい化 263　「オーセンティックな文化」を上演する 265

3 地域の〈文化資源〉とは何か ……………… 267
文化資源という文化の土壌 267　「文化資源」の５つのタイプ 268　「文化財」から「文化資源」への視座転換 269

第14場　アーカイビングする文化　　273

新しい記憶 – 再演術へ

1　ミュージアム化する都市　……………………………273

　　コレクションからミュージアムへ　273　　蒐集，公開か
　　ら学習まで　275　　グローバル化と新自由主義のなかで
　　277　　ミュージアムからミュージアムシティへ　278

2　つながるミュージアム，図書館，文書館　…………281

　　図書館，文書館，ミュージアム共通の原点とは　281
　　書物の時代と図書館の発展　282　　「蒐集・保存」から
　　「公開」へ　284　　読書クラブと労働者階級の教育　285
　　国民国家の記憶装置としての文書館　287　　両世界大戦
　　とアメリカ国立公文書記録管理局　289

3　記録知＝集合知としてのデジタルアーカイブ　…… 290

　　デジタルアーカイブの台頭　290　　アーカイブのなかの
　　文書館と記憶の場所　292　　情報爆発のなかでの文化の
　　サスティナビリティ　294

カーテンコール　　297

参考文献　　299

索　引　　309

本書のコピー，スキャン，デジタル化等の無断複製は著作権法上での例外を
除き禁じられています。本書を代行業者等の第三者に依頼してスキャンや
デジタル化することは，たとえ個人や家庭内での利用でも著作権法違反です。

もくじ　xi

図版出所一覧

1 頁　Photo by Ellie Kurttz © RSC

4 頁　AFP＝時事

12 頁　西原洋子『マシュー・アーノルド文学研究』国文社，2005 年

14 頁　毎日新聞社／時事通信フォト

28 頁　ロジェ・カイヨワ『人間と聖なるもの』塚原史ほか訳，せりか書房，1994 年

35 頁　朝日新聞社／時事通信フォト

36 頁　成城大学民俗学研究所提供

58 頁　@Antonio Olmos

66 頁　毎日新聞社

76 頁　左：毎日新聞社／時事通信フォト，右：時事

83 頁　EPA＝時事

87 頁　©TOHO CO., LTD.

96 頁　読売新聞社

98 頁　学校法人新渡戸文化学園提供

99 頁　一粒社ヴォーリズ建築事務所提供

105 頁　『大杉栄全集 5 文芸論集』現代思潮新社，1964 年

106 頁　国立国会図書館

118 頁　松下圭一『戦後政治の歴史と思想』ちくま学芸文庫

120 頁　毎日新聞社／時事通信フォト

123 頁　朝日新聞社／時事通信フォト

127 頁　北海道新聞社／時事通信フォト

129 頁　John Snelling/Getty Images Entertainment／ゲッティイメージズ

139 頁　ピエール・ブルデュー『ディスタンクシオン』1・2，石井洋二郎訳，藤原書店，1990 年

153 頁　共同通信社

159 頁　ジャン・ボードリヤール『物の体系──記号の消費（新装版）』宇波彰訳，法政大学出版局，2008 年

168 頁　Imaginechina／時事通信フォト

177 頁　エドワード・W・サイード『世界・テキスト・批評家』山形和美訳，法政大学出版局，1995 年

196 頁　株式会社ダイヘン提供

197 頁　株式会社パナソニック提供

202 頁　毎日新聞社／時事通信フォト

207 頁　Photo by Reg Wilson © RSC

212 頁　Wikimedia

234 頁　時事通信フォト

238 頁　時事通信フォト

246 頁　毎日新聞社

275 頁　F. Imperato, 1599, Dell'historia naturale' Napoli.

279 頁　Lehtikuva ／時事通信フォト

281 頁　金沢市提供

第 1 幕
〈文化〉という問い

BBC のテレビドラマシリーズ『ドクター・フー』のドクター役で人気を得,数々のシェイクスピア劇にも出演したスコットランド出身の俳優デイヴィッド・テナントが演じるハムレット（ロイヤル・シェイクスピア・カンパニー,2008 年。Photo by Ellie Kurttz©RSC）

ハムレット

　モナ・リザを観たことのない人も彼女が微笑んでいるのを知っているし，ハムレットを読んだことのない人も彼が悩んでいるのを知っていると書いたのは，『シェイクスピアはわれらの同時代人』の著者ヤン・コットでした。『ハムレット』が悩める〈自我〉の萌芽を告げる劇であるとの解釈は昔からなされてきました。コットがこれに加えたのは，「ハムレット」は〈監視〉の劇でもあることです。ハムレットの住むエルノシアの城では，どのカーテンの背後にも誰かが隠れています。デンマークは互いを不信と恐怖のなかに置く全体主義国家で，登場人物は監視のまなざしの前で，それが芝居じみた行為であるのを承知のうえで自分を演じています。だからハムレットは，十分に自覚的におのれの〈狂気〉を演じるのです。シェイクスピアは，16 世紀末の「現代」が大規模な監視のゲームの時代であると考えていました。彼の天才は，21 世紀の現代，ネット社会のなかで新たな監視やビッグデータ，ポスト真実が出現するのを予言していたかのようです。

第1場 文化とは何か

ポップカルチャーを学びたいあなたへ

➡現代文化論の第1幕は、〈文化とは何か〉という根本の問いから出発します。この本には、これからさまざまな学者、批評家、実践家が登場しますが、その誰もが異なる仕方でこの問いと向き合ってきました。それほどまでに〈文化とは何か〉という問いに一言で答えるのは困難です。それでも、この問いに正面から向き合うことなしには現代文化論は成立しません。第1場では、この〈文化〉という概念の近代西欧における語られ方の歴史を眺めていきます。最も重要なのは、〈文化＝culture〉は、〈耕す＝cultivate〉を原義としており、〈農業＝agriculture〉が土を耕すのと同様、人や社会を耕すことを含意していたという点です。この点で、〈文化〉と〈文明＝civilization〉は異なります。そこから出発し、ここでは文化概念の現代的変容と現在、問われているナショナリズムや多文化主義等との関係について考えていきましょう。

1 ポップカルチャーと〈文化〉

日本のポップカルチャーを勉強したいんです

私、日本のポップカルチャーを勉強したいんです。日本のサブカルチャーにすごく興味があります。——そういって、韓国、中国、台湾、アジア、さらには世界各国から日本に留学を希望してくる若者が増えたのは、1990年代末頃からのことです。

大学院などへの入学希望者からこの種の申し出を受ける際、概して日本側の大学教員たちの反応は複雑です。そんなものが、本当に

3

「学問」になるのだろうか。せっかく日本に留学するなら，日本文学や日本美術など，もっと確立した分野をやったほうがいいのではないだろうか，などなどです。しかし，日本のポップカルチャー，音楽やテレビドラマ，マンガやアニメ，ゲームのアジア諸国への流出はすでに広く知られ，研究もそれなりに蓄積されてきました。それをさらに研究しようとやって来る留学希望者の多くが，地元の大学での学業内容は高い水準にあります。

　海外では，若者たちは高校，大学でよく勉強し，同時に日本のポップカルチャーをよく消費し，その２つが結びつくこと，そのように文化の消費と文化の研究が結びついた領域が国際的に「文化研究」と呼ばれて通用していることを知るのです。それで，日本に留学して，現場で「日本のポップカルチャーをカルチュラル・スタディーズ」しようと考えるわけです。自分が大好きな日本のポップカルチャーと，これまで勉強した方法論を結びつけて，何とか「学

日本の「カワイイ」スタイルを装う海外の女性たち
(「Tokyo Crazy Kawaii Paris Fair」2013年9月20日，パリ)

問」らしく見える研究計画をまとめてみるわけです。

「大好き」の罠

ところがしばしば，これらの研究計画は，ある定番の枠組みに陥ることになります。これとこれの公式を併せればこの証明問題はすぐに解けてしまう式に研究計画が立案され，ありがちな「リサーチ・クエスチョン」が立てられ，それに答えるために，定番の理論，たとえばピエール・ブルデューの文化資本やスチュアート・ホールのエンコーディング／デコーディング，グローバリゼーションについてのアルジュン・アパデュライなどの理論が援用され，一群の近年のポップカルチャーが取り上げられて考察されます。それが，「文化研究」や「社会学」や「人類学」の名のもとに正当化されていきます。

しかも昨今，日本の大学生の間にも似たような関心が広がりつつあるのですが，日本の大学生の場合，海外からの留学組のように学問的正当化を借り物ででもしてくる若者は上出来で，ただ対象として，音楽，ドラマ，ファッション，アニメ，ゲームなど，特定の日本のポップカルチャーが「大好き」なので，その研究をしたいと何の疑問もなく申し出てくる人が後を絶ちません。方法意識を欠いてただ好きな対象について膨大な情報を並べて研究だと思ってしまうタイプの日本人学生が，着実に増えてきたようです。

「リサーチ・クエスチョン」の限界

なぜ，こんなふうになるのでしょうか？それは端的にいえば，それぞれが研究対象にした具体的事象の先に，研究の目的となるべき概念的な問いが見据えられていないからです。

多くの学生は，それなりにもっともらしいリサーチ・クエスチョンを挙げます。「なぜ，○○は××となる傾向をもつのだろうか」とか，「○○はどうして人々に受容されたのだろうか」とか，いろいろです。しかし，こうした「クエスチョン」をいくつか立て，そ

1　ポップカルチャーと〈文化〉　5

れに答えるだけでは，〈研究〉には決してなりません。

ポップカルチャーについて詳しくなることと，それを〈研究〉することは全然別のことで，後者であるためにはより上位に，というかより深いところで〈問い〉が概念化されていなければなりません。そしてそのためには，まずそれぞれの形態の「ポップカルチャー」を，〈文化〉として位置づける必要があるのです。

当然，すぐにここで疑問が生じます。ポップカルチャーの「カルチャー」は，〈文化〉と別物なのでしょうか。いいえ，もちろん，「カルチャー」は「文化」です。それならば，ポップカルチャーの研究は，すべて文化の研究であり，わざわざ特別に位置づける必要はないのではないか，と思われるかもしれません。

多様性のなかのあいまいさ

しかしここで，私たちの生活は，実に多様な「文化」に取り巻かれていることを思い起こしてください。「文化」という言葉がつけられた事象だけを挙げてみても，文化人，文化施設，文化政策，文化財，企業文化，異文化，文化革命，伝統文化，芸術文化，大衆文化などから文化住宅や文化鍋，文化映画等の今日ではあまり使われなくなった用例まで多様です。「カルチャー」まで加えれば，カルチャーセンター，ポップカルチャー，サブカルチャー，ネットカルチャー，Ｊカルチャー等まで広がります。それぞれの「文化」の下位ジャンルまで拾っていけば，無数の現象が「文化」や「カルチャー」に含まれることでしょう。

このように，「文化」や「カルチャー」は，日常の会話から学問的な言説まで幅広く使われる用語でありながら，その内容は実に複雑な構造を内包しています。「文化財」の文化と「異文化」の文化は非常に異なりますし，「伝統文化」と「芸術文化」と「大衆文化」の境界線は，実はかなりあいまいです。日本では，「文化政策」に

6　第1場　文化とは何か

文化庁のみならず経済産業省や外務省もそれぞれ関与していきますが，それぞれの「文化」の認識は異なります。

　要するに，私たちは身のまわりに〈文化〉に関わる膨大な事象が存在することを知っていますが，それらを統一的に認識してなどおらず，ただ何となく「経済」でも「政治」でもない，より私たちの感情や意識，アイデンティティに関わる事象を一括りにして「文化／カルチャー」と呼んでいるのです。

　ですからポップカルチャーの研究が〈文化〉の研究であるとは誰しも答えるのですが，どのような意味で〈文化〉の研究なのかを問うていくと，多くは途中で答えに詰まってしまいます。文化政策と文化財と企業文化と異文化を貫いているのがいかなる意味で〈文化〉なのかは，それほど自明なことだとはいえないのです。

2　近代西欧における〈文化〉概念

自然の「耕作」から
精神の「耕作」へ

　もともとヨーロッパ言語の文化（culture）は，ラテン語で「耕作」を意味する *cultura* に由来し，その語源の colere は，「住む」「耕す」「守る」「崇める」等の意味を含んでいました。やがて，「住む」は「耕作民」の意のラテン語の *colonus* を経て「植民地 colony」へ，「崇敬する」は「礼賛」の意のラテン語の *cultus* を経て宗教的な「崇拝 cult」へと枝分かれしていきます。

　そうしたなかでこの言葉は，単に土地を耕すだけでなく精神を耕すという意味も帯びるようになり，これが今日的な〈文化〉概念の端緒となります。とはいえ，やがてこの言葉がラテン語からフランス語を経てドイツ語や英語に入っていった際も，近代に至るまで基

本的含意は作物や家畜の世話をすることが中心でした。

　ようやく16世紀以降，culture は，自然のみならず人間の発達過程にもより強く結びつけられるようになり，18世紀までに精神的な修養や養育が主要な含意となりました。自然の養育から人間の養育へと，言葉の意味の重心が移動したのです。

「文明」と「文化」　こうして「自然」の耕作から「精神」の耕作へ徐々に離陸していった〈文化〉概念ですが，18世紀のヨーロッパ諸言語では，後に鮮明になるような〈文化 culture〉と〈文明 civilization〉の差異はまだあいまいで，culture は人間的修養（＝文明の受容）一般を指すことが多かったようです。18世紀末のドイツでも，ゲーテ等の啓蒙思想の影響から「教養 Bildung」概念が注目されますが，これは各人の自己形成のレベルでの啓蒙思想の内面化を意味するもので，後年の〈文化〉概念が強調するようなナショナルな伝統との結びつきはまだ強くはありませんでした。

　しかし，18世紀末から19世紀初頭にかけてのドイツでは，すでに〈文明〉や〈啓蒙〉とは一線を画する〈文化〉概念が浮上してもいました。なかでもヘルダーは，単数形の啓蒙主義的な〈文明〉概念とは異なる意味を〈文化〉に与えていきます。彼は，西欧中心の単線的歴史観や帝国主義的欲望を批判し，非西欧世界も含めた世界の多様な国々や異なる時代の諸文化が独自の価値をもつという考え方を推し進めました。

　このヘルダーによる革新と並行して，19世紀初頭のドイツ・ロ

★

　ヘルダー　Johann Gottfried von Herder（1744〜1803）　ドイツの思想家。ケーニヒスベルク大学で医学，神学，哲学などを学び，カントとハーマンを師とする。哲学，歴史，言語，詩，劇など多方面の著述を残した。主著：『言語起源論』（72），『人類の歴史哲学考』（84〜91），『彫刻論』（78）。

8　　第1場　文化とは何か

マン主義の興隆のなかで、〈文化〉は〈文明〉とは対立する固有の意味を獲得していくのです。すなわち、啓蒙主義が宣揚する普遍的な〈文明〉の概念に対し、〈文化〉はそうした普遍性には回収されない地域、民族、集団の伝統に基づく複数的な価値や慣習を正当化する概念として考えられていきました。ドイツ・ロマン主義への流れのなかで、画一的で物質的で機械的な〈文明〉に対し、〈文化〉は個別的で精神的で有機的との観点が浮上していったのです。

ヘルダー

　〈文化〉を〈文明〉と対立させるこの構図は、ナポレオン戦争でドイツが敗北すると、フランスの支配に抗してドイツを復活させようとするナショナリズムの高揚と結びつき、フランスが主張する人類普遍の〈文明〉とは異なる国民固有の価値として〈文化〉を再発見していく大きなうねりを生んでいきました。

　ヘルダーが構想した複数形の〈文化〉概念には、西欧中心主義に対する明確な批判が含まれていたのですが、19世紀を通じて発展していく「国民文化 national culture」の概念では、多元的価値への関心は薄れ、むしろプロイセンのナショナリズムを支えるイデオロギー的言説の中核となっていくのです。

「文化」と「教養」

　しかし、〈文明〉と〈文化〉は19世紀のドイツにおいても単純に二項対立的な関係にあったのではありません。両者の複雑な関係を理解させてくれるのが、〈教養〉（としての文化）の浮上です。たとえばシラーは、カントと同じように「理性」が世界を省察する自由な意識であると考え

ましたが、この「理性」が「自然」と二律背反的だとは考えませんでした。むしろ理性は、歴史的、発達的なプロセスのなかで、〈文化＝教養〉の実践を通じて実現されるとしたのです。芸術は、「自然」から偶然性を除き、無秩序と純粋理性を媒介させる実践として、〈文化＝教養〉の支柱となるべきものでした。

この場合、〈文化〉は、二重に分節化された領域を指すことになります。一方で、〈文化〉は〈自然〉から〈理性〉に向かう歴史的プロセスを指し、それぞれの国や民族、地域が〈文化〉を育んできたと考えられます。他方、〈文化〉は人間の人格的陶冶のプロセス、すなわち〈教養／修養〉としても理解されます。近代国家の教育は、この２つ、すなわち〈理性〉としての〈文化〉と〈教養〉としての〈文化〉を一致させていくものとされました。

〈文化〉論者たちの考えはこうでした。近代の産業社会は、統一された〈文化〉を断片化した〈文明〉に変え、個人の理解力の限界を超えて断片的な知識で世界を飽和させています。しかし人間は、それでも知の本質的な統一性を理解しようとする意志をもち、その有機的全体性に参加しようとするのです。そうした方向に人々を陶冶するのは、いまや教会ではなく理性的な国家です。

この役割を具体的に負うのは学校教育で、その本分は、国民一人ひとりに〈教養〉を育み、〈理性〉に近づく道を示すことです。つまり、教育の目的は、際限なく知識を詰め込んだり、国家へのイデオロギー的な忠誠を誓わせたりすることではないのです。理性的な思考の規則を獲得することにより、個人は理性的国家の単なる使用人ではなく、その自律的な主体となるとされました。

「無秩序」を〈文化〉に調教する？

このように〈文化〉と〈文明〉の関係は、19世紀の西欧においても複雑でした。〈文化〉は〈文明〉と対抗しつつも、徐々に

〈文明〉に含まれる諸要素を自らの概念に取り込んでいきました。しかしこの過程は長い年月を要し、イギリスでは、19世紀半ばになっても、「文化 culture」は、必ずしも今日それが有しているような幅広い含意をもった言葉として確立していません。

　ここでレイモンド・ウィリアムズが紹介するよく知られた例は、ジョン・H・ニューマンが1850年代に書いた文章です。ニューマンは、19世紀末以降ならば当然のように「文化」の言葉で括られていくはずの内容を次々に挙げながら、それを一言で表現する言葉が英語にないことを何度も嘆いていました。

　他方、19世紀後半のイギリスで〈文化〉概念が形成されていくうえで重要な役割を果たしたマシュー・アーノルドの『教養と無秩序』は、労働者階級の文化的「無秩序」を調教し直そうとするブルジョアジーの戦略を明瞭に表現していました。

　彼は、産業革命が陶冶された「教養＝文化」とは対極に位置し、人間性の調和的完成に対して破壊的な作用をもつと批判しました。勃興する産業社会に対するこうしたエリート主義的批判は、〈文明〉の普遍性を〈文化〉の固有性の立場から批判したドイツ・ロマン主義の英国的変奏ともいえます。

　実際、彼の立場は、19世紀英国の思想的系譜のなかで、カーライルやラスキン、コールリッジなどの伝統主義に連なるものでもありました。アーノルドは、「文化＝教養」によって、産業革命の悪しき影響で「無秩序」のなかに置かれてしまった労働者階級の人々を「救出」し、国民的な文化的統合の枠組みに組み込んでいこうと

★

アーノルド　Matthew Arnold（1822〜88）　イギリスの詩人、批評家。オックスフォード大学詩学教授（1857〜67）として盛名をはせた。批評家としても活躍し、『教養と無秩序』（1869）などを発表。

2　近代西欧における〈文化〉概念　　11

アーノルド

したのです。

この時代のイギリスの〈文化〉主義にとって、対抗すべき〈文明〉は、ドーバー海峡対岸のフランスから来るものではなく、大西洋の対岸のアメリカから来るものでした。アーノルドは、技術革新と大量生産が支配するアメリカを、陶冶された〈教養＝文化〉とは対極に位置し、人間性の調和的完成に対しては破壊的な作用をもつ物質主義の土壌として批判しました。

シェイクスピアを正典化する

イギリスで「文化＝教養」概念が成立してくる際、とりわけ強調されたのはシェイクスピアの天才でした。イギリスにおいてシェイクスピアは、国民文化がその起源を見出す実例となっていくのです。彼の「演劇＝文学」は、ちょうど神聖ローマ帝国の後裔たらんとするドイツにとってギリシャ哲学がそうであったのと同様の国民文化の起源を保証するものとされていきます。ギリシャ語やラテン語の伝統とは離れて「天才」によって不朽の文学的伝統を創り上げたシェイクスピアは、まさにこの役にぴったりでした。

このシェイクスピアの正典化を完成させたのは、スクルーティニー派のF・R・リーヴィスでした。彼は、シェイクスピア以降、17世紀のイギリスに生じたのは文学とコミュニケーション言語の分裂

★

スクルーティニー派　1930年代、イギリスで雑誌『スクルーティニー』(1932年創刊)を拠点に文化批評を展開した英文学者たち。文化を支えるのは美学的鑑賞能力のある少数のエリートとの認識から大衆文化を批判した。

であったと考えました。その結果,〈文化〉は有機的統一性を失い,〈文明〉の機械的発展のなかでひき裂かれていきます。

　支配的となった機械文明や大衆文化に対し,知識人は抵抗の言語をいかに獲得できるでしょうか。それにはこの分裂以前の文学,すなわちシェイクスピアの時代まで立ち返り,一度は死んだ詩の言語に批評の力で再び命を与え,産業社会の広告的言語に対抗させなければなりません。このように主張したリーヴィスらにおいて,英文学研究は,シェイクスピアという原点に絶えず立ち返ることで,産業化や大量生産,現代文明の支配的な潮流に抗する英雄的実践を担うべきとされたのです。

3　〈文化〉概念の拡散と 20 世紀的変容

近代日本における「文明」と「文化」

　19 世紀を通じてドイツやイギリスで発達した「文化＝国民文化」の概念は,明治以降の日本社会にも導入され,やがて「日本文化」をめぐる多種多様な言説を生んでいくことになります。

　とはいえ近代日本では,西洋の「文化」が,まずは「文明」の一要素として受容されたことを忘れてはなりません。この意味での西洋化が「文明開化」であり,洋装や洋食,洋風建築等の生活様式から芸術や科学知識,法秩序までの一切合財の導入が推進されました。西欧的には「文化」に相当する,独文学や英文学,西洋の絵画や音楽,諸々の文化的趣味は,日本ではまさしく西洋という他者が築き上げた「文明」として摂取されたのです。

　大正期に入り,そうした「文明」から美的な消費生活に関わる領域が「文化」として分化します。大正「文化」は,まさにこのよう

洋装でステップを踏む貴婦人と紳士で満員の鹿鳴館 (1887年)

にして「文明」としての西洋化から派生した消費生活面でのモダニズムを指していたのです。

さらに戦後になると，戦中期に宣揚された「国民精神」からの連続性を残しつつ，西洋化やモダニズムの直輸入というよりも，19世紀の国民国家の時代における市民社会的理想を呼び戻すかのように国民「文化」の概念が導入されました。各地に文化施設が建設され，文化財や文化行政の制度が整備されていきます。

以上のような近代日本における〈文化〉概念の受容で特徴的なのは，18世紀末から西欧ではまさにそれが最も核心的な問題であった〈文明〉と〈文化〉の対立も，啓蒙的な普遍性に対する〈文化〉概念の両義性も，そうした〈文化〉概念と民衆文化や非西欧世界の文化との間のダイナミックな関係も，ほとんど問題にならないままなし崩し的に概念が変化してきたことです。

そのため日本では，〈文化〉は〈文明〉の亜種でしかありえませ

んでした。そしてそれは，ナショナリズムとも容易に一体化しましたし，〈教養〉と〈文化〉の微妙な関係もあいまいなままでした。さらに近年では，ただでさえあいまいな〈文化〉が，「カルチャー」というさらにあいまいな言葉に取って代えられることにより，言葉の意味的な構造は溶解され続けています。

「未開」か「文化」か　　他方，20世紀の世界では，19世紀的な主流の〈文化〉概念にさまざまな修正が加えられていきます。もともと19世紀の〈文化〉概念は，ドイツやイギリスの知識人が産業化のなかで拡大する〈文明〉や工場生産，大衆社会に対抗して国民固有の価値や労働者階級の文化的修養の可能性を発見していく契機となってきました。

他方で19世紀の知識人たちは，この関係を裏返すような仕方で〈文化〉を発見してもいたのです。膨張する西欧近代は，西欧的な〈文明＝文化〉とは異なる価値を生きる人々と出会っていくなかで，それらの植民地・非西欧世界の人々の生活様式のなかに人類学的研究の対象としての「異文化」を発見していきました。また，それと並行して，自らの社会で近代化に取り残された人々の生活に，民衆が過去から語り継いできた伝承や慣習を再発見し，これを「民俗文化 folk culture」として記録してもいきました。

この場合，「民俗文化」が知識人たちの関心事となっていったのは，産業化のなかでそうした〈文化〉が消滅していく過程への反応としてでした。19世紀，知識人にとって民衆は，自然で，素朴で，文字を知らず，衝動的で，非合理で，伝統と地域の土地に根ざし，個別性の感覚をもたぬ人々と見なされていました。

このように近代西欧内部に他者としての「民衆」を発見していくまなざしは，そうした近代西欧の外部，海の彼方の植民地に他者としての「未開」を発見していくまなざしと相同的なものでした。ピ

3　〈文化〉概念の拡散と20世紀的変容　　**15**

ーター・バークが看破したように、「タヒチやイロコイの人びとの生活慣習の研究から出発して、フランスの知識人がフランスの農民を見はじめ、信仰や生活様式においてかの地の人びととさして遠くないところに自国の農民もいると考えるにいたるまでは、ほんの一歩の距離でしかなかった」(バーク 1988: 186) のです。

現代社会と〈文化〉の拡散

さらに 20 世紀初頭、〈文化〉概念はようやく確立期を迎えながらも、まさにこのとき、今度はこの概念の土台が深刻に問われ始めます。というのも、第一次世界大戦とともに大衆の時代が本格的に幕をあけます。世界各地の大都市で、圧倒的な消費のリアリティが伝統的価値を一気に呑み込んでいくのです。

とりわけアメリカでは、口紅や香水、洗濯機や冷蔵庫、ラジオやタブロイド新聞、自動車、摩天楼、デパート、映画などによって縁どられる消費生活のスタイルが、広告技術とローンの普及に促されながら広く浸透していきます。この変化は、イギリスのスクルーティニー派にいわせればアメリカ式の大量生産〈文明〉の所産なのですが、この消費文化を享受していく人々の側からすれば、まさしく〈文化〉として経験される出来事でした。

しかもこの変化は、単に日常を彩る商品が劇的に増えたというだけでなく、それまでの階級やジェンダー、人種をめぐる規範が根底のところでゆらぎ始めたことも意味していました。第一次世界大戦を経て資本主義の新たな構成が、国民国家と帝国主義を基盤とした 19 世紀的な人種関係を、メトロポリスの内部において根底からゆるがし始めていたのです。

大衆文化への保守主義的批判

両大戦間期にはっきりと姿を現すこうした大衆文化状況に最初に鋭敏に反応していったのは、イギリスの場合、保守的な文学研

究者たちでした。F・R・リーヴィスに代表されるスクルーティニー派は，美学的鑑賞能力のある少数者こそが民族の意識を形づくるのだという認識から，そうした審美的能力の基盤をなし崩しにしていく大衆文化の作用を非難しました。

　彼らは〈文化〉の大衆化に抗するため，「田園の有機的なコミュニティ」の理想を持ち出しました。あるいはQ・D・リーヴィスは，大衆的な読み物や雑誌，タブロイド新聞，ハリウッド映画やダンスホールの流行により，読書を自己陶冶の手段と見なしたプロテスタント的伝統が力を失い，安易な刺激と受動的な快楽に人々が落ち込んでいくことを問題にしました。ここでは「過去」が「田園風の英国的なもの」として，「現在」が「工業化された反英国的なもの」として対照されています。

　他方，作家のT・S・エリオットは，第二次世界大戦後に『文化の定義のための覚書』で，現代的危機のなかでの〈文化〉概念の再定義を試みました。彼によれば，第1に〈文化〉は，有機体的構造を有し，「一国の文化の中で文化の継承的伝達を促進」します。第2に，「文化は地理に即して地域文化に分けられる」ものでなければなりません。第3に，〈文化〉には，宗教におけるような統一性と多様性のバランスがなければなりません（エリオット 2013: 38）。こうして彼は，「ダービーの競馬，ヘンリー・レガッタの競艇，カウズのヨットレース，8月12日の狩猟解禁日，サッカーの決勝戦，ドッグレース，ピンテーブル，ダーツボード，ウェンズレイデール・チーズ」等々，「生きられた経験の総体」を〈文化〉として定

★────────────────────────────

T・S・エリオット　Thomas Stearns Eliot（1888〜1965）　イギリスの詩人，批評家，劇作家。アメリカで生まれたが，1927年イギリスに帰化。1948年ノーベル文学賞受賞。長編詩『荒地』(22) で第一次世界大戦後の不安を描き，現代詩に大きな影響を与えた。

3　〈文化〉概念の拡散と20世紀的変容　**17**

義したのでした（同64）。

> **複雑な問いとしての
> 〈文化〉**

以上のように，〈文化〉は近代において確立した概念であり，自然の「耕作」の意から転化した人間の「修養」の意を含み，さらに〈文明〉との対抗から国民や民族，階級や民衆，非西欧社会それぞれに固有の価値や生活様式といった意味合いを帯びてきました。重要なのは，この概念が，近代西欧の啓蒙的価値を受容しつつ，これに対抗する両義的なダイナミズムを含んでいる点です。

そのため〈文化〉は，知的・精神的・美学的発達の全体的過程という，啓蒙主義から引き継いだ意味を含み，他方，ある国民，ある時代，ある集団，あるいは人間全体の，特定の生活様式という，ヘルダーによる奪用を経てロマン主義やナショナリズムと結びつきながら発展してきた意味も含んできました。

さらに〈文化〉は，一方では西欧近代によって発見された「他者」としての「民俗」や「未開」の文化であり，他方ではそうした「他者」をまなざしていく近代西欧の自己意識でもあるという対称的な二重性も負ってきました。〈文化〉の概念には，西欧の自己を表すと同時に他者をも表す二面性があるのです。

近代西欧の〈文化〉は，中南米やアジア，アフリカ，それに太平洋の島々で，「野蛮＝非文化」を発見すると同時にそれらを〈文化〉として考察していきました。この自己回帰的な構造は，エドワード・サイードのオリエンタリズム論や一連のポストコロニアリズムの思想において徹底的に問われていきますが，同じ回帰的な構造は，西欧世界の内部でも，高級文化と大衆文化，ブルジョア文化と労働者文化の間で働いてきました。

実際，20世紀までに，〈文化〉概念には，「知的，とくに芸術的な活動の実践やそこで生み出される作品」という意味が加わるので

すが，この意味の〈文化〉は，近代西欧的な価値に従う場合も，それに激しく対抗して「未開」や「大衆」の文化的創造性を前衛化していく実践を伴っていました。

　ところがこの後者の場合にも，それが「文化」として括られる限りにおいて，それぞれの国の文化政策や芸術文化，文化財などをめぐる制度的な場に回収されていく可能性もありました。美術館や劇場の枠を否定したはずの街頭のパフォーマンスは新しいアートの流れとして美術館に展示され，貸本屋から出発した日本のマンガはクールジャパン政策の代表選手となるわけです。

　　　　　　　　　　　　　　　しかも，こうした文化概念の複雑な両義性
　文化論の論点先取　　　は，しばしば文化論を自己循環的な罠に陥らせます。こうして日本文化や西洋文化，大衆文化について論じる多くの議論が，そもそも説明されるべきことを前提とする論点先取の罠にはまってきたのです。

　というのも，〈文化〉は近代の発明品で，それ以前の社会に「文化」という共通の観点は存在しません。だから当然，厳密な意味では「日本文化」も「西洋文化」も近代以前には存在しないのです。それを「文化」とあえて呼ぶのなら，その「文化」を，何らかのより理論的な分析概念で説明しておく必要が生じます。少なくとも，「文化」が古代以来，どの社会でも主要な社会領域として認識されてきたと考えるのは間違っています。

　これからの講義では，このように〈文化〉を自明の前提としてしまうのではない仕方で，なお〈文化〉を語り，分析し，研究していくにはどうすればいいのか，その方法論的な問いへの解答の手がかりを，皆さんとともに深めていくことにしましょう。

3　〈文化〉概念の拡散と 20 世紀的変容　　19

---- Key word ----
ポップカルチャー　文化　文明　教養　理性　シェイクスピア　国民文化　民俗文化　大衆文化　啓蒙主義　ナショナリズム

予習図書

① テリー・イーグルトン『文化とは何か』大橋洋一訳,松柏社,2006年
② ピーター・バーク『文化史とは何か（増補改訂版）』長谷川貴彦訳,法政大学出版局,2010年
③ T・S・エリオット『文化の定義のための覚書』照屋佳男・池田雅之監訳,中公クラシックス,2013年
④ 吉見俊哉『カルチュラル・スタディーズ』岩波書店,2000年

復習課題

① 西欧でははっきり異なる概念だった「文化」と「文明」が,日本ではあまり明確に区別されなかったことを示す例を1つ挙げ,その理由について考えてみましょう。
② 今日,「文化」と「カルチャー」はどのように異なる意味合いで使われているのかを,具体的な例を挙げながら考えましょう。
③ 「文化」の反対語とは何か。あなたが考える「文化」の反対語を示し,なぜそれが「文化」と対立するのか考えましょう。

| 第2場 | 遊びから文化へ |

ホイジンガとカイヨワから現代へ

➡宗教の根源が〈祈り〉という行為にあるならば，文化の根源は〈遊び〉のなかにあります。ですから，〈遊び〉という要素をまったく含まない文化行為は存在しません。現代において，〈遊び〉が〈文化〉をどう遍く貫いているかを考えるには，まず〈遊び〉の概念を明確にしておく必要があります。これについては文化の遊戯的起源を示した歴史家ホイジンガの『ホモ・ルーデンス』と，遊びの社会的形式を示した社会学者カイヨワの『遊びと人間』が不朽の名著としてあり，この2冊を学ばなくては先に進めません。そのうえで，日本の伝統的な遊びのなかに残る儀礼的な次元のことにも触れていきましょう。みなさんの議論では，これらの先行理論が，ゲームやコスプレ，ダンスなどの現在の〈遊び〉の考察にどう使えるかをぜひ考えてみてください。

1 〈文化〉は遊ぶ

宗教と文化，遊びと文化

宗教と近代の関係は，長らく近代知にとって中心的な問いでした。宗教的信仰の世界は，文化的な享受の世界が成立する歴史的前提でありながら，〈文化〉はいつも〈宗教〉から外に出て，それを相対化する動きを見せます。近代の人文知は繰り返し，宗教と国家，あるいは宗教と経済，そして文化の関係を問うたのですが，それは逆にいえば，近代社会の骨格をなす〈国家〉や〈経済〉や〈文

21

化〉といった次元が，宗教的世界に還元できない世俗化のプロセス を通じてせり上がってきたものであったことを示していました。つ まり〈文化〉の時代とは，〈ポスト宗教〉の時代なのです。

このような〈文化〉と〈宗教〉の関係に対し，〈文化〉と〈遊び〉 の関係は異なります。近代の人文知は〈宗教〉を〈文化〉の歴史的 起源に位置するものと考えてきましたが，〈遊び〉はその反対，つ まり〈文化〉にとってごく周縁的な領域にすぎないと考えてきまし た。今日でも，しばしば〈遊び〉は，労働で消耗した精神を癒し， 明日への活力を生み出していくための補完的な行為にすぎないと見 なされがちです。これは，レクリエーションとしての遊び，気晴ら し，休養としての遊びという考え方です。

また，遊びは社会への適応能力を開発する学習過程であると考え られることもあります。これは心理学や教育学でしばしば唱えられ てきた考え方で，たとえば子どもの遊びは，大人として生活してい くために必要な能力を身につける予習・準備であるとされるのです。 子どもたちは，遊びを通じて社会性を身につけます。

手段としての遊びから 遊びそれ自体へ

しかし，遊びをこのように労働のための手 段，ないしは社会化のための学習として考 えることは，遊びを労働にとって役に立つ 限りで価値あるものとし，成熟した人間になるのに役に立つ遊びを 「良い」遊び，そうでない遊びは「悪い」遊びとして排除しがちに なります。ところが遊びには，興が乗れば仕事そっちのけで人を夢 中にさせる魅力があります。遊びの価値は，決して何らかの目的に 対する手段として測られるものではありません。

さらに，遊びはあり余る生命力の過剰を放出することであるとも 考えられてきました。動物が飢えや危険から自由なときに遊ぶのと 同様，人間も生活に余裕があるとき，余剰のエネルギーを遊びとし

て消費するのです。この他にも，かつては生命を維持するために必要不可欠だった営みが不要になり，遊びという形で残存してきたという説，あるいは遊びは人間にとって先天的な模範本能の現れだという説など，遊びについて語られた考え方はさまざまです。しかし，これらはどれも，遊びを遊び以外の何らかの目的や原因によって説明しようとしており，遊びがそれ自体として内包している構造や拘束力を捉えたものではありませんでした。

ホイジンガ

〈遊び〉を，こうした因果論とはまったく異なる視点から捉え，この現象の理解を革新したのはヨハン・ホイジンガでした。彼は『ホモ・ルーデンス』で，あらゆる文化の根底には〈遊び〉があること，〈文化〉はそもそも遊ばれるものであったことを，豊富な例を引き合いに示しました。彼によれば〈文化〉とは，遊びのなかで，遊びとして発生し，展開してきたものなのです。

言語，神話，祭りといった文化の根源的な形態は，すべて遊びの活動を基盤にしています。言語の場合，どんな抽象的な表現でも，それを支えているのは比喩の働きですが，いかなる比喩のなかにも言語の遊びが隠れています。また，神話や祭りが創造する世界にも，絶えず遊びの精神が息づいています。つまり，人間が共同生活を始め，文化を形成するようになったときから，その文化にはすべて遊

★
ホイジンガ Johan Huizinga（1872〜1945） オランダの歴史家。フローニンゲン大学，ライデン大学で教鞭をとった。『中世の秋』(1919) で文化史家としての世界的名声を確立。『ホモ・ルーデンス』(38) では，遊びこそ人間文化のすべてを照射できる「根源的な生の範疇」として捉えた。

1 〈文化〉は遊ぶ 23

びが織り交ぜられていたのです。

根源的な生の範疇としての遊び

ホイジンガは遊びを，何か別の目的や原因により説明されるものではなく，そこから人間文化のすべてを照射できるような「根源的な生の範疇」として捉えました。彼が問うたのは，他の文化現象の間で遊びがどういう位置を占め，どのような因果関係のなかで機能しているのかではありませんでした。文化総体がどこまで遊びの性格をもっているのかということでした。

こうした視点が重要なのは，それがそれまで暗黙の前提とされていた遊びの従属的な位置を，まったく逆転させてしまった点にあります。ホイジンガは，「遊び」と「まじめ」を対立させようとする考えに反対します。遊びは実際，いかなる活動よりも本気で追求されることがあるのです。私たちは「所詮これは遊びだよ」という言い方をするとき，「遊び」をどうでもいいこと，本当は意味もないことであるかのように使っています。しかしホイジンガによれば，文化は遊びを通してこそ生成するのです。遊びのないところに真に充実した意味を見出すことはできません。遊びこそすべての意味ある世界の母胎なのです。ホイジンガの「ホモ・ルーデンス」，すなわち「遊ぶ人」は，「遊び人」という蔑称とは正反対に，私たち人間すべての原型を示しているのです。

民衆のカーニバル的生活

〈遊び〉を文化の生成的基層として語り直すホイジンガの観点は，優れた近代批判でした。彼は，近代以前の社会の〈遊び〉で経験されていた超越性や次元が，近代以降の社会でどれほど失われてしまったのかを示しました。このような近代批判は，ミハイル・バフチンのカーニバル論にも通じるものです。

ミハイル・バフチンにおいてカーニバルとは，中世・ルネッサン

ブリューゲル「謝肉祭と四旬節の喧嘩」(1559年, ウィーン美術史美術館蔵)

ス期の豊かで多様な民衆的・祝祭的生活総体を象徴的に指し示す言葉でした。中世には、民衆の祝祭的想像力の核をなした愚者の祭りやロバの祭り、復活祭やクリスマスの笑い、シャリヴァリ、定期市、国や教会の祝日の非公式的な部分である民衆的娯楽の全形式はすべて「カーニバル的」現象だったのです。

この時代、民衆のカーニバル的生活は、彼らの日常の公式的生活とは著しい対照をなしていました。バフチンは、中世の人々は2つの生活、公式的生活とカーニバル的生活に等しく関与し、2つの世界像、すなわち敬虔で厳粛な見地と笑いの見地に等しく関与してい

★
バフチン Mikhail Mikhailovich Bakhtin (1895〜1975) ロシアの文芸学者。『ドフトエフスキーの創作の問題』(1929)で「ポリフォニー」論を展開。大著『フランソワ・ラブレーの作品と中世・ルネッサンスの民衆文化』(65)でカーニバル論を展開。従来の文学研究の枠を超え、文芸学や現代思想に多大な影響を与えた。

1 〈文化〉は遊ぶ　　25

たと論じました。公式の生活が，まさにホンジンガが「高貴な理念が，多くの人々の美しい身ぶりのうちにイメージ化」されていると考えた騎士道の理想と結びつき，聖なるものにつながれていたとするならば，カーニバルは，そうした公式の祝祭の対極で，階層秩序や特権，規範，美的価値の廃棄を祝っていました。

グロテスクな境界侵犯　バフチンの関心は，そうしたカーニバルの広場での非公式のコミュニケーションへと向かいます。カーニバルの言語に特徴的なのは，あべこべと裏返し，上下や左右，表と裏の絶えざる変転，あるいはパロディ，もじり，冒瀆，道化的な罵言でした。これらのさまざまな境界侵犯をバフチンは「グロテスク・リアリズム」と総称しました。

バフチンは，近代社会におけるカーニバル文化の貧困化を徹底的に批判したのです。近代社会は，ルネッサンスまでの民衆のカーニバル的世界を抑圧し，分解し，不能化してしまいました。彼は，とりわけ17世紀後半から目立ってくる祝祭文化の貧困化が，大きく2つの方向で進行したといいます。すなわち，一方では祝祭に国家的性格が付与され，民衆のグロテスク・リアリズムとは無縁の盛装や儀礼が支配的となりました。他方では，誕生日やクリスマスのパーティのように祝祭は私的な，家庭的な領域へと押し込められてしまうのです。二重の変化のなかで，かつてのカーニバル特有の民衆性，開放性，笑い，自由といった特性は，単なる祭日的気分に変化していきました。

2 〈遊び〉の諸類型と近代

> カイヨワのホイジンガ
> 批判

遊びの理解にとって重要なのは，遊びがそれ自体として内包している構造や拘束力です。人が遊ぶのは，それが何かの役に立つからではなく，それ自体として遊びが魅力的で，その生き生きとした経験が人を引きつけるからです。このような意味で，〈遊び〉は，〈言語〉や〈文化〉と多くの面で重なります。ですからロジェ・カイヨワは，文化や言語の類型と同じように，〈遊び〉にも構造や拘束力のパターンに従った類型化が可能だと考えました。

　カイヨワは『遊びと人間』のなかで，ホイジンガの遊び論を高く評価しつつも，以下の2点で批判しました。第1は，遊びと宗教的なものとの関係です。ホイジンガは，遊びの要素が祭りや神話などの聖なるものの領域に深く浸透している様子を示し，またチェスやトランプがどう聖なる起源をもっているかを示すことによって，聖なるものもまた，遊びの1つの現れであったと主張しました。これに対してカイヨワは，確かに遊びと信仰の諸形態が，日常生活の流れから慎重に自分を切り離している点は同じであるが，両者は非連続で画然と区別されると主張しました。

> 〈遊び〉と〈聖〉と〈俗〉

カイヨワによれば，宗教では「聖なるもの，すなわち全能の源泉によって信者は取りかこまれているかの感をもつ。彼は，聖なるものを前にしては無防備であり，その意のままにひきまわされる。遊びでは事情は逆だ。すべては人間的である。すべては，創造者である人間のつくりだしたものだ。このことの故に，遊びは人を憩わせ，くつろがせ，生活か

カイヨワ

ら気をそらせ、危険、気苦労、労苦などを忘れさせてくれるのである。逆に聖なるものは、内的緊張の世界である。これにくらべれば、世俗的生活こそ、まさに、くつろがせ、憩わせ、気をまぎらわせる」のです（カイヨワ 1990: 297-98）。

つまり、遊びと聖なるものは、ともに日常の外部にある点で似てはいても、内実はまったく対照的です。一方で遊びが無限の意味の多様性へと向かうとすれば、聖なるものは究極の超越的な意味へと収斂されます。遊びはその多様性において、日常や聖なるものよりも自由ですが、聖なるものはその超越性において、日常や遊びに先行しています。こうしてカイヨワは、ホイジンガによる遊びと聖なるものの同一視に代えて、「聖／俗／遊」という世界の三元論を展開していくのです。

カイヨワによるホイジンガ批判の第2点は、ホイジンガが遊びを「どんな物質的利害とも結びつかず、何の効用も織り込まれているわけでもない」としたことに向けられます（同287）。このような、遊びが物質的利害を欠いているとする考えでは、彼が「偶然の遊び」と呼ぶ賭博やカジノ、富くじなどの金銭的利害と密接に結びついた遊びが周縁化されます。これに対してカイヨワは、偶然の遊びを遊びにとって必須の柱と考えます。ホイジンガは遊びの世俗性

★
カイヨワ　Roger Caillois（1913〜78）　フランスの社会学者、作家。バタイユ、レリスらとともに社会学研究会を結成。『人間と聖なるもの』（39）で聖の二面性を指摘。『遊びと人間』（58）では「聖／俗／遊」という世界の三元論を展開した。

に対しては否定的でしたが，カイヨワはむしろ世俗性のなかに遊びの諸相を見出したのです。

遊びの4つの類型

こうしてカイヨワは，「アゴン」「アレア」「ミミクリ」「イリンクス」という〈遊び〉の4類型を提示していきます。それぞれの遊びの類型について，簡単に解説しましょう。まず，「アゴン」とは，競争ないし闘争という形をとる一群の遊びです。陸上競技やゴルフ，野球，サッカーなどのスポーツ競技はその典型です。チェスや将棋，囲碁といったゲームもこの類型に属します。アゴンにとって重要なのは，勝負の初めにチャンスが平等に保証されていることと，競技者のたゆまぬ努力や勝利への意志，能力が，結果に決定的な影響を及ぼすことです。

これに対して「アレア」とは偶然の遊びをいいます。サイコロやルーレット，富くじに見られるこの遊びの場合，勝負の初めにチャンスの平等が保証されている点はアゴンと同じですが，遊戯者の関わり方は正反対です。アレアは，努力，訓練，忍耐，能力といった価値を否定し，参加者に偶然の運命に身をゆだねることを要求します。この点について，「アゴンにおいては，遊戯者は自分だけを頼りにする。アレアにおいては，彼は……（中略）……自分以外の一切を頼りにする」と，カイヨワは述べています（同51）。

他方，「ミミクリ」とは，もともと昆虫の擬態を表す言葉ですが，彼はこれを，遊戯者が架空の人物になり，それにふさわしく行動する遊びを示す言葉として用いています。さまざまなものまね，子どものままごとやごっこ，あるいはコスプレなどから本格的な演劇までを含め，ここでは演じることが楽しみの源泉となるのです。

最後に，「イリンクス」とは，眩暈の追求に基づく遊びです。コマ遊び，ブランコ，ジェット・コースター，そしてツイストやゴーゴーに見られるこの種の遊びは日常にあふれています。この遊びは，

2　〈遊び〉の諸類型と近代　　29

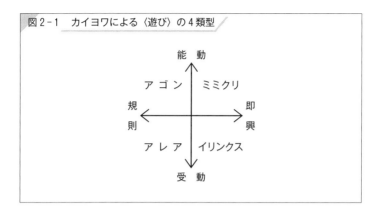

図2-1 カイヨワによる〈遊び〉の4類型

一時的に知覚の安定を破壊し、意識をパニックへと陥れていくことにより遊戯者を受動的な状態に置きます。

> 混沌の文化、計算の文化

カイヨワは、これらの類型の結びつきも検討しています。このうち親和性が高いのは、「アゴン」と「アレア」の結びつき、および「ミミクリ」と「イリンクス」の結びつきです。一方で、アゴンとアレアは規則と計算の領域を占めます。遊戯者たちによってあらかじめ合意されたルールがなければ、アゴンのような競争の遊びも、アレアのような偶然の遊びも成立しません。他方、ミミクリとイリンクスは混沌と即興の領域です。遊戯者たちは何らかの明示されたルールに従うのではなく、遊動する集合的な無意識が生む感覚に身をゆだね、即興的にふるまっていくのです。

そして、これらそれぞれの2つの領域では、その構成要素が対照的なあり方をしています。アゴンの遊戯者が自分の能力や意志をよりどころとするのに対し、アレアの遊戯者はそれらを放棄しなければなりません。ミミクリでは、遊戯者が、演じていることに意識的であることが必要ですが、イリンクスではむしろ意識は混沌のうち

に溶解していくのです。つまり，構成要素の一方が能動的で生産的であれば，他方は受動的で消費的です。

カイヨワはさらに，こうした遊びの諸類型を文化の高度化，いわゆる文明化の過程と結びつけていきます。すなわち，文明化とともに遊びの世界も，仮面と恍惚を中心にしたものから，能力と運を中心にしたものへと移行するのです。当然，この変化は社会自体の変化を反映しています。

ですから彼は，「原始的社会……（略）……は，オーストラリアのそれであれ，アメリカのそれであれ，アフリカのそれであれ，仮面と憑衣，すなわちミミクリとイリンクスとが支配している社会である」といいます。これに対し，「インカ，アッシリア，中国，ローマは，官僚機構，職歴，法規と計算法，管理された階級的特権などを特徴とする秩序社会であり，これらの社会においては，アレアとアゴン，すなわちここでは能力と家柄とが，社会的機能の最重要の，ただし相補的な要素となっている」のです（同146）。

カイヨワは，前者を「混沌の社会」，後者を「計算の社会」と名づけています。一方で，混沌の社会にあっては，長い間に蓄えられた富の浪費，仮面の力によって逆転させられる規範，眩暈の集団的な共有が，社会の究極的な基礎となります。他方，古代の都市文明に共通して現れる計算の社会にあっては，数字，計量単位，そしてそれらが普及させる正確さを尊ぶ精神が，社会的遊びの規則としてアゴンとアレアの発達を可能にするのです。

〈遊び〉のなかの儀礼的往還

カイヨワによる〈遊び〉の類型論と文明化との関係図式は明瞭ですが，弱点もあります。確かに古代文明のような近代以前の文明化では，「イリンクス」や「ミミクリ」型の遊びから「アレア」や「アゴン」型の遊びへの文化的重心の移行が起きたという仮説は

2　〈遊び〉の諸類型と近代　　31

説得力があります。しかし，近現代の「文明化」にもこの仮説は当てはまるでしょうか。とりわけ映画やテレビ，音楽産業の発達した20世紀以降，新しく大量に複製され，機械的に体験される「ミミクリ」や「イリンクス」の文化は，「アレア」や「アゴン」と同様か，それら以上に私たちの日常を覆っています。

　この現代化された「ミミクリ」や「イリンクス」の位相を見極めるには，ヴィクター・ターナーが導入した〈リミナリティ〉と〈リミノイド〉の区別が有効です。ターナーは，アーノルド・ヴァン・ジェネップが提示した「分離（プレリミナル）」「周辺（リミナル）」「再統合（ポストリミナル）」という通過儀礼に関する３段階論を基礎に，社会秩序の生成を「遊び」や「カーニバル」のような脱日常的な儀礼の次元から考える視座を示しました。

　このターナーの儀礼論で核心的なのは，３つの往還的な位相のなかでも極相をなす「リミナリティ（liminality）」です。リミナルな状態にある人間の属性は，例外なくあいまいなもので，彼らはこのとき社会構造の結び目をなす地位や役割，自己から抜け落ちてしまった状態にあります。多くの部族社会は，こうした境界状況を，死や子宮のなかにいること，不可視なもの，暗黒，両性具有，荒野，日月蝕といった象徴で表してきました。人々はこの状態に置かれると，無所有の者として自己を表象します。彼らは「こちらにもいないしそちらにもいない」のです。

　そのため人々は，強い仲間意識と平等主義を展開させます。まさにこのとき，リミナルな状況で発現する社会性の様式が，「コムニ

★

　ターナー　Victor Witter Turner（1920〜83）　イギリスの人類学者。マンチェスター大学でアフリカ研究に着手。ザンビアのンデンブ社会の民族誌的研究をもとに多角的な儀礼研究を続け，象徴人類学を牽引した。主著：『象徴と社会』（74），『儀礼の過程』（69）。

タス」なのです。コムニタスとは、役割や身分に分節化されることなく、「人間の相互確認（ヒューマン・アイデンティティズ）というこの直接的で無媒介で全人格的な対面」のなかに成立する共同性の様式です（ターナー 1996: 182）。これと対比されるのは「社会構造」で、「政治的・法的・経済的な地位の構造化され分化された、そしてしばしば階級的な、体系としての社会の様式」と定義されます（同128）。コムニタスと社会構造は、社会生活を垂直的に貫く2つの次元であり、儀礼とは、この2つの次元を弁証法的に媒介していく往還的な運動です。

> **リミナリティとリミノイド**

ターナーはここから視野をさらに拡大させ、こうした往還的な契機が狭義の儀礼だけではなく、社会のさまざまな場面に通底するものであると論じていきました。コムニタスは、「境界性（リミナリティ）において社会構造の裂け目を通って割り込み、周辺性（マージナリティ）において構造の先端部に入り、劣位性（インフェリオリティ）において構造の下から押し入って」くるのです（同175）。ここで彼が例示するのは、被征服民、道化師、托鉢修道僧、千年王国運動、放浪者、ヒッピーなどです。

リミナリティの契機もまた、民俗社会の儀礼のみならず、広く都市社会や産業社会に伏在しているものです。しかし、ターナーは注意深く、文明化された社会のリミナルな次元は、民俗社会のリミナリティとは構造的に異なる点を強調しました。この差異を強調するために、ターナーは狭義のリミナリティに代えて「リミノイド（liminoid）」という概念を用います。彼はこの用語を、たとえば「卵状の（egg-like）」形のことを"ovoid"、「星状の（star-like）」形のことを"asteoid"というのに倣って、リミナリティと似て非なるもの、疑似的なリミナリティが現代社会に拡散した状態を指すのに用いるのだと述べています。

ターナーによれば、リミナルな現象とリミノイドな現象は、いく

2 〈遊び〉の諸類型と近代　　33

つかの点で対照的です。まず，リミノイドの諸ジャンル，たとえば芸術や娯楽，スポーツなどの諸ジャンルにあっては，儀礼的なリミナリティのなかに結合していたさまざまな要素が分解し，専門分化しています。第2に，リミノイドの諸ジャンルの多くは世俗化されています。第3に，リミノイドな現象は，しばしば特定の個人によって生み出され，消費されます。しかも，儀礼的なリミナリティが季節の循環や社会の往還的なリズムと結びついていたのに対し，リミノイドはむしろ消費領域において継続的に産出されています。さらに，リミナルな現象が社会の全体的な構造に統合されていたのに対し，リミノイドな現象は，当該社会のどちらかというと周辺部に現れます。そのため，リミノイドな現象は，多元的で断片的，実験的な性格をもちます。最後に，リミノイドな現象は，通常，特定の個人や集団によって制作され，これらの個人や集団は覇権を争いながら特定の受け手に訴えていきます。

3 日本における〈遊ぶ〉文化

柳田國男と聖なる〈遊び〉　　ホイジンガやカイヨワが注目した〈遊び〉と聖なるものの関係は，同時代，日本では柳田國男によって深められていました。たとえば彼は，「かごめかごめ」の遊びが，もとは神降ろしの儀礼から派生したものであることを，説得的に示していきます。

★

柳田國男（1875〜1962）　日本民俗学の創始者。東京帝国大学卒業後，農商務省官吏となり，独自の農政学を展開した。昭和初期から日本民俗学の学問体系を形成し，日本常民文化の研究を展開した。『明治大正史 世相篇』（1931）では近代の文化変容を鮮やかに捉えた。

かごめかごめ (1955年, 大阪)

　柳田は,「かごめかごめ」という歌の文句は, 身を屈めよ, しゃがめしゃがめの意味であったといいます。それをこの遊びでは「誰が改作したか, それを鳥の鷗（かもめ）のように解して籠の中の鳥といい, 籠だからいつ出るかと問いの形をとり, 夜明けの晩などというあり得べからざるはぐらかしの語を使って, 一ぺんに坐ってしまう」のです（柳田 1990: 17）。つまり, この遊びで大切なのは動きであり,「夜明けの晩」とか「後ろの正面」といったナンセンスとも思える文句も, 子どもたちの所作との関係から理解できるのです。

　この点に注目するならば,「かごめかごめ」に似た遊びを全国に見出すことができます。たとえば,「中の中の小坊さん／なァぜに背が低い／親の逮夜（たいや）にとと食うて／それで背が低い」と歌いながら, 子どもたちが輪になってぐるぐる廻り, 最後に「うしろにいる者だァれ」といってあてさせる遊び（同 18）, あるいは輪になった子どもたちが,「中の中の」の代わりに,「御乗りやァれ地蔵様」と歌い

柳田國男

ながら廻る遊びもその1つです（同20）。

この最後の例には，この種の遊びの原型的な姿がわかりやすく示されています。「御乗りやァれ地蔵さま」とは，その子に乗り移ってください，という地蔵さまへの呼びかけです。こうした呼びかけを繰り返しながら輪が廻るうちに，真ん中の子どもは，だんだん催眠状態になっていろいろなことをいいだします。そうなるとまわりの子どもたちは，「物教えにござったか地蔵さま／遊びにござったか地蔵さま」と唱え，歌ったり踊ったりしながら，紛失物などのありかを尋ねたりしていくのです（同21）。これは，昔は広く行われた一種の神降ろしの儀礼なのであって，そのまねを子どもたちが繰り返し，形だけは最近まで継承されてきたのです（柳田 1990）。

鬼ごっことかくれんぼ

同様のことは，さまざまな子どもの遊びについてもいえます。たとえば鬼ごっこは，「鬼ごっこには，その表面の子供っぽい無邪気な騒ぎのかげに贖罪のいけにえを定める恐ろしい選択がひそんでいた」とカイヨワも書いたとおり，異界的な力への感染，いけにえの儀礼にあるような呪術的な世界経験と結びついていました。

また，藤田省三は，かくれんぼにおける「『隠れる』という演技は，社会からはずれて密封されたところに『籠る』経験の小さな軽い形態なのであって，『幽閉』とも『眠り』とも，そして社会的形姿における『死』とも比喩的につながるもの」であったといいます（藤田 2003: 33）。かくれんぼでは，鬼のほうは誰もいなくなった空

漠たる荒野を彷徨し，他方は狭い穴にこもります。いずれの場合も，半ば人為的に社会から隔離されるわけで，そうした境界的状況の不安定性が，逆にこの遊びの魅力となっています。そして，鬼は隠れた者を発見することによって，隠れた者は鬼に発見してもらうことによって，社会に復帰するのです。ここには確かに，社会からの隔離→境界状況→社会への再統合という，通過儀礼に見られたパターンが，子どもの遊びの形をとって再現されています。

> **〈遊ぶ〉の古層**

日本語の〈遊ぶ〉という言葉のなかにある〈聖なるもの〉との結びつきをより明瞭に示しているのは，戸井田道三が注目した『古事記』の表現です（戸井田 1963）。そこでは天若日子が死んだとき，その妻子らが悲しんで葬祭を営んだ記事に，「八日八夜のあいだ遊んだ」と書かれており，「遊ぶ」ことは，今日とは異なり死者を復活させるための呪術的歌舞を意味していたと戸井田は述べています。

同様の例は『伊勢物語』にも見られ，そこでは口に出せず恋わずらいで死んだ女性のために，恋人が夜籠りをして遊んだことが書かれています。ここでも遊びとは，死者が離れていくのをもとに戻そうとするものだったのです。つまり，「遊び」という言葉には，そもそも他界との交感という呪術儀礼的な意味がつきまとっていました。〈遊び〉は，日本でも生の超越的な次元を促し，混沌のうちに交感していく過程として存在していたのです。

> **五感のなかの**
> **〈触れる〉**

こうした〈遊ぶ〉ことの奥行きを，おそらく〈触れる／振れる〉という言葉ほど象徴的に示している日本語はありません。この言葉について坂部恵は，とても興味深い指摘を行っています。まず彼は，触れる以外の五感を表す言葉は，たとえば色を見る，音を聞く，匂いを嗅ぐ，甘さを味わうというように，必ず対象を示す助詞

として「を」をとるのに，触れるだけは，決して「～を触れる」とはいわないことに注目します。このことは，見るものと見られるもののような主体と客体がはっきりと分離されている感覚とは対照的に，触れることは，「ふれるものとふれられるものの相互嵌入，転位，交叉，ふれ合いといったような力動的な場における生起という構造をもっていること」を示しています（坂部 1983: 29）。

　同じことは，五感と「分ける」や「知る」という言葉との結合についても指摘できます。見分ける，聞き分ける，あるいは見知る，聞き知るという言葉は頻繁に使われますが，触れ分ける，触れ知るとはいいません。「触れる」という言葉の未分節性・パトス性と，「分ける」や「知る」という言葉の分節性・ロゴス性とが背反するからです。要するに，「触れる」という言葉は，主体と客体，自己と他者，内部と外部の境界が未分化な状態のまま，絶えず力点が振動し，往還し，反射していく場と切り離しえないのです。

　しかも，「触れる／振れる」という言葉には，単に「ここ」と「そこ」との水平的な往還だけでなく，超越的なものとの間での垂直的な往還，神との交感といった意味も含まれます。坂部は「ふれる」ことが，単に脱中心化された身体のありようだけでなく，「すべての感覚による弁別ないし差異化の働きの根底にあって，それらすべてを活性化する宇宙の力動的場の，全体的布置の一つの切り口との出会い」を内包しているといいます（同 36）。すなわち，「ふれる」経験は，「日常の生活では自明の構造安定的布置の一つとしてのいわゆる自我の同一性という枠組みをも根底から揺り動かす経験として，ケの世界を超えたハレの世界，俗の世界を超えた聖なるものの世界との出会いの経験として」あるのです（同 37）。

| 「たまふり」と「気が |
| ふれる」 |

この言葉のこうした垂直性を象徴的に示すものとして,「たまふり」という言葉があります。「たま」は霊魂を意味し,「たます」と動詞形になると,共同体の成員に神からの「賜り」物である収穫物を分配することをも意味しました。つまり,「たま」という言葉には,個々人に分有され,なお神との関係において保証されている共同性が表現されていたのです。したがって「たまふり」とは,単なる鎮魂,死者の魂を呼び寄せて鎮める過程だけでなく,分有された共同性が互いに触れ合い,そうしたなかで聖なるものとの結びつきが更新されていく過程総体を含んでいます。

さらに私たちは,「気がふれる」といいます。「気」とはもともと「気が合う」,「気が通じる」というように,特定の主体や客体に還元されない相互的な関係性を示しています。したがって「気がふれる」とは,能動と受動,自己と他者の両項が媒介される両義的な場所が激しく振動し,戯れ合い,日常の分節化された世界を呑み込んでいくことに他なりません。私たちの日常の安定した世界からするなら,それは現実感覚の喪失であり,まったく無意味な生への脱落と見えるでしょうが,古くから分裂症の意識と呪術師の世界が親密な関係にあったように,狂気は分節化された世界の淵源であり,自明化した現実を相対化する超越性への噴出口なのです。

以上でお話ししたことは,ホイジンガが理解していたように,〈遊び〉には〈信仰〉や〈宗教〉の世界にも通じる超越性が内包されているということです。〈遊ぶ〉ことが文化の淵源でありうるのは,このような超越性において〈遊び〉が〈文化〉を育んでいく能力を内包しているからです。人類の長い歴史を通じ,人々は〈遊ぶ〉ことを通じて〈聖なるもの〉に通じ,またその〈聖なるもの〉を貶めてもきたのですが,そうした活動全体が,〈文化〉を育み,

3　日本における〈遊ぶ〉文化　　39

豊かにしました。歴史的に見て、〈文化〉の諸活動は、〈信仰〉と〈遊び〉のちょうど中間地帯で豊かに花開いてきたのです。

Key word

宗教　遊び　ホモ・ルーデンス　カーニバル　聖／俗／遊　アゴン／アレア／ミミクリ／イリンクス　リミナリティ／リミノイド　コムニタス

予習図書

① ヨハン・ホイジンガ『ホモ・ルーデンス』高橋英夫訳，中公文庫，1973年

② ロジェ・カイヨワ『遊びと人間』多田道太郎・塚崎幹夫訳，講談社学術文庫，1990年

③ ミハイル・バフチン『フランソワ・ラブレーの作品と中世・ルネッサンスの民衆文化』川端香男里訳，せりか書房，1995年

④ ノルベルト・エリアス『文明化の過程』（上・下）上：赤井慧爾・中村元保・吉田正勝訳，下：波田節夫・溝辺敬一・羽田洋・藤平浩之訳，法政大学出版局，2010年

復習課題

① ホイジンガとカイヨワでは，〈遊び〉の理解がどのように異なっているのかを整理し，その違いが2人の問題意識のどんな違いに由来しているのかを調べてみましょう。

② 「かくれんぼ」等と同じように，子どもたちの遊びのなかで伝統社会の儀礼に遡れる例を挙げ，古い儀礼の形式がなぜ子どもたちの遊びに残ったのかを考えましょう。

③ 今日のコンピュータゲームについて，具体例を挙げつつ今回の授業で学んだ視点や概念を用いて分析を加えましょう。

<table>
<tr><td>第 3 場</td><td>## 大都市と労働者の文化</td></tr>
</table>

ウィリアムズとシカゴ学派の文化研究

➡現代文化とは，何よりも大衆文化です。この大衆文化は，20 世紀初頭に発展した欧米や日本の大都市で一斉に開花しました。一方でそれは，デパートやカフェ，広告に代表されるブルジョア文化だったのですが，同時にこの時代の都市で大膨張していたのは移民や労働者です。そして社会学者や人類学者，文化研究者の関心は，まさしくこの移民や労働者と新しい都市文化の関係に向けられました。20 世紀初頭のシカゴ学派の都市社会学，20 世紀半ばのイギリスのカルチュラル・スタディーズは，そうした都市文化への視線を代表するものです。さらに 20 世紀を通じ，移民や労働者，マイノリティの若者たちの都市生活について多くのエスノグラフィーが書かれてきました。今回は，これらの古典的研究を俯瞰し，都市を舞台にした現代文化研究がいかに始まったのかを学んでいきます。

1 大衆の時代とメトロポリスの文化

〈宗教と近代〉から
〈文化と現代〉へ

19 世紀末から 20 世紀初頭にかけて人文学や社会科学の最前線を担った社会学で，関心の焦点とされていたのは世俗化のプロセスとしての〈近代〉，つまりは〈文化〉よりも〈宗教〉と社会の関係の根本的な変化でした。近代化は「脱魔術化（Entzauberung）」，つまり宗教的超越性の退行と見なされましたから，当然，〈文化と近代〉よりも〈宗教と近代〉のほうが切実な問いだったのです。

ウェーバーやデュルケームをはじめ，草創期の社会学のフロント

41

ランナーが照準したのは，宗教的なエートスや集合意識と合理化の関係でした。もちろん，この時代に〈文化〉という概念がなかったわけではありませんが，多くの場合，それはすでにナショナリズムやブルジョア的価値と結びついたもので，〈宗教〉ほどには〈近代〉の歴史的変動の中心軸をなすとは考えられていませんでした。

こうした認識が一変するのが第一次世界大戦以降,「現代化」と呼ばれる過程においてです。大戦とともに大衆＝マスの時代が本格的に幕を開けます。マス・コミュニケーション技術の発達を基盤としつつ，世界各地で，大衆消費のリアリティが伝統的価値を一気に呑み込んで大衆文化の時代が到来するのです。宗教の世俗化が西欧では数世紀をかけた変化だったのに対し，大衆文化の濁流は数十年で一挙に押し寄せた急激な変化でした。

とりわけアメリカでは，口紅や香水，洗濯機や冷蔵庫，ラジオやタブロイド新聞，自動車，摩天楼，デパート，映画などによって縁どられる消費生活が，広告技術とローン普及に促されながら広く浸透していきます。この変化は，アメリカ式〈文明〉の一部ともいえますが，それを享受していく人々の側からすれば，まさしく〈文化〉の変容として経験される出来事でした。しかもこれは，単に日常を彩る商品が劇的に増えたというだけでなく，それまでの階級やジェンダー，人種をめぐる規範を根底から揺るがしていきます。

こうしたなかで両大戦間期，ジンメルやマンハイム，それにシカゴ学派などの同時代の社会学者たちにとって，膨張する大都市や独占段階に達した資本主義を背景にした〈文化と現代〉は，先行世代が注目してきた世俗化，つまり〈宗教と近代〉以上に切実な問いとなって浮上していきます。この流れは第二次世界大戦以降も変わることなく，社会学的知は現代化のなかでの〈文化〉と社会の関係を，イデオロギーや階級意識，ステレオタイプや価値規範，社会的パー

ソナリティ，文化の型，準拠集団，文化資本といったさまざまな新しい概念を導入しながら考えていくことになるのです。

> **シカゴ派社会学と大都市の「心の状態」**

両大戦間期，新たに浮上した大衆社会状況にいち早く注目し，そこに内在し，都市を実験室として多様な人々の文化的営みを観察・記述する活動に着手したのはシカゴ派社会学でした。1910 年代から 20 年代にかけて，この学派の最も刺激的な時代を創出させたのはロバート・E・パークです。彼は 1916 年，現代のメトロポリスにおけるさまざまな人種，階層，職業の集合的心性や地域の生態的構造をめぐる人類学的探究の有効性を宣言しました。

パークによれば，都市とは「一種の心の状態，すなわち慣習や伝統の集合体であり，もともとこれらの慣習のなかに息づいており，その伝統とともに受け継がれている組織された態度や感情の集合体」です（パーク 2011: 41）。この観点からすれば，「都市は物理的組織ばかりでなく道徳的組織も保持していて，これら二つは相互に独特の様式で作用しあい，たがいに形成しあ」うのです（同 44）。

したがって，現代の大都市における道徳的組織＝集合的心性の構造を明らかにするには，たとえば「ボアズやローウィのような人類学者たちが北米インディアンの生活と慣習に関する研究において用いたのと同じような忍耐強い観察方法は，シカゴのロアー・ノース・サイドにあるリトル・イタリーに普及している習慣，信念，……ニューヨークのグリニッチ・ビレッジ住民やワシントン・スクウェア近隣地区のもっと洗練された風習を記録したりするのに利

★

パーク Robert Ezra Park（1864～1944）　アメリカの社会学者。新聞記者，人種問題への取組みの後，1913 年シカゴ大学に招かれる。変動期のシカゴを「社会的実験室」として，さまざまな都市問題・地域問題を観察対象にし，実証科学的に捉える潮流を形成。

パーク

用」する必要があります（同42-43）。こうしてパークは，大都会のなかの移民街や各種の雑業者，行商人，運転手，占師，バーテン，芸人や路上生活者，盛り場や劇場，スタジアムのような「道徳地域」の社会学的研究を提案していきました。

無宿者たちの都市文化　1920年代から30年代にかけて，パークに率いられたシカゴ大学の若き社会学者たちの快進撃が続きます。たとえば，ネルス・アンダーソンの『ホーボー』では，各地を渡り歩く無宿者の人生が観察されます。彼らの主要な集結地であるシカゴ都心には，ホボヘミアと呼ばれる寄せ場が形成されていました。自らもホーボーだった経験のあるアンダーソンは，わずかな研究費を手にホボヘミアに入り，1年にわたる参与観察を通して彼らの都市生活を生き生きと描き出したのです。

もちろん，一口に無宿者といっても一様ではありません。アンダーソンによれば，ホボヘミアの住人には，①定期的に都市間を移動する季節労働者，②浮浪的に都市を渡り歩く労働者，③賭博や物乞い，盗みなどで生活しながら都市を移動する渡世者，④ホボヘミアに常住する日雇い労働者，⑤やはりホボヘミアに常住するが職をもたない浮浪者の5種類がいます。そして，これらそれぞれのタイプのなかに多様な人種や民族が混ざり合い，独特の言語と規範をもった小宇宙が織り上げられていたのです。

アンダーソンの観察は，とりわけ路上が，ホーボーたちの都市生活の舞台だったことに注目しています。ホボヘミアには，簡易宿泊

所のほか，安食堂，古着屋，質屋，安映画館，売春宿などが並んで
いましたが，貧乏なホーボーは，路上を方々に往来することで時間
を過ごしました。彼らは，ワシントン・スクエアをぶらついて街頭
演説に耳を傾け，街頭のウィンドーに並ぶ食料品に目を向け，路上
の行商人の前で立ち止まり，ときには彼ら自身も物乞いをしたので
す。こうした生活を通じてホーボーたちは，独自の言語体系と社会
的ネットワークを発達させていきました。

**ダンスホールのなかの
性と階級，人種**

『ホーボー』がシカゴ学派初期の代表作な
らば，彼らの後半期の活動を代表した研究
の 1 つが，1932 年にポール・G・クレッ
シーがまとめた『タクシー・ダンス・ホール』でした。「タクシ
ー・ダンス・ホール」とは，プロの踊り子が一定料金で男性客の相
手をして踊るサーヴィスのあるダンスホールのことです。客は入口
でチケットを数枚購入し，踊ってもらうごとに踊り子にチケットを
渡していきます。踊り子たちはそのチケットを集め，歩合で収入を
得るのです。クレッシーは，支配人と踊り子の女性，男性客の三者
の関係に焦点を据えながら，このダンスホールという空間固有の一
個の世界としてのありようを捉えていきました。

　そこで明らかになったのは，盛り場で〈性〉と〈階級〉が複雑に
絡まり合う様子です。たとえば，さまざまな経路をたどってきた踊
り子たちは，本名とは別の名をもちます。これには本名がスラブ系
ならその名はアングロ・サクソン系というように，民族的な差別意
識と彼女たちの上昇志向が反映されていました。しかし他方，ダン
スホールに新人が入ってくると彼女たちはやがて注目されなくなり，
再び注目を集めようとしてよりグレードの低いダンスホールへと移
っていく傾向がありました。

　クレッシーは，このような踊り子たちの上昇移動の願望と下降移

1　大衆の時代とメトロポリスの文化　　45

動の現実を示しつつ，支配人や客との人種的な関係にも目を向けていました。客にはかなりの数の割合でアジア系移民が含まれ，彼らは自分たちの民族集団内で異性の相手を見つけにくい状況にあり，ダンスホールの女たちとさまざまな性的関係をもとうとしていたとされます。こうした観点に，今日の都市人類学やカルチュラル・スタディーズで探究されるエスニシティとジェンダーの差別構造の問題に通じる視点が含まれていたことは明らかでしょう。

　アンダーソンやクレッシーの参与観察的な社会学は，1920年代から30年代にかけて集中的に進められたシカゴ派社会学の成果の一部にすぎません。ほかにも，移民街やスラムのような都市コミュニティの生活世界と都市のなかの非行少年や逸脱グループについて多くのエスノグラフィーが書かれていきました。たとえば前者を代表するものとして，ルイス・ワースの『ゲットー』(1928) やハーヴェイ・W・ゾーボーの『ゴールド・コーストとスラム』(1929) を，後者を代表するものとしては，フレデリック・M・スラッシャーの『ギャング』(1927) とクリフォード・R・ショウ『ジャック・ローラー』(1930) を挙げることができます。

2　労働者階級の経験のなかから

> ジョージ・オーウェル
> と労働者階級

アメリカでシカゴ学派が都市の非行少年や無宿者，移民コミュニティの内側に入って大都市の文化について調査を重ねていたのと同じ頃，イギリスでスクルーティニー派の英文学者たちのように大衆文化をその外から批判的に分析するのではなく，むしろ大衆文化の世界の内側からその批判的な考察の可能性を考えようとしてい

46　第3場　大都市と労働者の文化

たのは、『動物農場』や『1984』の著者として知られるジョージ・オーウェルでした。彼は優れたジャーナリストで、1937年に『ウィガン波止場への道』を書いてイギリス北部の炭鉱労働者の世界をルポルタージュします。1940年には、少年週刊誌を分析し、自国の文化へのアメリカ的価値の浸透を批判的に考察しました。

　彼は、どこの街角にもある新聞販売店で売られるけばけばしい表紙の週刊誌に焦点をあて、これらの雑誌から「イギリスの大衆の大多数が実際に感じたり考えたりすること」に迫りました（オーウェル 2009: 147）。オーウェルが注目したのは、少年向けの週刊誌です。一方で、その第一次世界大戦前から続く雑誌群は、パブリック・スクールでのばか騒ぎやいたずら、喧嘩、フットボールなどをめぐるドタバタ話を中心に構成されていました。何度も登場するのは、「ある少年がほかの少年のしでかした悪事の犯人として追及され、しかも彼はスポーツマン精神に富んでいるので自分の無実を明らかにしない」といったテーマです（同 156）。ここでは「よい」子は「イギリス人の伝統において『よい』」のであり、「悪い」子がするのは「賭け事、喫煙、酒場の常連になること」です（同 156）。物語の基底では伝統的な道徳観がなお機能していました。

　これに対し、第一次世界大戦後に創刊され、1930年代に主流の座を占める週刊誌群では、技法の発達、科学的興味の増加、流血事件の増加、指導者崇拝などの顕著な特徴が見出せます。古いタイプの物語では、横並びに登場する十数名の人物に読者がそれぞれ感情

★─────────────────────────────────

オーウェル　George Orwell（1903〜50）　イギリスの小説家。名門イートン校を卒業後、ビルマで警察官となり、植民地の実態を経験。パリ、ロンドンで放浪生活をし、『パリ・ロンドンどん底生活』（33）を著す。スペイン戦争では共和国軍に参加。帰英後、著作活動に専念。『1984』（49）で監視と統制による全体主義社会の恐ろしさを描いた。

移入していたのに，新しい雑誌の読者は「Gメンとか，外人部隊とか，ターザン的人物とか，空軍の花形とか，スパイ団の首領，探検家，拳闘家などに自己を投影する」のです（同181）。

こうした変化は，英国労働者文化のアメリカ化と関係しています。つまり，「アメリカ的理想像，『雄々しい男』，『タフガイ』，だれかれなしにあごに一発食らわせてすべて解決する，ゴリラのような男などが，いまや，少年雑誌の大多数において主役」となったのです（同185）。さらに，「とめどもなく暴力のことを考え続けている人々」（同181）とオーウェルが難じたアメリカの娯楽産業が生産していく大衆雑誌が「イギリスで非常によく売れていることは，この種のものに対する要求があることを示して」いました（同184）。

『読み書き能力の効用』
の労働者文化論

こうしたオーウェルのアメリカニズム批判は，リチャード・ホガートが『読み書き能力の効用』（1957）において展開していく視座に連続しています。前に触れたスクルーティニー派やエリオットがイギリスのエリート的な文化伝統を擁護し，そうした土壌へのアメリカ流の大衆文化の野蛮な侵入を非難したのに対し，オーウェルやホガートは，イギリスの労働者階級の堅固な生活の価値を擁護し，その生活世界にマス・メディアと消費主義で縁どられるアメリカニズムが侵入してくることを危険視したのです。

ホガートは，大戦後の労働者文化について異なる見方を拮抗させます。一方で彼は，労働者たちの日々のおしゃべりに耳をそばだてるなら，「通俗新聞や映画が活躍しだしてからもう50年にもなるの

★
ホガート　Richard Hoggart（1918〜2014）　イギリスの文化研究者。バーミンガム大学教授として同大学付属の現代文化研究センター設立に尽力し，初代センター長（64〜73）。主著：『読み書き能力の効用』（57）。

に，かれらの日常会話は，そこからごくわずかな影響しか受けていない。働く人びとの日常会話，その方向をきめる諸前提は，まだこれまでの話し言葉の，地方的な，伝統から多くひき出されており，それにくらべれば，マスメディア・コミュニケーションの作用は大したこともない」と述べ，マス・メディアが労働者階級文化を根底から変えてしまったという説を否定します（ホガート 1986: 28）。

　確かに今日の労働者生活には，多くの新しい要素が入り込んでいます。しかし，たとえば「家具それ自体はモダーンと呼んでも差支えない代物であり，事実新しい材料を使っているにしても，『本当にホームらしい』部屋の配置，かざりつけに関しては，かれらのおじいさん・おばあさんが買ったような古い家具を配列するときと同じ，大前提を体現しなければならない」のです（同 32）。そうだとするなら，労働者階級文化のなかで暮らすことは，いまも「生活万般に浸みとおった一つの文化」に帰属することです（同 32）。ハビトゥスのレベルで，昔ながらの階級文化は根強く残っているのです。

労働者階級の若者たち
の態度変容

　他方，ホガートは，現代社会は，特別な技能で「『平凡さ』で満足するテクニック」を発達させているとも論じています（同142）。そこでは進歩の観念が，「今日の複雑でゴチャゴチャした商業的生活の圧力に押されて拡大され，ほとんど無制約の，モノの『進歩主義』にまで伸びきって」います（同 141）。

　この進歩主義には，ハリウッド映画が大きな役割を果たしました。イギリスの労働者階級には，アメリカ流の進歩主義を「よろこんで受け入れようという気持ち」が漲っているとホガートは述べました（同 156）。こうしたアメリカ式生活に魅了されているのは，とりわけ労働者階級の若者たちです。「モダンで，現在的であり，もっとモダンな未来に向っている」彼らは，アメリカ資本にとって

大事な市場です（同158）。

　さらにイギリスでも，「広告主たちの若干は，アメリカからどんどん輸入されてくる小っぽけな神話群——イギリスの趣味に合うようにいく分つくりかえて——を使って，同じ種類のアッピールを行なって」います（同158）。それが，「スウィングやブギウギの好きな，にもかかわらず健康で無邪気な，形式ばらないクリネックス・スウェーターを着，スラックスをはき，陽気さ一ぱい，やる気十分，なんであれ，味気なく，詰らないことの正反対，といった十代の『連中』についての神話」です（同158）。ホガートは，こうした「神話」を，「ケバケバしい野蛮人趣味」と呼んでいます（同158）。

　このようにホガートは，同時代の労働者階級に2つの異なる態度のせめぎ合いを見ていました。一方にあるのは，彼が「より古い秩序」と呼ぶ19世紀から引き継がれた階級文化です。他方には「新しい態度」，すなわちアメリカ的価値を迎え入れていく労働者階級の若者たちが存在しました。ホガートは，両者を必ずしも一方から他方への不可逆的な変化としてではなく，「同じ時，同じ人びとのなかに共存している」ものと考えていました（同140）。

　確かにホガートの文章は，しばしば「古き良き」労働者階級の伝統へのノスタルジーを吐露しています。彼は，マス・メディアの働きかけが「よりしつこく，より有効に，もっと包括的で求心化された形態で，行われている」ことを認めます（同25）。しかし，それでも彼は，アメリカニズムが労働者階級の文化的伝統を根こそぎにしてしまうとは考えないのです。むしろ，こうした2つの文化がせめぎ合う局面にこそ関心が向けられたのです。

レイモンド・ウィリアムズと『文化と社会』

1950年代から60年代にかけてのおもに戦後イギリスでの現代文化をめぐる議論を概観すると，凄まじい勢いで広がっていくア

50　　第3場　大都市と労働者の文化

メリカ流の大衆文化を前に，それまでの〈文化〉の概念が，エリートないし教養階級的視点からも，労働者階級的視点からも，再検討することが必要になっていたことがわかります。

このような状況において，ホガートの『読み書き能力の効用』とほぼ同時期に，レイモンド・ウィリアムズの『文化と社会』が出版されます。この本でウィリアムズは，18 世紀末から

ウィリアムズ

19 世紀にかけて，「文化 culture」という言葉の英語の世界での使われ方がどう変化してきたのかを丹念にたどります。この変化は，同じ時期の「産業 industry」「民主制 democracy」「階級 class」「芸術 art」などの言葉の使われ方の変化と同時代的で，一連の認識パラダイムの変化の一部でした。ウィリアムズは，とりわけ「文化」という言葉の使われ方の変化には，「思想と感情の広範かつ全般的な運動」が伏在していたといいます（ウィリアムズ 2008: 5）。

すなわち近代的な意味での「文化」概念の出現には，「新しい種類の社会を推進している原動力からの，特定の道徳的・知的諸活動の実践的離脱の承認」が背景をなしていました。「文化」と呼ばれる領域が，他の活動領域とは異なる領域として切り出されていったのです。近代社会はそれらを「実践的な社会的判断の諸過程の上

★

ウィリアムズ　Raymond Henry Williams（1921〜88）　イギリスの現代文化分析を代表する理論家。ウェールズに生まれ，ケンブリッジ大学で英文学を専攻。1974 年以降ケンブリッジ大学教授。文化と芸術，社会運動について，多彩な執筆活動を展開。主著：『文化と社会』(58)，『長い革命』(61)，『文化とは』(85)。

2　労働者階級の経験のなかから

位」に置き，「新しい種類の個人的・社会的関係に，実践的離脱の承認」としても関与するものにしていきました（同5-6）。

「文化」は，「産業」に対する反応であり，「民主制」に対する反応でもあり，結果として近代の言説総体の編成のなかで「経済」と「政治」と「文化」という3分割が浮上してきたのです。さらにこの社会的領域の3分割のなかでの「文化」の位置に，個人的領域で対応したのが「芸術」の観念の台頭でした。ウィリアムズは，「経済」「政治」「文化」「芸術」といった社会と個人にわたる諸領域の分割を，近代の総体的な言説再編のなかで考察していきました。

ウィリアムズは18世紀末以降のイギリスの思想的，文学的言説で「文化」がいかに語られてきたのかを詳しく検証し，「文化」をめぐる語りのパラダイムに，18世紀末から19世紀半ばまでと第一次世界大戦以降という2つの層があることを示しました。前者の転換では，エドマンド・バークのような保守主義者やロマン派の芸術家たちからニューマンやアーノルドまでが取り上げられますが，これは主として〈文化〉が新しい〈国民〉の観念と結びつきながら浮上していく時代だったといえるでしょう。

「大衆＝マス」の陥穽　これに対して第一次世界大戦以降に起きた2番目の〈文化〉概念への転換，つまり私たちが「現代化」と呼んだ転換の例としてウィリアムズが取り上げたのは，D・H・ロレンスやスクルーティニー派からオーウェルまでです。ここでは〈文化〉は，「国民」という以上に「マス」や「階級」と結びついて語られていきます。それまでの「国民的教養」としての文化の概念に対し，文化を「階級イデオロギー」と捉え，労働者階級の文化の存在に目を向けたのがマルクス主義でしたが，同じ時代にマス・メディアの発達に媒介されて，「マス」の文化も浮上してきていました。

52　第3場　大都市と労働者の文化

ウィリアムズ自身は，この後者，つまり「マス」の文化という視点に批判的でした。当時，20世紀後半の社会が「マス・コミュニケーション」に媒介された「マス・ソサエティ」であり，そこに繁茂するのが「マス・カルチャー」なのだという主張は支配的なものでした。こうした認識は，大都市への人口集中とラジオやテレビのような大量伝達技術の発達，大量生産システムの発達による労働の平準化などに結びついて説得力をもって語られていました。しかし同時に，「マス」という言葉は，かつてル・ボンやタルドが語った「群衆」という言葉に込められていた諸特性，すなわち騙されやすさや気まぐれさ，偏見や野蛮さといった含意を引き継いでもいたのです。ですから「大衆化」や「大衆民主主義」は，大概は否定的なニュアンスを伴って語られてきました。

　しかし，ウィリアムズの観点からすれば，実際には「マス」などというものは，「存在しない」のです。あるのは，「ただ人びとを大衆とみなす，いろんな見方」だけです（同246）。ウィリアムズの次の指摘は，彼の「マス」概念に対する批判を要約しています。

　「わたしは，わたしの親類，友人，隣人，同僚，知人を大衆とは考えないし，またわれわれのうちのだれ一人としてそう考えることはできないし，考えもしないのである。大衆とはつねに，われわれの知らない，知ることのできない他の人たち（others）なのである。にもかかわらず，現在，われわれのような社会にあっては，われわれは，こういった他の人たちを例によって，無数の類型をもって見ているのであり，［しかし］肉体的には，彼らのそばにいるのである」（同246，［引用者注］）。

　今日の社会では，私たちは「彼らをマスとし，ある便利な定式に

2　労働者階級の経験のなかから　　53

したがって，彼らを解釈する。その観点の範囲内では，この定式は効力がある」ことになります。しかし，私たちが本当に検討しなければならないのは，この定式そのものです。なぜならば，私たちはまさにこの定式をほとんど無意識に使いながら，「同胞中の多数者を大衆に変え，ついでそれを，憎まれたり恐れられたりするものに変えることが可能であるように」してきたのです（同246）。

多声的な言語としての
階級文化

それではウィリアムズは，現代の「文化」概念は，「マス」よりも「ブルジョア階級」や「労働者階級」と結びつけ，階級的に理解されるべきだと考えていたのでしょうか。——そうではありません。ウィリアムズは単純なマルクス主義的階級文化論にも異論を唱えています。彼の認識では，いかなる文化であれ，「ブルジョア文化」であるとか，「プロレタリア文化」であるとかいったように，単一の階級的所産として定義することは不可能です。

ウィリアムズは，文化は所有物よりも言語のようなものなのだと考えています。ちょうど私たちの言語が階級によって異なる使用法を含みながらも，言語としては階級を横断する広がりや歴史的つながりをもって継承されてきたように，「各世代が伝統的文化として受けとる知的・想像的作品の集積体（body）は，つねに，しかも必然的に，単一階級の所産以上のもの」です。ここには階級間の調整や葛藤の歴史が折り重なっており，「ある特定の階級が支配的な社会のなかにおいてさえも，他の諸階級の成員が共同蓄積物（stock）［としての文化］に貢献し，そのような貢献が支配階級の諸観念や諸価値によって影響されなかったり，あるいは対立することが明白に可能」です（同264）。こうした多声的な言語＝文化観は，後にミハイル・バフチンの言語論の影響を受けながら定式化されていくカルチュラル・スタディーズの文化観に通底しています。

54 第3場 大都市と労働者の文化

したがって,「プロレタリアの文化」は「ブルジョアの文化」と
まったく異なるものではありません。むしろ,「共通の言語を共有
する人びとは,経験が変るごとに,必然的かつたえまなく再評価さ
れる,知的かつ文芸的伝統の遺産を共有している」のです。「労働
者階級が支配的となった社会は,もちろん,新しい諸価値判断と新
しい諸貢献をつくりだす」のですが,その過程は,そもそもの「遺
産の複合性のゆえに,極度に複雑なものとなる」というのがウィリ
アムズの見解でした (同 265)。

こうしてウィリアムズは,労働者階級文化とは「プロレタリア的
芸術のことでも,州営住宅のことでも,特殊な語法慣習のことでも
ない。それはむしろ,基本的な共同の観念と,この観念に起因する
慣行・風習・思考癖・意図のこと」だと結論づけました (同 269)。
たとえば労働者も中産階級の人々と同じように自動車や家電製品を
欲しがりますが,それがそのまま労働者のブルジョア化を意味する
わけではありません。彼らは中産階級の人々と同じ消費社会的な語
彙を導入しつつ,異なる仕方で文化を編み上げているかもしれない
からです。ウィリアムズの考えでは,その際,彼らの文化の共同的
性格は最も重要です。この労働者階級文化の共同性に対立するのが,
中産階級文化の個人性で,こちらは「個人主義的観念とその観念に
起因する慣行・風習・思考癖・意図」に結びつけられました。重要
なことは,今日のわれわれの文化が「これら二つの生活の仕方の間
の不断の交互作用と,両者に共通ないしは底流している」領域に結
びついているという認識でした (同 269)。

3 記述される者たちからのまなざし

> ストリート・コーナー・
> ソサエティの若者たち

以上のように，1910年代から50年代までのアメリカやイギリスでは，大都市の移民や下層民，労働者の文化に焦点を当てたさまざまな研究が深められていました。今回，最後にお話ししておきたいのは，これらの初期シカゴ学派の都市社会学やイギリスのカルチュラル・スタディーズが，対象とした人々の文化世界にいかに分け入り，それを内側から記述していたのかという点です。

たとえば，すでに触れたワースの『ゲットー』では，ヨーロッパでのユダヤ人の歴史を背景としながらも，シカゴの生態学的構造のなかで営まれていくユダヤ人移民街のひとまとまりの隔離的世界としてのありようが細心の注意をもって描き出されました。また，ショウの『ジャック・ローラー』では，本格的に生活史研究の方法が非行少年の文化分析に導入されました。後年，ハワード・S・ベッカーは，復刊された同書序文で，ショウの研究のような初期シカゴ学派の生活史記述が，単に統計的研究を補完するのではなく，観察する側の「非行」概念を超えて，少年たちの側からの「非行」の定義を問い返す契機を含んでいたと論じました。

そして，やがてこうした流れのなかで，同じ流れを汲む都市エスノグラフィーの傑作として，ウィリアム・F・ホワイトの『ストリート・コーナー・ソサエティ』が登場します。この本は，当時はまだ20代の若き著者が，アメリカ東部の都市のイタリア人コミュニティの生活にどっぷりと漬かりながら結晶化させた都市エスノグラフィーの古典です。ホワイトは，「街頭の若者」と「大学の若者」

という，このイタリア人街にいた2種類の若者グループを丹念に参与観察し，こうした若者たちの生活文化を通して営まれるコミュニティの権力構造を描き出していきました。

　とりわけホワイトの記述の魅力は，主要なインフォーマントであったドックを中心とする街頭の若者たちの分析です。コーナヴィルの大多数の若者たちが属するこのグループは，床屋や軽食堂，ビリヤード場，クラブ，路上にたむろしながら日々の関係を営んでいました。彼らは多くの点で，高等教育を受けて街頭から抜け出した大学の若者たちとは対照的でした。ホワイトは，彼がこのグループとともに過ごした期間に起きた出来事を詳細に観察し，都市の街頭を舞台に活動する若者グループにおける関係規範の形成と維持，解体のプロセスを明らかにしていったのです（ホワイト 2000）。

労働者階級文化への
まなざしの変化

英国のカルチュラル・スタディーズで，アメリカの都市社会学に通じる内在的な視点からの若者文化研究が進んでいくのは
1970年代以降です。それ以前，たとえばホガートは，戦後英国の労働者階級の若者たちを魅了していくマンガ本を厳しく批判していました。それらのアメリカ式のマンガ本では，「どの頁を開いても，腿も胸も大きい火星から来た女の子が宇宙船から降りようとしているところとか，ギャングの情婦が悲鳴をあげながら高性能のセダンで連れ去られるところ，がでてくる」。それらは，「低い精神年齢にあわされた，できの悪い大衆芸術の受動的な，視覚的摂取」だと，ホガートは断定しました（ホガート 1986: 164）。

　このようにカルチュラル・スタディーズにおいてすら根強く残っていた現代文化蔑視に対し，1964年にホガート自身を初代所長として設立されたバーミンガム大学現代文化研究センターは，道徳主義的な価値判断から抜け出し，労働者階級の若者たちを主要な担い

3　記述される者たちからのまなざし　　57

ホール

手とする現代文化に内在していく新しいタイプの研究が簇生する拠点となっていきます。このセンターは、当初から文学研究の方法論をより広いジャンルに拡張していこうとしていたのですが、やがて既存分野の枠を越えて、文学研究と社会学、マス・コミュニケーション論、マルクス主義の政治経済学などが融合していくカルチュラル・スタディーズの拠点となっていったのです。

いうまでもなく、このセンターをこうした方向に発展させたのは、ホガートを継いでこのセンターの所長となったスチュアート・ホールでした。ホールが所長となったのは1968年、彼がまだ36歳のときです。ホールはそれから10年余り、センターの現代文化研究を牽引し、その活動を同時代の文化研究を主導する位置に押し上げていきました。そのホールの指導下で都市の若者やメディアの研究をしていた若手研究者たちが、1980年代には次々に新しい潮流の担い手として脚光を浴びていくのです。

「ポピュラー・アート」としての文化消費

ところで、そのスチュアート・ホールがセンターの所長となる前、まだ彼自身が若手研究者だった1964年にパディ・ヴァネルと書いたのが、『ポピュラー・アート』という著書でした。当時、まだ高校の教師をしていた彼らは、学校でのメディア・リテラシー教育の実践という点ではスクルーティニー派を引き継ぎつつ、新しい大衆的なメディアへの評価という点ではそれまでの否定的な視点とは袂をわかっていました。彼らは、それまでのメディア・リテラ

シー教育がしばしば教師による大衆文化的テクストに対する「検閲」的な面を負ってきたことを批判します。そして教養的な文化と大衆文化という単純な二項対立を否定して，ポピュラー文化の具体的なスタイルや形式に注目していくのです（Hall and Whannel 1965）。

たとえば彼らは，1950年代のイギリスで大流行したツイスト・ダンスについて，それが産業側の戦略と若者たちの嗜好の合作であるとします。ツイストはもともとチャビー・チェッカーのオリジナル曲「ツイスト」がリリースされてすぐに大流行したわけではなく，音楽産業によってツイスト・ファッションやツイスト映画，ツイスト本などとともに売り込まれていったとき，爆発的な流行を見せるようになりました。したがって，ここでの文化産業の役割は明瞭ですが，それでもホールらは，この流行が若者たちにもともとあった，外出し，ダンスし，パーティを楽しもうといった欲望が，産業側の戦略と結合していった結果なのだと考えます。

『ポピュラー・アート』は，大衆文化に対するそれまでの否定的なまなざしとは異なり，同時代の若者たちの価値観にできるだけ寄り添って文化現象を評価していこうとした点で，1970年代以降のサブカルチャー研究の先駆をなすものでした。しかし，後の研究と比べるなら，60年代半ばのこの著作が抱えていた限界も明らかです。たとえば，ホールらはこの時点では音楽や映像のテクストを構造論的に分析していく記号論や精神分析を踏まえてはいませんし，受け手が文化テクストをどのように受容していくのかの調査を試みてもいません。こうした限界がその後，70年代以降のカルチュラル・スタディーズでどう克服されていったのかについては，いずれこの講義でもお話ししていくつもりです。

3　記述される者たちからのまなざし　59

> 「街頭の若者」から
> 「野郎ども」へ

さて，今回のお話を終える前に，1970 年代以降のカルチュラル・スタディーズの若者研究として，ポール・ウィリスの『ハマータウンの野郎ども』に触れておきましょう。というのも，この本でウィリスが達成したことは，かつてホワイトが『ストリート・コーナー・ソサエティ』で成し遂げたことに対比できるからです。ホワイトのエスノグラフィーは「街頭の若者」と「大学の若者」を対比させましたが，ウィリスのエスノグラフィーも 2 つのタイプの若者たち，「野郎ども」と「耳穴っ子」を対比させます。

ウィリスがこの研究で取り上げたのは，バーミンガム北にある工業都市の労働者居住地域の中学校で，学校の権威に逆らい，独自の「反学校の文化」を形づくる男子生徒たちです。自らを「野郎ども」と呼ぶ彼らは，教師に従順な生徒を「耳穴っ子」と侮蔑的に呼び，彼らと自分たちの違いを際立たせました。野郎どもは，自分たちが気ままに「ふざけ」たり「イカす女を口説」いたりでき，これは「耳穴っ子」には到底できないことだと考えていました。

このような教師や学校の権威に対する抵抗と「耳穴っ子」に対する優越感を表明する社会的記号として，服装とたばこと酒は重要な価値をもっていました。これらは商業主義から一定の意味づけを与えられていますが，「若者たちによって取り上げられみずからのものとして使いこなされるときには，それが商業主義の動機からは予測しえなかった若者たち自身の率直な自己表現の媒体になりうる」のです（ウィリス 1996: 48）。野郎どもは，そのスタイル感覚の誇示

★

ウィリス Paul E. Willis（1950～ ） イギリスの文化研究者，社会学者。『ハマータウンの野郎ども』(1977) で，学校現場における若者たちの行動をつぶさに検討し，若者たちが対抗文化を身につけることで，「労働者階級」としての自分を再生産する過程を明らかにした。

を通じ，学校的権威への反逆を劇化し，「耳穴っ子」との象徴的差異化を図り，自己のアイデンティティを確認していたのです。

野郎どもが服装やふるまいにより象徴的に自己を表明することは，言語の支配に対する拒絶を含んでいました。少年たちからするならば，体系化された言葉は「耳穴っ子」のひ弱な表現手段にすぎません。ウィリスは，「反学校的な少年たちの言語行為は，制度順応的な生徒とくらべてけっして見劣りはしないし，イメージを生き生きと喚起する力においてはむしろ前者が後者に勝るほどである。しかしながら，でき合いの言葉にはいかにしても託しがたい心象にこそ対抗文化の洞察が含まれているのであり，言語がまさに洞察の内容の表出において無力であることに変わりはない」と述べています（同303）。野郎どもは，「与えられた言語に依存するのではなく，ぶっつけ本番のデモンストレーションによって，状況への直接的な参入と実践的な状況把握に向」かうのです（同302）。

野郎どもの反学校の文化は，「学校制度とその規則をかいくぐって，インフォーマルな独自の空間を象徴的にも具体的にも確保し，『勤勉』というこの制度公認の大目標を台無しにしてしまう所業に集中して現れ」ます（同70）。彼らが重視するのは，「ひとふざけする」能力です。実際，彼らの仲間内では，「ひとを巻きこんでふざけることができなければ，真に〈野郎ども〉の一員になったとはいえない」と思われていました（同76）。そして学校は，彼らが「ふざける」にはうってつけの舞台でした。彼らは「非公然の不法な占領軍ででもあるかのように，〈野郎ども〉は学校のすみずみを徘徊して遊びの種を探し，器物を損傷し，騒ぎをかきたて」ていました（同79）。

そのようなわけで，野郎どもが生きる時間のあり方も，学校の公式的規範とは異なっていました。時間割に表現される直線的な時間

3　記述される者たちからのまなざし　　61

は，「野郎ども」の時間感覚とは無縁です。ウィリスによれば，「教職員や〈耳穴っ子〉からよく聞く不満は，〈野郎ども〉が『貴重な時間を台無しにしている』ということである。〈野郎ども〉にとって時間とは，はるか将来の希望を実現するために細かく節約し，用心深く使うものではない。時間は，この現在の自己確認のために，いま彼らの掌中になければならない」のでした（同75）。

「野郎ども」の文化の洞察と呪縛

こうした「野郎ども」の世界観や自己表現のスタイルには，学校側が生徒に提示する人生についての展望を超えた洞察が含まれています。実際，学校において「野郎ども」が「耳穴っ子」に対して優位に立てるのは，彼らが「耳穴っ子」が額面どおりに受け取るしかない学校的規範を解読し直し，別の意味を読み取っていくことを可能にする独自の解釈視座を保持しているからです。ウィリスによれば，「学校秩序から『はみ出し』て〈野郎ども〉の一員になる明確なわかれめは，まさにこの種の社会的な見通しと価値判断の独自の基準を獲得するか否かに」あります（同44）。これは，学校という空間が公式の組織として張りめぐらす諸コードを相対化し，それと対抗していくことを可能にするような視点なのです。

　ウィリスは，野郎どもの反学校文化の洞察力を，彼らの親たちが属する労働者階級の文化と結びつけます。労働者階級の文化自体，労働現場の厳しい条件や監視のなかで，労働者が何らかの肯定的な意味を見出そうと，独自の行動規範を打ち立てていく実践を通じて胚胎されてきたものです。ウィリスによれば，「よそよそしい力が支配する状況を自分たちの論理でとらえかえすというこの逆説は，私たちが反学校の文化において見たものと同じものであり，また無味乾燥の公式の制度のただなかで生き生きとした関心や気晴らしを根づかせる試みも，両者に共通のもの」です（同132）。野郎どもの

文化が示す独特の手強さは，彼らが学校の外に広がる労働者文化と
しっかり結びついていることに由来していました。

　ところが，学校が押しつけてくる公式規範を茶化し，それを超え
る認識と実践の諸様式を獲得していくこの過程こそが，労働者階級
文化との連続性を通じ，野郎どもが「自分の将来をすすんで筋肉労
働者と位置づけ」，そのような自己を成形していく過程となること
をウィリスは示しました（同17）。野郎どもの若者たちは，学校と
いう文脈では，「耳穴っ子」をはるかに超える創造性と洞察力を発
揮しながらも，まさにそうすることでより長い人生では，「西欧資
本制社会の下積みとなる運命に，みずからの手でみずからを貶め
て」いくのです（同18）。ウィリスによれば，「労働階級の文化のな
かには，とりわけ学校における対抗文化のなかには，なるほど未来
に連なる合理性の要素が確実に存在する。しかし，まさにその同じ
要素が，現在の社会構造と複雑に絡み合う客観的な過程で，その文
化が未来に向けて十全な展開をとげる妨げにもなる」のです（同
297）。

```
┌─ Key word ──────────────────────────
│  宗教　　近代　　シカゴ派社会学　　エスノグラフィー　　労働
│  者階級文化　　アメリカニズム　　マス・メディア　　文化
│  芸術　「マス」　生活史研究　　カルチュラル・スタディーズ
│  ポピュラー文化　　マルクス主義
└──────────────────────────────────
```

予習図書

①　ポール・E・ウィリス『ハマータウンの野郎ども』熊沢誠・山田潤訳,
　ちくま学芸文庫，1996年

②　ジョージ・オーウェル『ウィガン波止場への道』土屋宏之・上野勇

3　記述される者たちからのまなざし　　63

訳，ちくま学芸文庫，1996 年

③　ウィリアム・フット・ホワイト『ストリート・コーナー・ソサエティ』奥田道大・有里典三訳，有斐閣，2000 年

④　リチャード・ホガート『読み書き能力の効用 新装版』香内三郎訳，晶文社，1986 年

復習課題

①　大都市に集まる移民の文化を考察した初期シカゴ学派以降のアメリカの都市研究と，労働者階級の文化に注目したイギリスの文化研究の視点の違いについて考えましょう。

②　シカゴ学派の都市社会学が展開されていたのと同じ頃の東京ないし大阪に注目し，これらの都市で実施されていた都市調査とシカゴ学派の都市社会学を比較してみましょう。

③　都市の参与観察やエスノグラフィーにおいて，調査される側からの視点はどのように記述可能なのか。今回，言及された研究のどれかを読んで考えてみましょう。

|第4場| コミュニケーションとしての文化

鶴見俊輔と戦後日本の〈文化〉研究

➡日本において，現代文化研究が本格的に深められていくのは戦後です。もちろん，次回にお話しするように大正期の民衆娯楽論や1930年代の文化論は重要な先駆ですが，理論的，実証的な広がりと深みという点では，戦後，思想の科学研究会が進めた文化研究こそが，私たちが第一に学ばなければならない日本の現代文化論の原点なのです。そしてこの研究を方向づけていたのは鶴見俊輔の思想であり，とりわけ彼のディスコミュニケーションについての考え方や限界芸術論は重要です。今回は，鶴見の文化への視座を軸に，その背景をなしたプラグマティズムから限界芸術論までのつながりについて学びます。同時に，大衆小説や任侠映画から替え歌までの大衆文化をめぐる日常の実践に向けられていた視点を検討します。

1 コミュニケーションとしての文化

レイモンド・ウィリアムズと鶴見俊輔

　前回，お話ししたイギリスのレイモンド・ウィリアムズに対応する，戦後日本の文化論の代表者といえば，やはり鶴見俊輔の名を挙げなければなりません。敗戦後の思想の科学研究会から近年に至るまで，鶴見は日本の大衆文化研究の中心にいて，後続世代に多くの影響を与えてきました。おそらく本人は，そうした学問的な流れの中心に自分がいることを嫌ってきたでしょう。それでも戦後日本で〈文化〉の研究を志したほとんどの研究者が，鶴見俊輔の思想

65

鶴見俊輔

や語りを意識してきました。鶴見が戦後日本の文化論に与えた影響は大きく，その影響力の大きさでいえば，鶴見の存在はイギリスのウィリアムズに対比されるものといえます。

しかし，思想的な背景という点からするなら，ウィリアムズと鶴見は異なります。ウィリアムズの根底にあったのはマルクス主義でしたから，思想的には戸坂潤や中野重治に通じます。これに対して鶴見俊輔の根底には，アメリカのプラグマティズムの思想がありました。俊輔は姉の鶴見和子とは異なり，一貫してマルクス主義との距離をとってきたように見えます。意味論よりも語用論を，つまり個々の言葉や語りが何を意味するかということ以上に，それがどのような場で，何に媒介され，どのような仕方で語られ，表現されたのかに注目する点で，鶴見の方法はとても唯物論的なのですが，マルクス主義的ではありません。彼はたぶん，「階級」や「搾取」といった概念も特定の立場から語られた「お守り言葉」にすぎないと考えてきたのでしょう。

準米国産のプラグマティズム思想

プラグマティズムは創始者であったウィリアム・ジェイムズとチャールズ・S・パースらから，この流れを集大成するジョン・

★

鶴見俊輔（1922〜2015）　哲学者，評論家。1946年，都留重人や丸山眞男らと共に「思想の科学研究会」を結成し，『思想の科学』創刊。プラグマティズムの紹介，コミュニケーション論，大衆文化論を展開。原水爆反対運動やベ平連結成に尽力。自由な視角から既成のアカデミズムを批判。『限界芸術論』(67)，『戦時期日本の精神史』(82)など著作多数。

デューイまで，近代アメリカ思想の根幹をなす潮流で，もともとは
ハーバード大学のあるボストンの若手哲学学徒が集まっていたサー
クルに濫觴（らんしょう）がありました。この流れの共通点は，言語への注目と，
その言語によって成り立つ思想が行為の一面であること，つまり
「考えは行為の一段階なり」という認識から出発していることです。

　プラグマティズムは言葉が行為から独立して閉じた領域をなすの
ではなく，常に行為と結びつき，意味の規準にばかりでなく行為の
規準にも従うと考えてきました。言葉のパターンは何らかの行動の
型と結びついており，あるメッセージの意味は，行動の型との結び
つきにおいて理解することができます。

　鶴見俊輔は，プラグマティズムがアメリカ人の文化的気質と結び
ついていると述べていました。たとえば功利主義で，アメリカでは，
理論の価値は「日常生活に何ほどの変化をもたらすか，なにほどの
実利をもたらすか」で判断されます（鶴見 1986: 201）。もう1つは
実証主義で，彼らは「自分の手にとって見られるものでないと信
用」しません（同 201）。さらに彼らは，「考えることに特別の尊敬
を払わない」。アメリカ人は，あくまで「考えることをわれわれの
自然人としての行動の一つとして解」するのです（同 202）。

> コミュニケーション
> 思想としてのプラグ
> マティズム

こうして行為主義と言語への関心が結びつ
くことで，プラグマティズムは「コミュニ
ケーション」の思想となります。鶴見によ
れば，プラグマティズムの考えを最も深めたデューイの根幹にあっ
たのはコミュニケーションの概念です。デューイは人間の心が最初
から与えられたものではなく，「コミュニケイションという行為を
くりかえすことの中で，だんだんに出来てくる機能」だと考えまし
た（鶴見 1961: 141）。ですから，デューイにとってコミュニケーシ
ョンとは，単に「口でしゃべるとか，耳できくとかいう局部的行動

1　コミュニケーションとしての文化　67

でなく，からだ全体をなげいれてする〈全身的行動〉」なのです（同142）。

　「コミュニケイションが成功して，心から心へと見事に意味がつたわるためには，まずそれぞれの人の〈興味〉がゆりうごかされ，興味という通路をつうじて，それぞれの人の〈人がら〉全体が，そのコミュニケイションに参加」しなければなりません（同142）。文化とは，人々が行うコミュニケーションの総体であり，文化の様式は根本的にコミュニケーションの様式に帰着します。

　　　　　　　　　　　思想や文化の営みを，コミュニケーション
| 人文学のコミュニケー
ション論的転回 | の観点から考えることは，鶴見俊輔の生涯を通じた視点となります。やがて彼は，「文化史の一部門として，コミュニケイション史というものの成立することが，必要だ」と考えていきます（鶴見ほか 1951: 227）。それは，音楽や文学，絵画の歴史を，すべて「コミュニケイションの歴史」として捉え返すことを意味します。つまり，イメージ（図像）やテクスト（文書）をそのコンテクストから切り離して分析するのでなく，それらが表現され，伝達され，受容されていた場の状況から捉え返していく学問を構想したのです。

　ここに構想されるコミュニケーション学は，既存の人文学に対し，「これまでの官庁発行の文献本位の"日本歴史"に対して，民間伝承の実地調査に主に依存する"日本民俗学"の果した役割と同様」の役割を果たしていきます（同227）。一例として彼は，イタリアのファシズム研究では，ムッソリーニの演説内容の分析以上に，イタリアのラジオ放送におけるムッソリーニへの言及の減り方が，彼の政治的位置の後退の重要な指標になると論じました。

　また，フランス啓蒙思想に関しては，ルソーが活躍した18世紀中葉に，「新しくパンフレットという道路を通して政治的宣伝が行

68　第4場　コミュニケーションとしての文化

なわれるようになり，またコメディという道路を通じて合理的な人生観が民衆の思想の中へと根をおろしていった。公開図書館は各地に増設され，学校は増設され，フランス国民のかなり多数が署名可能となり，貸本屋は 1 時間に 12 スウ（$\frac{12}{20}$ フラン）で人に本を貸し，読み書きする人々のあいだでも民衆の手のとどかぬラテン語はおとろえ，国民語であるフランス語がさかんになった」ことに注目しました（同 232）。この新しいコミュニケーション環境は，ルソーが王侯貴族から独立して，「天才的マス・コミュニケイション・スペシャリスト」として生きることを可能にしたのです（同 241）。

　実際，鶴見俊輔によれば，ルソーは新たに登場しつつあったコミュニケーション手段を縦横に使いこなしていきました。たとえば手紙での読者とのやりとりは，ルソーが開拓し，独壇場とした回路でした。彼は読者からの身の上相談的な手紙に対し，忙しいときも，「労をおしまず，これら読者からの問い合せに返事を書いた」といいます（同 241）。これが可能だったのは，「18 世紀中葉のフランスにおける郵便組織の十分なる発達，それにともない民衆が手紙形式になれてきたという事実」があったからでした（同 241）。

　ルソーはまた，読者たるべき民衆へ向けた手紙体の宣伝文を発明し，手紙体での批評論文や教育論，出版を前提に自己の立場を弁護する一連の手紙を執筆し，『新エロイーズ』のような手紙体の小説も案出してベストセラーにしていきました。さらに彼は，告白体の自叙伝や，自己を 2 つに分裂させて互いに対比させる形での告白文や，論敵との架空の会見記によって自著を正当化する文章までを書き，作品であらゆるコミュニケーション形式の実験をしました。

ディスコミュニケーションの発見

　鶴見俊輔はしかし，文化の総体を「コミュニケーション」として読み返すことにとどまってはいませんでした。すでに 1950 年

1　コミュニケーションとしての文化　　69

代，彼はデューイのコミュニケーション概念が不徹底であることを批判していました。その最大のポイントは，デューイがコミュニケーションのなかに生じるディスコミュニケーションの契機を十分に考察していない点にありました。

　コミュニケーションが複数主体間で意味が共有されていく過程だとしても，その意味が共有されること以上に重要なのは，意味が共有されないことです。実際，コミュニケーションが完全に成立するためには，送受の「両端をになう人びとがすべて，完全な訓練をもたねば」なりません（同 175）。送り手がいくら完全なコミュニケーションを成り立たせようとしても，「かれの通信をうけいれる側の人びとがすべてかれのごとくでなければ，かれの期待するコミュニケイションはおこなわれ得ない」のです（同 175）。

　しかし，送り手と受け手の解釈コードの完全な一致など現実にはほとんどありえませんから，コミュニケーションは常にディスコミュニケーションを伴います。むしろ，ディスコミュニケーションのほうが，私たち日々のやりとりの常態です。

　鶴見俊輔は，デューイがコミュニケーションを礼賛し，ディスコミュニケーションを軽視しすぎていると批判します。なぜならば，コミュニケーション重視は，時として同調圧力を生じさせ，集団から自立した個我を殺してしまうからです。ある集団のなかでコミュニケーションばかりが重視されると，それは成員間の意味の共有だけを促し，解釈コードを一元的に同調させてしまいます。

　こうして鶴見俊輔は，アメリカ哲学としてのプラグマティズムの限界を，次のように明確にいいあてています。

「生活水準のちがいによって，まったくことなった世界像がひらけることについて，アメリカ人であるデューイは，アメリカ以外

の世界の人びとほどにはっきり気がつかない。アメリカでは，国民の九十パーセントが中産階級と自分で信じていられるほど生活環境は同質的であり，そして安楽である。食べるに困る人，次の年の生計をいかにたてたらよいかについて見とおしをもちえない環境にある人びとにとって，デューイにとっての世界像とまったく異質の世界像が，いま世界各地でもたれているのだが，このことについて，デューイは理解しない。……階級間，民族間，男女間，夫婦間，国家間。人間が二人以上あるところには，かならずディスコミュニケイションが根づよく存在している。人間にとっての根本的状態は，コミュニケイションである以上にディスコミュニケイションである」(同177)

創造性としてのディスコミュニケーション

俊輔はさらに，「ディスコミュニケイションをつねに悪とするデューイは，ディスコミュニケイションを除去する可能性について きわめてのんきに，楽天的に考えており，理性的説得の方法に，主にたよることを主張している」が，この「願望は，願望にとどまる」と述べています (同178)。人間の価値観や世界像は根本的に多元的，抗争的なものであるから，ディスコミュニケーションを除去することは不可能です。私たちは，「この世界に当然あるディスコミュニケイションにたいして，もっと強くならなければいけない」のであって (同182)，「コミュニケイションの皮にかくれたディスコミュニケイションをはっきりと見つめ，この質と量を計算しておかなければいけない」のです (同182)。必要なのは，「コミュニケイション—ディスコミュニケイションを両者のダイナミックな相互作用において，理解し，両者の現在の『均衡』状態をぼくたちみんなの利益にむかって一分なり，二分なり改良すること」なのです (同182)。

鶴見俊輔の考えでは，ディスコミュニケーションは，もちろん消極的にはコミュニケーションの拒絶，沈黙や無視，無理解を含みますが，より積極的に意味のずらしや創造的な誤解を含んでいきます。ですから，「権力者がマス・コミュニケイションに登場させる諸記号，『自由諸国』，『民主主義』，『公共の福祉』などは，権力をもたぬ被圧迫者諸階級によって，すこしずつずらして，その意味をとらえられる」（同 191）。戦時中の日本では，公式発表の意味をずらして理解するのに小集団のオピニオン・リーダーが活躍しましたが，「ずらされた意味をさらにずらすのは，権力構造の最下部にある大衆個々人の才覚に，戦争時代には，ゆだねられ」ました（同 191）。

2　限界芸術論の射程

記号としての芸術　　コミュニケーション／ディスコミュニケーションとしての文化についてのこうした基本視座が，鶴見俊輔が残した膨大な著述のなかで最も明瞭に示されているのは，彼が 1960 年にまとめた「限界芸術」論です。彼はこの記念碑的論文を，芸術とは「たのしい記号」なのだと述べるところから始めます（鶴見 1999: 10）。鶴見によれば，美的経験は，毎日の経験の連続に対し，句読点を打つような仕方で働きかけ，単語の流れのなかに独立した一個の文章を構成させるようなものとして存在します。つまり，経験全体に溶け込むような仕方で美的経験があり，またその美的経験のわずかな部分として芸術があり，さらにその芸術のほんの一部分として「芸術作品」があるのです。

　逆にいえば，「たのしい記号」としての芸術は，俗にいう「芸術作品」よりもずっと広く拡張されなければなりません。生活すべて

が芸術なのではないとしても，芸術は生活に「句読点」のように出現する美的経験の一部です。つまり芸術は人々の「経験」の領域なのであって，「作品」がまずあるのではないのです。

美的経験＝遊びと芸術の3類型

それではまず，生活全般と「美的経験」はどのように区別されるのでしょうか。鶴見は，「美的経験が日常経験一般と区別される特徴として，それじしんとしての『完結性』だけでなく日常経験からの『脱出性』をもつ」と述べています（同12）。これらは，私たちがすでにホイジンガやカイヨワを通して「遊び」について学んだのと同じ特徴です。つまり，鶴見が「美的経験」と呼ぶものは，第2場で講じた「遊び」と区別がつかない経験領域です。すでに学んだように，生活のすべてが遊びなのではありませんが，生活の意味や価値を成り立たせる根底に遊び＝美的経験は存在します。

したがって次なる問いは，この「美的経験」と「芸術」との関係です。鶴見はここで，芸術を，①純粋芸術，②大衆芸術，③限界芸術の3類型に分けます。「純粋芸術」とは，専門的芸術家が作り専門的享受者をもつもので，いわゆる狭義の「芸術」と重なります。「大衆芸術」とは，専門的芸術家や企業体が作り，大衆が享受するもので，いわゆる「マス・カルチャー」，マス・メディアによって流通・消費されていく文化商品の諸形態が念頭に置かれています。そして「限界芸術」とは，非専門的芸術家が作り，非専門的享受者をもつ芸術の諸形態です。限界芸術の典型例は「替え歌」ですが，ほかにも多くの事例を鶴見は挙げていきます。

当然，「限界芸術」は日常生活のなかの美的経験＝遊びの諸形態に最も近接していきます。鶴見自身，「限界芸術の諸様式は，芸術としてのもっとも目だたぬ様式であり，芸術であるよりはむしろ他の活動様式にぞくしている」と述べています（同38）。実際，「系統

2　限界芸術論の射程　73

発生的に見て，芸術の根源が人間の歴史よりはるかに前からある遊びに発するものと考えることから，地上にあらわれた芸術の最初の形は，純粋芸術・大衆芸術を生む力をもつものとしての限界芸術であった」と鶴見は述べていくのです（同15）。

さらに鶴見は，「個体発生的に見て，われわれ今日の人間が芸術に接近する道も，最初には新聞紙でつくったカブトだとか，奴ダコやコマ，あめ屋の色どったしんこ細工などのような限界芸術の諸ジャンルにある」と続けます（同16）。こうして見ると，「限界芸術」はすでに論じた「遊び」とほとんど区別がつきません。

とはいえホイジンガの関心が，産業社会の功利主義に抗し，人間文化のすべてを照射できる根源的な生の様式として「遊び」を浮上させることにあったとするならば，鶴見の関心は，「芸術の意味を，純粋芸術・大衆芸術よりもひろく，人間生活の芸術的側面全体に解放する」ことにありました（同16）。

限界芸術の研究方法 こうして鶴見俊輔は，「限界芸術」について考えてきた先駆者として柳田國男と柳宗悦，宮沢賢治を挙げていきます。鶴見によれば，柳田國男は限界芸術の研究，柳宗悦は限界芸術の批評，宮沢賢治は限界芸術の創作を先駆的に実践した先人です。

たとえば，柳田の民俗学は，「限界芸術の考察に基礎をおいた一種の芸術論の体系」です（同17）。鶴見が強調したのは，柳田が「限界芸術の諸様式を，民謡とか，盆踊りとかにきりはなさずに，それらを一つの体系として理解」した点です（同18）。たとえば柳田は，「全国で集めたぼう大な民謡の中から，作者の明らかな疑似民謡をすべてのけてしまったうえで，さらにのこるものを，元歌と替え歌とに区別」しました（同19）。そして，「この作業の中から，限界芸術としての民謡の発展の法則を説明」しました（同19）。

この明晰な方法により，柳田民俗学がめざしたのは「限界芸術の諸様式のどの一つをとりあげても，そこから別の様式にぬけてゆく共通地下道のようなものを同様に見つけてゆくことにあり，この共通の地下道は，日本人が各地各時代にもった具体的な集団生活の様式」でした（同18）。つまり焦点は，それぞれの限界芸術の形態そのものではなく，そうした個別の形態を生み出していく集団生活の様式に置かれていたのです。

方法さえしっかり確立していれば，扱われる限界芸術の形態はいくらでも多様でありえます。鶴見が挙げている一覧表によるならば，「限界芸術」のジャンルには，出ぞめ式，木やり，盆おどり，竹馬，まりつき，すもう，獅子舞，盆栽，水中花，生花，茶の湯，ふしことば，早口言葉，漫才，声色，らくがき，絵馬，しんこざいく，年賀状，ゴシップ，書道，祭，葬式，家族アルバム，いろはカルタ，百人一首，双六，福引，墓まいり，記録映画，デモなどが含まれます。こうした一覧表を見るならば，鶴見のいう「限界芸術」が，一方では遊びの世界と連続し，他方では伝統文化や生活習慣とも連続していたことがわかります。

限界芸術としてのデモ　鶴見俊輔が限界芸術のなかに，デモのような社会運動や家族アルバムを含めているのが，奇妙なことに思える人もいるかもしれません。しかし，鶴見が「替え歌」と「デモ」を同列に並べるべきだと考えたのは，彼自身が限界芸術論を書いていたときの状況と関係があります。鶴見俊輔は後に，限界芸術論が，彼が1960年の日米安保反対の闘争に参加するただなかで書かれたことを明らかにしています。

それによれば，反安保闘争が高揚した1960年4月以降，「私はほとんど生まれてはじめてデモのオーガナイザーになったんだよ。……『声なき声』っていう無党派のデモを小林トミさんがやろうっ

2　限界芸術論の射程　75

60年安保闘争(左, 1959年11月)とシールズ(右, 2015年7月)

て言うから安保反対の運動に巻き込まれていった。……デモの組織者って,ものすごく多忙なのよ。私は金があるわけじゃないし,自分の地位は安保のときに投げ出しちゃったからね。……長いあいだ,国会の脇の道路で暮らして,便所はプレスセンターのを使ってたんだから(笑)。そこに執筆の便宜があるわけじゃないし,まあそのなかで『限界芸術論』を書いたんだよね」。だから鶴見にとって「デモと限界芸術との区別はない」のです(福住・隅 2008: 72-74)。

こうした発想は,鶴見俊輔の社会観,政治観と深く結びついています。彼は限界芸術論が,「暮らしのへり」の思想だと述べるのですが,そこでは「限界芸術」と「限界政治」と「限界学問」が並べられています。鶴見によれば,「くらしをひとつの領土と見て,そのへりにあたる部分を,いくらか専門化した芸術,学問,政治と見る。……くらしとも見え芸術とも見えるへりの部分が『限界芸術』としてあり,くらしとも見え学問とも見える学問が『限界学問』と

してあり，くらしとも見え政治とも見える部分が『限界政治』としてある」のです（鶴見 1999: 445）。彼としては，「限界政治としてのアナーキズムと声なき声，限界学問としてのサークル活動，限界芸術としてのらくがき，雑談，アダナ，かるたとりなどが，主な関心」として連続していたのです（同 446）。「限界芸術」は日常生活のなかでのアマチュアによる文化表現ですが，これは同じアマチュアによる生活と結びついた政治表現であるデモや，市井の民間学者たちによる聞き書きやコレクションとも連続的なのです。

限界芸術としての複製メディア

鶴見は限界芸術論のなかで，「マス・コミュニケーション時代の成立とともに新しく急激に進んできた純粋芸術・大衆芸術の分裂は，それじしんとしては 5000 年前とあまり変わりばえのしない状態に停滞している限界芸術を，新しい状況の脈絡の中におく」と述べています（同 15）。これだけ読むと，鶴見は一見，複製技術を大衆芸術や純粋芸術の側に，限界芸術をそうした複製技術の外側の世界と考えているかのようですが，そうではありません。限界芸術にも複製技術や映像メディアは，深く浸透しているのです。

実際，彼は柳宗悦の民俗芸術論を論じるなかで，「手仕事にたいする愛が，機械にたいする軽視とむすびつき，現代社会における限界芸術を機械的生産に反対する力としてのみ評価する結果となる」ことを批判しています（同 45）。むしろ限界芸術は，「柳の考えた民芸というわくをこえて，カメラとか，映画とか，あるいはまたアマチュア放送などを含むもの」とされるべきなのです（同 45）。

このような考えがあって，鶴見は限界芸術のリストに家族アルバムや記録映画を入れていきます。ここでいう「記録映画」で彼がイメージしていたのは，アマチュアが 8 ミリ映写機で撮影したさまざまな記録のことでしょう。同じような発想で，1950 年代であれば

2　限界芸術論の射程　77

農村有線放送電話や学校の校内放送，学校新聞やミニコミを加える
こともちろんできます。新しいカメラ技術や録音技術，あるいは
ガリ版刷りの印刷技術が一般にも普及し始めていた 50 年代は，映
像や音響，印刷のメディア・テクノロジーと鶴見が考える限界芸術
とが諸方面で結びつき始めていた時代でした。

家族アルバムの意味の
変容

こうした複製技術に媒介された限界芸術の
なかでも，鶴見俊輔がとくに家族アルバム
と記録映画をリストアップしていることに

は，彼の従兄弟の鶴見良行の影響があったのではないかと思われま
す。家族アルバムも 8 ミリ映画も良行が詳しい領域で，良行は優れ
たアマチュア・カメラマンでもありました。鶴見俊輔と良行の関係
については，拙著『アメリカの越え方』（弘文堂，2012 年）に詳しく
書きましたが，良行の側からいえば，家族アルバムや 8 ミリの記録
映像は限界芸術の代表的な例と考えられていました。

　実際，1940 年代末，初期の鶴見良行はジークフリート・クラカ
ウアーのハリウッド映画分析に準拠して映画論を書いていました。
そこで彼は，映画を芸術としてよりも，大衆の日常的な思考の表れ
として捉えようとしています。やがて良行は写真についての洞察を
深め，御真影論と家庭アルバム論をつなぐ考察を展開していこうと
します。ここでも鶴見良行の写真論のポイントは，プロの写真家の
側ではなく，写真の受容者の側にありました。良行は，同時代の写
真雑誌が相手にしているアマチュア写真家たちの外側に，膨大な写

★

　鶴見良行（1926〜94）　　アジア研究者。外交官の父の転任でアメリカ，中
国東北地方など各地で少年時代を過ごす。学生時代から「思想の科学」の活
動に参加。60 年安保闘争への参加を経て 65 年べ平連結成に加わる。独自な
アプローチによるアジア探究者として研究活動を展開。主著：『反権力の思
想と行動』（70），『バナナと日本人』（82），『ナマコの眼』（90）など。

真の「受け取り手」がおり，さらに日々新聞が印刷している写真は数十億枚に及ぶことに注目していたのです。

こうして良行は，御真影から家族アルバム，広告写真までを視野に収め，鶴見俊輔が論じていたのと同じような意味でコミュニケーションの問題として写真を考えていこうとしました。かつて写真館でアルバム写真が撮影されていた時代，一枚一枚の写真は「生活のかけがえのない時点を記念する『歴史』」であり，全体として見るならば「その家庭を他の家庭から区別するまとまりの意識，さらにはそのまとまりを世代から世代へと連続せしめたいという系譜的なイデオロギーの表現」となっていました（鶴見 1999: 94）。プロが撮影した家族アルバムは，親族の結合を日常的経験の側から支える家族主義的なイデオロギーの媒体ともなっていたのです。

しかし，カメラの小型化と低廉化により，家族アルバムの役割は変わります。写真館で撮られていた時代には，家族の写真は，出生，入学，卒業，結婚，出征等の人生の最も重要な機会の公式記録でした。しかし，「技術の普及とそれにともなう生活意識の変容によって家庭アルバムは急速にその性格を変えつつある。……〔写真はいまや〕日常ありのままの生活の一瞬がその家庭の一員や友人によって表現される記録芸術へと成長」しました（同 98，〔　〕引用者注）。鶴見良行は，カメラがまさに機械の眼であるが故に，「機械によってとらえられた現実は肉眼の選択によって落された部分をも含んでしまう」ことに新しい可能性を見出します（同 98）。いまや一人ひとりが撮影者となった大衆がこの機械の眼を通じ，日常のなかに新しい認識の地平を発見するかもしれないのです。

2　限界芸術論の射程　　79

3 マスとしての文化のなかから

> **思想の科学研究会と
> 大衆芸術研究**

限界芸術論に示された鶴見俊輔の視点は，日常の大衆文化を，その保守性や通俗性を理由に外側から批判するのではなく，むしろそうした文化を経験し，生み出してもいる大衆一人ひとりの生き方や感じ方に学び，それを知識人が自らの問題として自覚化もしていこうとする姿勢に貫かれていました。1950 年代から 60 年代にかけて，同時代の多くの現代文化論が同時代の大衆娯楽を政治からの逃走として捉え，マスとしての大衆の受動性を「上から」批判する傾向をもっていたのとは異なり，鶴見のまなざしはより低く，大衆の日常感覚に触れるなかから文化や表現の基層に迫ろうとしていたのです。そしてこうした姿勢は，戦後，鶴見俊輔を中心的なメンバーとしつつ雑誌『思想の科学』に集っていった思想の科学研究会の多くの同人たちに共有されたものでした。

　彼らは戦後日本社会を巻き込んでいく大衆雑誌やラジオ，映画の発達と，それまでの民俗的な文化の劇的変容を視野に入れ，マス・メディアを通じて普及していく新しい大衆文化の諸形態に注目しました。たとえば，漫才や浪花節，種々の大道芸の変容について，あるいは同時代の文化産業が流通させていく大衆小説や流行歌，映画についての実証的な分析を進めたのです。

> **大衆小説，任侠映画と
> 流行歌／替え歌**

とりわけ当時の大衆芸術研究で最も活発化していたのは，大衆小説論でした。思想の科学研究会の初期の活動を代表する論集『夢とおもかげ』のなかで鶴見俊輔は，吉屋信子，吉川英治，野村

80　　第4場　コミュニケーションとしての文化

胡堂，佐々木邦などに代表される「特別の教養のあるなしにかかわらず，また芸術に対して特に関心を持つと持たぬにかかわらず，一般市民が，このんで取りあげて読む小説」を大衆的なコミュニケーションの形式として捉え，その媒体，送り手，内容，受け手の4つの側面について考察していきました（思想の科学研究会編 1950: 18）。

　鶴見はここで，これらの小説の文体が，講談や浪花節などの戦前からの口頭のコミュニケーションと強い連続性をもつことを示し，またこれらの大衆小説の作家にあっては「一生涯を，通じて40ないし50の小説をただ1つの根本図式によって」書いており，読者はそこから「自己の期待がそのまま実現されて行く経過を，たのしむ」のだと論じました。たとえば，「どんなに世の中が苦しく有為転変であろうとも，吉屋信子の新作に行けば，やはり自分の好む世界が，もとどおりの鉄則にしたがって動いている。このことによって生ずる安定感こそ，大衆小説の成立する一つの心理的根拠」なのだと論じていきます（同 46）。鶴見によれば，大衆小説の登場人物たちは，大衆がかくあれと願う理想の面を強調し，人生のある面を故意に捨象しながら，読者の一人ひとりが自身の生き方について解釈していくときの準拠枠を提供しているのです。

　こうした分析は，大衆小説や大衆映画が人々の日常の行動を支える人生観や価値体系と不可分の関係にあったことを示します。鶴見俊輔だけでなく，たとえば佐藤忠男は，多くの任侠映画が愛すべき孤独なやくざと権力の前にいつも泣き寝入りしている庶民，彼らの共通の敵である悪辣なボスという3種の人物類型から成り立っているとしました。孤独なやくざの多くは，孤児であったり，親に勘当された身であったり，過去の地位を捨てた自由な存在であったりします。彼は，庶民が「かくありたいと思っている理想像」です。他方，悪辣なボスは「庶民を日ごろ圧迫し続けている，政治的，経済

的，身分的な圧迫のすべてと全く同じようなもの」です（佐藤1962: 43）。そして多くの任侠映画で，孤独なやくざが命を賭けて悪辣な権力者を倒した後，大衆は，自分もこんなに自由で強い人間でありたいと思いながらも，彼を共同体の外に追放します。民俗的伝統のなかで培われてきた集合意識の構造が維持されているのです。

　他方，流行歌について見ても，鶴見俊輔は，流行歌が「それぞれの時代の社会でぐるぐるまわる『ふし言葉』という限界芸術の様式と密接な関係をもって発展」してきたことを強調しました（鶴見1967: 147）。「ふし言葉」は，一方では流行歌のふし回しに取り入れられ，他方ではそれを使った無数の替え歌を生み出します。この替え歌の伝統は，江戸時代の阿呆駄羅経から明治以降の軍歌や唱歌の替え歌まで多様に引き継がれてきました。また，そうした替え歌を生み出していく人々の感性を先取りして流行歌が制作されてもきたのです。つまり，大衆芸術として文化産業が生み出す流行歌と日常の限界芸術の間には，持続的な交流現象が見られるのです。

　こうした交流，すなわちマスを相手に生産される芸術と，そうした大衆芸術のテーマや形式を利用しつつ，その意味を組み替えていく限界芸術の交流は，音楽以外の分野にもあります。たとえばマンガの世界では，流行マンガの主人公やモチーフが，アマチュアたちによりパロディ化され，変形されます。そして，そのようなアマチュアたちが集まって，コミックマーケットのような大規模な市が生成されてもいくのです。この場合，出版社から大量に生産されるマンガ本は大衆芸術ですが，それを使って二次的に生み出される同人誌の世界は限界芸術です。そしてこの限界芸術としての同人誌と大衆芸術としてのマンガ本の間にも，流行歌と替え歌の間に見られたのと同様の交流が存在するのです。

コミックマーケット (2017年, 東京)

> キッチュ, やりかたの技法, 遊び

石子順造は, 鶴見俊輔が「限界芸術」とした現象を, むしろ「キッチュ」の概念で考えようとしました。情報化や管理化が進行している現代でも,「芸術と呼ぶ必要も呼ばれる必要もない表現が, 生活者の身体性ともいうべき,〈歴史〉の一様式として, さまざまに開花している」と考える石子は, そうした表現を「キッチュ」とし, その価値を再発掘しようとしたのです (石子 1986: 8)。

「キッチュ」とは, 替え歌や流行歌, ブロマイドや絵葉書, お笑い番組や任侠映画, マンガ, さらにはマッチ箱のラベルや銭湯のペンキ絵までを含み, これらは「無名の民衆……が, 演ぜずして演じつづける, この日常性というドラマ」の一部です (同 13)。それらは,「あるがまま」ではなく,「ひとびとがそうあることを望む」(同 19), あるいは「そうあるのをおそれる」(同 19) ような表現であり,「まさに現実と密着しているがゆえに現実を超えようとする

想念の運動をつつみとって生成」されていきます（同 24）。このような意味での「キッチュ」を生成していく人々の集合的記憶こそ，大衆文化の根底にあるものです。

　鶴見俊輔の限界芸術論とも深い結びつきをもつ石子のキッチュ論は，海外でなされてきた大衆の集合的無意識をめぐる議論にも通底しています。たとえばミシェル・ド・セルトーは，無意識としての民衆文化が，「過去とか田舎とか未開人のところだけに封じ込めておけるものではない」こと，それはまさに現代社会のただなかで，「これやら，あれやら，何かをしようとするときの，その『やりかたの技法』」として営まれていると主張しました（セルトー 1987: 18-19）。この技法は，さまざまな場面で，支配的な制度やメディアによって供給される表象システムの一部を固有のやり方で利用し，その意味をずらしたり転換させたりすることで，民衆文化がずっと保持してきた「やりかたの技法」を再生させているのです。

　先ほどお話ししたように，これら限界芸術やキッチュ，「やりかたの技法」は，第 2 場で述べた文化における〈遊び〉としての契機に通底しています。先ほど私は，ホイジンガが産業社会の功利主義に抗し，人間文化のすべてを照射できる根源的な生の様式として「遊び」に注目したのに対し，鶴見俊輔は，人間生活総体の芸術的側面を解放しようとしたのだと述べました。しかしながら，ここまで述べてくると，まさにそのような限界芸術の想像力が，現代社会の表面を覆うマスとしての文化の基層で，その大量性や画一性，商品性を相対化するものとして息づき続けていることに気づきます。限界芸術は，決して現代的なマス文化の外側で民衆的伝統として営まれているのではありません。むしろそうしたマス文化は，絶えず限界芸術的なものを伴い，それによって組み替えられたり，息づかされたりし続けているのです。

84　第 4 場　コミュニケーションとしての文化

―― Key word ――

プラグマティズム　コミュニケーション　ディスコミュニケ
ーション　限界芸術論　デモ　複製技術　家族アルバム
思想の科学研究会　大衆芸術　キッチュ　やりかたの技法

予習図書

① 鶴見俊輔『限界芸術論』ちくま学芸文庫，1999 年
② 鶴見俊輔『戦後日本の大衆文化史』岩波現代文庫，2001 年
③ 鶴見俊輔『アメリカ哲学』講談社学術文庫，1986 年
④ 吉見俊哉『メディア時代の文化社会学』新曜社，1994 年

復習課題

① 鶴見俊輔はなぜ文化をコミュニケーションの視点で捉えようとした
のか，そしてさらにディスコミュニケーションの視点を導入したのか，
その理由と意図について考えましょう。
② あなたの身の回りで，鶴見俊輔のいう「限界芸術」と見なせるもの
を例示し，なぜそれが限界芸術なのか説明しましょう。
③ 鶴見はなぜデモが限界芸術であると主張したのか。その理由につい
て，2015 年の反安保法制デモを例に考察しましょう。

第 2 幕
日本近代と〈文化〉の位相

『マクベス』を日本の戦国時代に置き換えた映画『蜘蛛巣城』(黒澤明監督, 1957年)のラストシーン。無数の矢を浴びる三船敏郎 (©TOHO CO., LTD.)

マクベス

　ハムレットが父王の亡霊に苛まれたように，マクベスは魔女たちの予言に呪縛されます。王殺しは，どちらの場合もドラマの原点です。王＝秩序が消えた世界では，残忍な暴力と猜疑心による粛清が支配します。安らかな眠りは永遠に失われ，現実は悪夢と化したのです。ハムレットが事件後，隠蔽された殺人を明るみに出す探偵の役を演じるならば，マクベスは最初の予言に従って殺人を実行し，二番目の予言に抗い滅びていきます。つまり「マクベス」は，〈権力〉の劇であると同時に歴史的な〈運命〉の劇です。彼が王を殺すのは，もちろん権力欲からですが，彼の権力欲が煽られ，やがて滅びていく運命は，魔女たちが語る予言に条件づけられています。マクベスが怯えたのは，バーナムの森が進軍してくることでした。森の進軍とは，時には民衆蜂起，そして革命です。王殺しというマクベスの人類学的暴力は，歴史の大きな構造変化に敗れるのです。

第5場	文明開化から文化主義へ

近代日本における〈文化〉の変容

➡日本において，「文化」という言葉は3回のブームを経験しています。1回目の1910〜20年代は「文化主義」，2回目の1940〜50年代は「文化国家」，3回目の1970〜80年代は「カルチャー」の時代でした。この最初のブームが訪れる前の明治期，人々は大いに「文明」を語りましたが，「文化」については語っていません。ですから，〈文化〉という問いそのものが，日本では1910年代以降の現代的な地平のなかで初めて浮上してきたものだったのです。今回は，こうして現代日本人の意識に〈文化〉が問いとして現れた文脈について考えます。それはつまり，社会の重心が国家から個人に転回していくなかで，①（アメリカ経由の）合理的な生活様式としての文化生活，②（ドイツ経由の）文化主義，③労働運動を背景にした民衆文化（娯楽）論という3つの流れが浮上し，重なっていった過程でした。

1 「文明」のなかの「文化」

「カルチャー」と
「文化」の間

日本語の「文化」という言葉には，根本的な弱点があります。というのは，日本語の「文化」は，語源からして「文明」との境界があいまいで，実際にも「文明」と区別しにくい概念として流通してきました。この構図は，西洋近代における「カルチャー（文化）」と「シビリゼーション（文明）」の関係とまったく逆です。西洋近代において，「カルチャー」は「シビリゼーション」に対する

対抗的な概念として，具体的にはフランス的なもの（＝文明）に対するドイツ的なもの（＝文化）を集約する理念として浮上してきました。ところが日本語の場合，「文明」と「文化」の間にこうした対抗的な関係は存在しません。むしろ，「文明」と「文化」はほとんど同じ語義であったといってもいいのです。

　日本語の「文化」のもともとの意味は「文治教化」，つまり武力や刑罰を用いないで人民を教化することです。ここでは「武（暴力）」に対して「文（言葉）」が対抗していますが，上から下に向けて一定の規範やイデオロギーに人々を馴化させていくという発想は同じです。西洋語の「カルチャー」が本質的に内包していた下からというか，人々の内面や社会の内側から草の根的に「耕していく」文化という含意はそもそもありません。このような内実の異なる言葉を，「カルチャー」の訳語として用い，広く流通させてしまったところに，近代日本の文化概念の弱さがあります。

　ある意味で，日本語の「文化」は，「カルチャー」ではなく「シビリゼーション（文明）」の訳語にこそふさわしかったということもできます。「シビリゼーション」には，「礼儀正しさ」を「野蛮・未開」な人々に身につけさせていく，そうして「文治教化」された状態になるという意味があります。ですから「シビリゼーション」には根本的に反自然，反野生，反農村の傾きがあり，そうした「シビリゼーション」が発達するのは都市，それも長安やローマのような帝都でした。「シビリゼーション」の語源の「シビル」は「都市民」のことで，農村的なものの否定という観点があるのに対し，「耕すこと」を語源とする「カルチャー」は都市だけでなく農村や地方とも結びついた概念でした。ところがこの種の含意を，「文化」という文字は含んでいないのです。

> ### 福澤諭吉と「文明」
> ### としての文化

以上のような「ボタンの掛け違い」が，近代日本における「文明」と「文化」，「文化生活」と「文化主義」の複雑なねじれを生んでいきます。幕末，西洋近代的な意味での「シビリゼーション」が「文化」ではなく「文明」と訳されるのに影響力が大きかったのは誰よりも福澤諭吉でしょう。福澤は，実に多数の文明論を書きましたが，文化論と名のつく著作は皆無です。福澤の時代，「文化」はまだ知識人の視界にまるで入ってきてはいなかったのです。

　知られるように，福澤の文明論の古典は，彼が 1875 年に出した『文明論之概略』です。この本を福澤は，「文明論とは人の精神発達の議論なり。其趣意は一人の精神発達を論ずるに非ず，天下衆人の精神発達を一体に集めて，其一体の発達を論ずる」ことだという宣言から始めます。つまり，福澤にとって「文明」の核心は「人の精神発達」だったわけですが，それはまさしく人間の知性や感性を耕すという意味での「カルチャー」の原義に重なります。福澤は明治初頭，大正時代の論者が「文化」として論じた多くを，「文明」の名で論じていたのです。

　福澤は，「文明」には外面的「事物」と，内面的「精神」の 2 面が存在すると主張しました。前者の「事物」としての文明とは，「衣服飲食器械住居より政令法律等に至るまで都て耳目以て聞見す可きもの」を指し，後者の「精神」としての文明とは，「人民の気風」や「一国の人心風俗」を指します。後者の「精神」は，「売る

★

福澤諭吉（1834〜1901）　　明治の思想家，教育者。漢学・蘭学を学び，緒方洪庵の適塾に入門。江戸に蘭学塾を開く。のち英学に転ずる。1860 年咸臨丸により渡米。66 年『西洋事情』初編刊行。68 年塾を慶應義塾と名づけ，以後，義塾を本拠地に，教育と著作を中心とした多彩な啓蒙活動を展開。主著：『学問のすゝめ』（1872〜76）『文明論之概略』（75）など。

1　「文明」のなかの「文化」

福澤諭吉

可きものに非ず，買ふ可きものに非ず，又人力を以て遽に作る可きものに非ず。洽ねく一国人民の間に浸潤して広く全国の事跡に顕はるゝと雖ども，目以て其形を見る可きものに非ざれば，其存する所を知ること甚だ難し」というのです。これこそ後に「文化」として論じられていくものではないでしょうか。

それでは後の「文化」と，福澤の「文明」は，実は同じものであったといえるでしょうか。答えは，否です。大正・昭和期の「文化」と，福澤のいう「文明」の間には，決定的な違いがありました。福澤は『文明論之概略』で，「今世界の文明を論ずるに，欧羅巴諸国並に亜米利加の合衆国を以て最上の文明国と為し，土耳古，支那，日本等，亜細亜の諸国を以て半開の国と称し，阿非利加及び澳太利亜等を目して野蛮の国と云ひ」と，社会進化論的観点に立って文明論を展開しました。この場合，「文明」は「野蛮」と対照され，その概念の底に人種主義を組み込んでいます。しかも，この差異は相対的なものと考えられましたから，日本のような国は，欧米に対しては「野蛮」に近く，アフリカのような地域に対しては「文明」に近いと位置づけられることになります。

福澤がこうした社会進化論的立場をとったのは，当時の世界的思潮のためでもありますが，同時に日本人の「文明の精神」を根底から変革すべきと考えていたからでもありました。彼は，日本の近代化＝西洋化は「事物」から入って「精神」に及ぶのではなく，「精神」から「事物」へ，「先づ人心を改革して次で政令に及ぼし，終に有形の物に至る可し」と主張していました。つまり文化，人々の

メンタリティやハビトゥスの改造が先で、それがやがて法制度や産業システム、都市の施設や技術にも及んでいくであろうという立場です。これは、より困難な道であるけれども、「精神」を置いてきぼりにした「事物」だけの文明化は、結局のところ表面的なものに終わると福澤は考えていたのです。

> **辞書のなかの「文明」と「文化」**

幕末から明治、大正にかけて、日本語のなかで「文明」と「文化」の関係はどのように変化してきたのでしょうか。これについては柳父章が、『文化』(三省堂、1995 年) という本で手際のいい整理をしています。それによると、日本初の英語辞書、本木正栄が1814 年に著した『諳厄利亜語林大成』では、「city」が「街、市中」、「civil」が「礼、丁寧」、「civility」が「遜譲、慇懃、丁寧」と訳されていますが、「civilization」も「culture」も、辞書の語彙には登場していないそうです。それから 50 年後、1864 年に村上英俊が著したフランス語辞書『仏語明要』では、「civilization」は「死ヲ赦シテ罰金ヲ出サスル」、つまり捕えた者に罰金を払わせて死罪を赦す手続きを指したようです。「武」ではなく「文 (むしろお金)」で統治するわけです。そして「civil」は、「町ノ行儀ヨキ」、つまり町人が奉行所の言いつけをよくきくことだとされていました。

これが維新期になると、もうちょっと現代的な意味に近づきます。1862 年に幕府開成所から出された『英和対訳 袖珍辞書』では、「civilization」は「行儀正シキ事、開化スル事」、「culture」は「耕作、育殖、教導修善」で、両概念の本質をそれなりに正しく見抜いています。西周の講義筆録とされる 1870 年の『百学連環』では、「civilization」は「開化」と訳されましたが、「文化」は「文事」、つまり「文字による知識」の意味でした。さらに少しあと、宣教師ジェームズ・C・ヘボンが 1886 年に出した『和英語林集成 第3

版』では，「civilization」は「開化，教化」，「culture」は「学問，教育，風雅」と訳されていました。「civilization ＝ 開化」という観念が明治初頭には確立していたのに対し，「culture」のほうは明治に入っても意味が揺れていたようです。

　柳父は，19世紀末，「文明」と「文化」の違いはあいまいで，ほとんど同じような意味の言葉として受けとめられていたことも示してくれています。たとえば，大槻文彦が著した1891年の『言海』では，「文化」は「文学（学問）教化ノ盛ニ開クル事」で，「文明」は「文学，知識，教化，善ク開ケテ，政治甚ダ正シク，風俗最モ善キ事」となっており，こうなると両者は区別がつきません。あるいは，1879年に吉岡徳明という人が書いた『開化本論』という「文明」批判の本には「文化」という章がありますが，そこでは福澤の文明論が論じられているとのことで，要するに「文化 ＝ 文明」という認識がかなり広く存在したことをうかがわせます（柳父 1995）。

　以上から，もともと日本語では「文 ＝ 文字による統治」と「武 ＝ 武力による統治」が対立していたところに，維新期に「開化」，すなわち西洋化と結びついて「文明」の概念が導入されていったこと，その段階で「文化」の言葉が使われることはあっても，何らかの統一的な意味をもった用語ではありえなかったことがわかります。「文化」は，「文字による知識，学問」という伝統的な意味で使われることも，「文明，開化」と区別されずに使われることもあったわけです。「文明」と「開化」の文字を重ねれば「文明開化」，その真ん中の2字を省略すれば「文化」になるわけで，このへんは似たようなものだと考えられていたのでしょう。

2　大正文化主義の勃興

> 「文明」の明治から
> 「文化」の大正へ

それではいったいいつ頃から，「文化」は「文明」と異なる独自の意味合いをもつようになっていったのでしょうか。この問いには明確な答えを示すことができます。それは大正初年代，第一次世界大戦の終わる1910年代後半からのことでした。この頃から，日本は社会の成り立ちも，人々の考え方も大きく変容していきます。これは要するに，「文明（開化）」の時代から「文化（教養）」の時代への転換と要約できます。日本社会は，ただ植民地化されないために軍備を増強し，産業を興していた時代から，むしろ植民地を獲得して帝国としての意識をもち，同時に国内的には労働運動が活発化し，人々は生活の質に目を向けていく時代に変容したのです。

このような新しい時代のキーワードは，もはや「文明」ではなく「文化」でした。福澤は，「文明」には事物面だけでなく精神面があることを強調しましたが，普通の人々にとってわかりやすいのは事物の面です。事物としての「文明」とは，すなわち博覧会や煉瓦街，蒸気船や蒸気機関車，電信，ガス灯，電気などから，新聞，学校，病院，国会に至るまでの近代産業技術と国家制度でした。ところが大正に入り，人々の関心は，むしろ住宅や食事，ファッション，恋愛，映画などから社会思想や自己啓発，生活様式に向かっていきます。要するに，〈国家の近代〉から〈個人の近代〉へと，人々の関心の焦点が大きく旋回したのです。

「文化」は，このような大正期の人々の関心の的を要約する言葉として急浮上していきます。こうして知られるように，「文化生活」

昭和初期のモダンガール（1930年）

や「文化住宅」「文化アパートメント」「文化村」から「文化風呂」「文化便所」「文化コンロ」「文化鍋」「文化包丁」「文化足袋」「文化草履」「文化鬘」「文化講演」「文化映画」などまで，衣食住を中心にあらゆる近代的生活のアイテムに「文化」の接頭辞を付けることが流行しました。明治の「文明」が近代国家のシンボルだったとするならば，大正の「文化」は消費生活におけるモダニズムのシンボルとなっていったのです。

　このあたりの変化の全容を理解するのに，社会心理学者の南博が編集した『大正文化』（勁草書房，1965年）以上によき導き糸となる本はないでしょう。半世紀以上前の古典ですが，いまでも大正の文化生活の全体像を捉えるには役立ちます。この本のなかで編者は，「明治が生産文明なら，大正は消費的文化にその特色を見ることができよう。生活文化の需要は，文化産業の発展をうながし，さらにこれらの文化を受け入れる中間層の増大によって，社会生活全般に新しい文化のいぶきを与えることとなった。それは合理化された衣食住の形式をとり入れたということばかりでなく，思想芸術を教養として身につけ，趣味娯楽を楽しむ新しい家庭生活の出現となり，さらにそれが封建的な家族意識を内から崩壊させ，一層，個人主義的傾向を濃厚にさせる」ことになっていったと述べました（南 1965: 7）。この指摘は，「文明」の臨界面で，「文化」がいかなる様

相をもって出現してきたのかを要約しています。

> 森本厚吉と文化生活運動の展開

このような時代意識の変化のなかで，知識人たちの思潮も「文化」に焦点化されていくことになります。彼らの関心は，一方では，「文化生活」とは何か，それをいかに実現するのかというより政策的な方向，すなわち「文化生活運動」に向かいました。こうした流れを担った代表は，森本厚吉です。新渡戸稲造の門下生で有島武郎とも親しかった森本は，北海道帝国大学で経済学を教えるかたわら，1920 年，有島や吉野作造とともに文化生活研究会を組織し，講義録の『文化生活研究』を刊行することを通じて通信教育事業を展開，高等教育のオープン・アクセス化に努めました。

森本が力を入れたのは，中産階級の女性たちに対する高度な教養教育で，これを通信教育として展開しようと『文化生活研究』を刊行し，賀川豊彦（社会運動），高野岩三郎（経済学），与謝野晶子（文学），永井潜（医学），神戸正雄（法学），井上秀子（家政学）などの有名講師による講義録が活字化していきました。森本はまた月刊誌『文化生活』を刊行することでも，より広い読者を対象に彼のいう「文化生活」の理念を広めていこうとしました。

森本が語りかけていたのは，高等女学校をすでに卒業した都市中間層の女性たちで，労働者階級の女性たちではありません。そうした意味で，森本のいう「文化」は，後述する大山郁夫や権田保之助が標榜していた「文化」とは異なるものでした。彼は，やがて文化普及会を設立して日本最初の集合住宅となる「文化アパートメント」を建設・経営，

★
森本厚吉（1877〜1950）　経済学者，教育者，大正期からの文化生活についての運動の中核を担う。札幌農学校卒業，ジョンズ・ホプキンス大学大学院修了。1922 年「文化普及会」を設立し，文化アパートメントを建設・経営。27 年女子文化高等学院を創設。28 年女子経済専門学校を設立。

森本厚吉

さらには女子文化高等学院も設立して女性の高等教育に邁進していきました。

それでは森本が考えていた「文化生活」とは，いかなる生活だったのでしょうか。彼は文化生活を，一方では「ハイカラな奢侈生活」と，他方では「原始的な簡易生活」と対立させました。森本によれば，文化生活は「少数者に限らないで社会大多数者である民衆に及ぼさんとする」ものです（森本 1922: 3）。しかしそれは，「生活を原始的にして其生計費を節約せん事に努め」るだけのものであってはならないのです（同7）。奢侈生活でも簡易生活でもなく，「合理的に生活行為を進歩改良せしめて，浪費のない，文化生活を自ら実行して各自の生活能率を大にする」ことが必要だというのです（同8）。

森本厚吉の「文化生活」とは，要するに中産階級を基盤とする合理的な生活様式のことでした。とりわけ彼は，消費生活の場面での合理性を強調し，その実現には，家庭内でのジェンダー的な平等化が必要で，「同一家族の者であるならば苦楽共にデモクラテックに分配さる可きであるから，主人の浪費を省いて一家全体の幸福増進を企図」しなければなりません（同4）。こうした森本の主張は，何ら革命的なものではなく，むしろ第一次世界大戦以降の資本主義にぴったり適合していました。そのためここで示された方向は，やがて生活改善運動として一般化し，戦後は高度経済成長期以降の「豊かな」社会で広く実現されていくのです。

ドイツ哲学からの文化主義の輸入

森本厚吉の文化生活運動は，要するに都市中産階級を支持基盤とする生活合理化の運動で，「文化」の概念そのものを掘り下げ

お茶の水文化アパートメント（東京都，1925年）

るものではありませんでした。こうした実学的，政策的な文化運動論とは異なり，「文化」の概念自体により深く内在していこうとする文化論が大正中期以降には姿を現します。この流れは，これに先立つ19世紀末から20世紀初頭にかけてのドイツ哲学，とりわけ新カント派の哲学思想の潮流と深く結びついていました。

　たとえば，昭和初期のマルクス主義知識人を代表する一人であった戸坂潤は後年，大正期以降の文化論流行の根底には，ドイツ哲学の影響が大きかったことを強調しました。大正期の日本の文化主義思想は，何よりもヴィルヘルム・ヴィンデルバント，ハインリヒ・リッケルトといった西南ドイツ学派の哲学者たちの絶大な影響によって生じたものだったのです。戸坂は，文化社会学の流行について論じる際も，「文化社会学は，（ドイツに於ける）社会学の最も中心

★

戸坂潤（1900～45）　哲学者。京都帝国大学卒業。32年，唯物論研究会を創設し，幅広い研究・批評活動を展開。ジャーナリズム研究や風俗研究に新境地を開く。主著：『日本イデオロギー論』(35)，『科学論』(35)。治安維持法により検挙され，45年敗戦を目前に獄死した。

戸坂 潤

的な課題であり又最も先鋭な形態である，夫がやがて（又してもドイツに於ける）社会学全体の今後の運命を担ふ者」となりつつあり，「之が（ドイツ）社会学の趨勢であり，之が文化社会学の現代に於ける意義」だと述べました（戸坂 1948: 148）。

「文化」社会学が決して「文明」社会学と呼ばれることのないのは，この社会学的潮流がドイツ由来のもので，ドイツは「文明」の国ではなく「文化」の国だからです。実際，「文化といふ概念はドイツ固有のものだと考へられて好い，文化批判の哲学や文化哲学やの故郷は，ドイツに於てしか見出せないだらう」と戸坂は論じました（同 149）。「精神」の概念が，結局のところ「ゲルマン民族の，或いはもっと正確に云へば，最も純粋なゲルマン民族ドイツ人の，本質としての，民族精神」（同 149）を指すのに対応して，「文化」の概念も「ゲルマン民族精神と切っても切れない関係」にあります（同 149）。

戸坂はこの「精神」や「文化」の概念形成がヘーゲルまで遡れること，しかしヘーゲルによる民族の文化や精神の把握はマルクスによって階級の文化や意識の概念に転回していったことを示しました。戸坂はマックス・シェーラーの文化社会学やフロイトの精神分析に言及し，文化社会学が社会学としての分析力を発揮するには，「文化／精神」の概念を内破する必要があると主張しました。戸坂の考えでは，それを完遂するのがマルクス主義のイデオロギー分析であり，ドイツ社会学の「文化」概念とマルクス主義の「イデオロギー」概念は，社会的・物質的な力がどこまで文化にとって根本をな

すかの認識で対立します。戸坂によれば，「文化」の動力は文化自身にあるのではなく，社会的諸関係の総体の効果です。したがって「文化」社会学は，ここで言語化される「文化」の神話を解体していかなければならないはずなのです。

　戸坂と同時代，やはりドイツ哲学に深く傾倒しながらも，戸坂的な唯物論とは異なる方向に向かっていったのは三木清でした。三木もまた実に多くの文化論を書き残しましたが，ここでは文化主義というドイツ発の思潮がどのように日本に入ってきたかを，三木が具体的に説明していたことを紹介しておきましょう。ここでキーパーソンとなったのは，ラファエル・フォン・ケーベルというドイツ系ロシア人のお雇い外国人教師でした。彼は，イエーナ大学で博士号を取得した後，ベルリン大学，ハイデルベルク大学，ミュンヘン大学で教えていましたが，1893 年に来日，東京帝大で哲学，西洋古典学，美学等をそれから 21 年間にわたって教えました。

　彼は，誠実な人柄から人文学系の学生たちの圧倒的な信頼を集め，大きな影響を与えていったとされます。彼の講義は夏目漱石も受けており，親しみを込めた評論を残しています。ケーベル門下は上田敏，安倍能成，阿部次郎，九鬼周造，和辻哲郎，岩波茂雄などから三木自身にまで及び，いわゆる岩波文化は，まさしくこのケーベル博士の周囲から生まれたものだったことがわかります。20 世紀初頭の帝国大学に学んだ俊英たちは，ケーベル博士を通じてドイツ哲学を学び，教養から文化へ，そして文化主義へという時代思潮に身を置いていくことになり，これが 1920 年代以降，日本の思想を主導する知識人層をなしていったのです。

人格的自由としての「文化」

　こうした背景もあり，文化主義は 1920 年代以降の日本思想界にドイツ哲学から輸入され，アカデミズムとジャーナリズムを席

2　大正文化主義の勃興　101

巻していきます。この流れを最初に担ったのは，東京帝国大学でケーベルに学び，1910 年代以降，同大学哲学科教授として新カント派哲学の導入で主導的役割を果たした桑木厳翼でした。彼は，1918年頃から「文化主義」という言葉を使い始め，20 年には『文化主義と社会問題』という著書を出しています。そのなかで桑木は，「今日は疑もなく従来の軍国主義が崩壊して，文化主義が其に代りつつあると断言して宜い」と述べ，大戦後の世界を「軍国主義」から「文化主義」への移行として捉えました（桑木 1920: 169）。

　しかし桑木は，「文化」が「文明」とは異なることも強調していました。精神的，人間的，理想的な次元をもつ文化は，物質的，機械的，産業的，実際的な次元にある文明とは対立します。ここに桑木は，同時代のドイツの文化主義に倣い，人格的自由という考え方を導入しました。すなわち文化とは，「人々の内部生活即ち其の自我が自由なる発展を遂ぐる」ことです（同 143-44）。一方では自然的所与からの自由が，他方では経済的，制度的所与からの自由が「文化」の根幹で，これを実現するのが「人格」なのです。

　他方，桑木と同じ頃にやはりドイツ哲学の影響下で文化主義を唱えていった経済学者に左右田喜一郎がいました。左右田銀行頭取の任にありながら，一橋大学でも教鞭をとり，ドイツ留学でリッケルトの教えを受けた左右田は，新カント派の哲学に基づいて日本でいち早くドイツ文化主義に反応し，1919 年には「文化主義の論理」という講演を行い，22 年には『文化価値と極限概念』などの著書を出していきました。彼は，文化主義が「文化価値」の実現をめざして努力する人格主義であるとしつつ，「文化価値」と「貨幣（経済価値）」の関係について考察しました。

　左右田の文化主義の特徴は，彼が経済活動を文化価値実現の一部と位置づけたことです。この当時の文化主義論者たちの議論では，

「文化」は何らかの「価値（文化価値）」実現に向けて営まれる人間的営為全般を包摂していました。したがって，経済もまた「文化価値」実現に向けられた人間的営為の一部です。経済は，芸術や宗教と同様，何らかの「価値」を実現する活動であり，左右田は経済活動における文化価値は「貨幣」なのだと考えました。芸術が「美」の実現をめざし，宗教が超越的な「神聖性」に向けて営まれる活動なら，経済は貨幣的な価値を実現しようとする活動です。こうした議論から，20世紀初頭の思想界で「文化」の概念が突然，とてつもなく拡大していたことがわかります。

土田杏村と大正文化主義の深化

1920年代の新カント派の哲学的文化主義は，このように桑木や左右田らによってドイツから日本に導入されましたが，この流れの議論を最も深いところまで突き詰めたのは土田杏村でした。清水真木が『忘れられた哲学者』（2013年）で甦らせたように，土田杏村は桑木や左右田の文化主義を，単にドイツ哲学の輸入というだけにとどまらない深みに熟成させていきます。そのポイントは，文化の社会性についての洞察でした。

清水に従うなら，土田は文化価値が本質的に「社会的」文化価値であると考えました。ですから彼は，文化価値と創造者価値を対峙させ，価値の創造者の生み出したものが社会化されて文化価値になっていくと考えた左右田の送り手中心主義に反対して，価値とはそもそも社会的＝共同的に形成されるもので，それ以前に社会からは離れた創造者の独創的価値など存在しないと主張しました。これは，

★

土田杏村（1891～1934）　哲学者，評論家。京都帝国大学哲学科卒業。西田幾多郎の指導を受ける。21年，雑誌『文化』を創刊し，思想，文化，社会の諸問題について旺盛な評論活動を展開。長野県上田を中心とする農村青年の自由大学運動を積極的に支援した。

2　大正文化主義の勃興　103

戸坂のマルクス主義とは別の意味で根本的に社会学的な発想です。しかし，土田が依拠していたのは社会学というよりもカント哲学で，彼はカントの「先験的意識」を共同主観的なものと考え，価値／文化は社会生活での日々の共同的な営みを通じて形成されてくる社会的認識の地平なのだと考えたのです。

　清水はさらに，土田が社会を「私がみずからの人格を他人と共有されたものとして自覚するプロセス」，すなわち「人格の共同目的作用」として捉えていたことを示しました（清水 2013: 183）。文化とは，この「共同目的作用」の結果として生み出されるものです。しかも土田は，そのような文化価値がすべて同等の権利をもつと考えていましたから，「家族，地域社会，職場，政党，秘密結社から，草野球のチームやＡＫＢ48のファンクラブにいたるまで，すべての社会集団は……何らかの『共同社会理想』を具えている」（同 192）ことになります。文化とは，共同の営みを通じて形成されてくる「様々な見方」であり，その形成のプロセスは多元的です。このような土田の文化主義は，いわゆる大正教養主義の限界をはるかに超え，文化をめぐる現代的な問いに直結していました。

3 労働者階級と民衆文化創造の主体

民衆のための芸術，民衆による芸術

　土田杏村らが文化主義を標榜していたのと同じ大正時代，「民衆文化」や「民衆娯楽」をめぐる議論も活発化していました。そこで問題になっていたのは，〈文化〉を創造するのは誰かという主体の問題です。「民衆」とはこの時代，台頭する労働者階級を指すことが多く，したがって争点は，民衆文化が労働者のための文化なの

か，それとも労働者による文化なのかということでした。

たとえば，一連の論議で最も早い時期に民衆芸術論を展開した本間久雄は，勃興する労働者階級を「救ふべき唯一の道は彼等を『教養する』にある。……そしてかく彼等を教養するためには，彼等のその糜爛し，疲弊し，困憊してゐる心身に何よりも先ず一種の清涼剤を与へる」(本間 1972: 15) 必要があると主張していました。これは，民衆文化をあくまで「民衆＝労働者」のための文化として，上から与えていこうとする発想でした。

大杉 栄

同様の「上から目線」の民衆文化論は，同時代の多くの評論家に見られましたが，大杉栄は，民衆芸術の問題をブルジョア的価値の大衆的普及という議論に矮小化してしまうことに反対し，民衆芸術はあくまで民衆自身，つまり労働者が内包している創造的契機の表現なのだと主張しました。「平民労働者の成就せんとする革命は政治組織や経済組織の革命ばかりではない。社会生活そのものの革命である。人間生活そのものの革命である。人間の思想と感情，およびその表現の仕方の革命」なのです（大杉 1964: 48）。

それでは労働者による「人間の思想と感情，およびその表現の仕方の革命」とは何でしょうか。大杉は，民衆芸術という「新しき生命は複雑な心理や，精緻な感情や，晦渋な象徴を持たない。大きな所作，大きな線で強く引かれた姿，単純な力強いリズムの単純感情，箒で描いたような荒い調子，これが新しき生命そのままの姿である」と語りました。彼が主張したのは，近代のブルジョア的なリアリズム芸術の否定です。労働者階級に「複雑な心理や，精緻な感情

大山郁夫

や，晦渋な象徴」のあふれるリアリズム芸術を教え込むのではなく，労働者がその生活を通じて育む価値創造的な契機を柱に新しい芸術概念を構築するのです（同 52）。

大山郁夫と民衆文化論

大杉が民衆芸術論で注目した労働者の価値創造的な契機を，むしろ民衆文化論として，既存の〈文化〉概念を革新するものとして論じたのは大山郁夫です。彼は，現代を「新しき民衆文化が，旧きブルジョア文化に向つて，戦ひを挑んで居る」時代として捉えました（大山 1988: 104）。この新しい階級的主体は，〈文化〉概念を根底から転換させます。

しかし大山は，最初から民衆文化の主体に労働者階級を位置づけていたのではありません。彼が「民衆文化」の言葉を使い始めた頃には，「民衆」を階級的なものとしてよりも「国民的」なものとして把握していました。しかし，労働運動が急成長していくなかで，勃興する労働者が現代文化創造の最大の主体となるという確信を強め，階級論的な立場を明確に打ち出していったのです。労働者は，「学識を看板にして鼻の尖に下げ」る知識人や，文化を奢侈的に消費するだけの資本家よりも，日々の労働実践に基づいて人間性や平等を直截にしている点で，新しい文化創造の主体として最もふさわしいのです。大山の民衆文化論は，先ほどの大杉栄の民衆芸術論にも通じ，労働者を「文化」の主体として本格的に位置づけた点で画期的でした。

大山は，同時代の労働問題についての議論の多くが「文化」の視

点を欠いていると批判しました。労働問題を，労働者の物質的条件の問題としてだけ捉えるのでは不十分です。労働者を資本主義的搾取から解放するには，彼らの「時間及び精力の余裕」が民衆文化の創造に振り向けられる仕組みを考えなければならないのです。ここにおいて，近代文化は，その担い手だけでなく内容や形式でも変革されていかなければなりません。大山はやがて，社会主義により近づいていくことになります。こうして 1932 年，アメリカに亡命するまで，大山は日本の労働運動と社会主義運動，女性解放運動の思想的先導者であり続けました。

権田保之助と民衆娯楽論

大正時代，大杉が民衆芸術論で，大山が民衆文化論で示した労働者階級が自ら文化創造の主体となる展望を誰よりも壮快に，しかも具体的に示したのは権田保之助でした。彼は，「文化」という言葉につきまとうインテリ臭さを嫌い，「文化」よりも「娯楽＝遊び，楽しみ」という言葉を前面に掲げていきました。権田は，彼のいう「民衆娯楽」が，「理想論や観念論でどうすることも出来ない位，民衆の現実生活とぴったりと吻合した，否な民衆生活其れ自身の問題」（権田 2010a: 310）だと主張します。権田のいう「民衆」とはもちろん，大杉や大山とも重なって，労働者階級を中心に都市のプロレタリアート，マイノリティを含む人々のことです。

権田は，民衆娯楽が「現代社会経済生活の所産であり，新興無産階級の生活意識と相響き，それに徹したる娯楽であらねばならぬ」と，その階級性を強調しました（権田 2010b: 273）。第一次世界大戦を経て，工場労働者の劇的な増加，階級対立の顕在化，労働運動の勃興を経験し，同時に活動写真をはじめ新しい娯楽形式が浸透していました。権田は，新たに台頭しつつあった労働者の生活実践に文化創造の主体的契機を見出したのです。

3 労働者階級と民衆文化創造の主体

民衆の主体的な創造性を、「文化」よりも「娯楽」の問題として考えようとする権田の発想には、「娯楽」を「労働」に対立させたり、生活の余剰的な部分と見なしたり、労働力再生産の手段と見たりするのでない彼独特の娯楽観がありました。権田は、「娯楽なるものが人間生活に於て或る特種の形式を具えて客観的に存在すとなす考は誤まれるものであって、それは寧ろ主観の態度によって成立」すると主張しました（同211）。ですから、人は生活の余剰が生まれた後に娯楽に向かうのではなく、そもそも心に「均衡を欣求する念」が湧き出したときに娯楽への衝動は生じているのです。したがって、娯楽は生産のための手段ではなく、「生活創造の根抵」であるとも権田は主張しました（同212）。こうした娯楽観が、すでに紹介したホイジンガの、遊びが「文化は原初から遊ばれるものであった」という視点に通じることはお気づきのとおりです。

　民衆文化創造の契機をあくまで民衆の生活実践それ自体の内側に探ろうとする権田の姿勢は「民衆娯楽問題の原書は丸善にはありません、浅草にあります」という言葉に如実に示されています（権田2010a）。鶴見俊輔は、この権田の言葉が気に入り、「このように『原書』のめがねを借りて社会を見る日本の知識人の流儀を批判する彼の精神のかたむきは、一方では同時代の日本の知識人への批判を含むとともに、他方では同時代の日本の民衆から学ぼうとする方向をもっていた」と述べています（鶴見 1976: 278-88）。

　しかし、権田はその後、時代風潮の変化に歩調をあわせてその主張を右旋回させます。大杉栄が関東大震災の混乱のなかで憲兵隊に虐殺され、大山郁夫がファシズムに向かう日本に見切りをつけてアメリカに亡命し、いずれもその思想の一貫性を貫いたのと異なり、権田の民衆娯楽論は国民娯楽論へと転向していきます。権田が揶揄したように、大山は民衆に寄り添いながらもなお民衆とは異なる知

識人性を残し続けました。この民衆との距離はしかし，日本人の多くが時代風潮に流されていくなかで亡命してでも自己の立場を保つ選択を可能にしました。ところが権田の場合，民衆との一体化は，時代潮流に対する抵抗力を弱めました。権田はやがて，「偉大なる底力を持った時局」に応じて，民衆性に基づく「民衆娯楽論」を止揚し，指導性に基づく「国民娯楽論」を主張していくのです。

> ─ Key word ─
> 文明　文化　文化生活　文化社会学　民衆文化　民衆
> 娯楽

予習図書

① 柳父章『文化』三省堂，1995 年
② 南博編『大正文化』勁草書房，1965 年
③ 清水真木『忘れられた哲学者』中公新書，2013 年
④ 吉見俊哉『都市のドラマトゥルギー』河出文庫，2008 年

復習課題

① なぜ，「文化」は大正期に急速に人々の関心を集めていくようになったのでしょうか。第一次世界大戦前後の社会の変容を踏まえ，「文化」が主役になっていく理由を考えましょう。

② ドイツ経由の文化主義とアメリカ経由の文化生活論は，同じ「文化」という言葉を使っていても，その内実に大きな違いがありました。両者の違いについて論じましょう。

③ 大山郁夫や権田保之助，大杉栄のような労働者階級の文化実践に注目する議論は，やがてファシズムのなかで消えます。この議論の系譜の戦後の展開について考えてみましょう。

3　労働者階級と民衆文化創造の主体　109

第6場	*文化国家の挫折と* *マス・カルチャー*

戦後日本における〈文化〉の変容

➡前回，冒頭で述べたように，「文化」という言葉の2回目の流行は1940〜50年代，厳密には1945年から50年代半ばまでです。この時代の「文化」は，一言でいえば「軍事」の代替物で，「平和」と一対で使われる言葉でした。同時に，戦中期までの教養主義や国家主義の文化概念からの連続性も残っていました。そうした「上からの文化」の観念が決定的に崩れるのは，50年代末以降の高度経済成長を通じてです。文化は，大正期からの文化主義的なものから文字どおりの「マス」の「カルチャー」に概念としても変容するのです。今回は，この変容を主題にします。テレビの登場によるマスコミ文化はその表の面，地方から出稼ぎや集団就職で都会に来る貧しき者たちの文化はその裏の面です。南博，清水幾太郎，松下圭一から見田宗介までの社会学的思考がこの変容を捉えました。

1 敗戦・占領と「文化国家」の理念

> 「軍事」国家から「文化」国家へ

1945年8月15日の「玉音放送」を経て，日本は敗戦を受け入れて連合軍の占領地域となります。この体制の転換のなかで，この国の政治指導者たちは，その主張を「徹底抗戦」から「世界平和」のための「文化国家」建設へとすばやく転換させていきました。「文化」は，この急旋回に都合のいいキーワードとして利用されたのです。実際，敗戦からわずか1週間後の新聞には，日本は「戦ひ

に敗れたりとはいへ文化においては決して負けない，この燃えるやうな決意のもとに立ち上るとき，はじめて敗戦といふ惨めな現実は日本民族永遠の発展にとつて大きな『試練の鞭』として生かされる」(『読売新聞』8月22日) という，「強がり」とも「負け惜しみ」ともつかない主張が掲載されていました。

　1940年代後半，巷にあふれる文化国家論を通じ，日本は「軍事国家」から「文化国家」への転身を図っていくのですが，そこでは「文化」は「平和」と対をなし，それまでの「軍事＝戦争」と対立するとされていました。もちろん，一連の文化国家論が，中身のない空虚な流行にすぎないとの批判もありました。もう日本に武力は許されないので，文化で国家的威信を高めようと，お題目のように「文化国家」が口にされただけだというのです。

　それでもこの時代，人々は「文化」を「平和」と表裏をなすものとして熱烈に受け入れていきます。たとえばある論者は，「文化国家」は，「軍備に重点をおいた国家」の対極にあり，「無防備にしてしかも高い文化を持つ国家」をめざすことは，「歴史上，他に類を見ない」目標で，これこそ「今後の日本の進展を指導すべき歴史的原理であり，理念」なのだと論じていました。

新憲法のなかの文化主義

敗戦直後から沸き起こった「文化国家」ブームは，メディア上の流行にとどまらず，新憲法や教育基本法のような戦後体制の根幹にも深い刻印を与えていきます。1946年11月3日に公布された日本国憲法の第25条には，「すべて国民は，健康で文化的な最低限度の生活を営む権利を有する」という条文が盛り込まれました。第10場でも示すように，このなかの「文化的」の一語は，戦後の大衆意識のなかで特別な意味合いを帯びて希求されていきます。

　しかも，新憲法公布に際して発せられた天皇の勅語でも，「朕は，

1　敗戦・占領と「文化国家」の理念　　111

国民と共に，全力をあげ，相携へて，この憲法を正しく運用し，節度と責任とを重んじ，自由と平和とを愛する文化国家を建設するやうに努めたい」と，特別に「文化国家」が強調されたのです。戦後間もない頃，文化国家主義は，非武装平和主義と並ぶ新憲法体制の根幹をなすと考えられていたのでした。

新憲法だけではありません。1947年3月に制定された教育基本法でも，「われらは，さきに，日本国憲法を確定し，民主的で文化的な国家を建設して，世界の平和と人類の福祉に貢献しようとする決意を示した」と前文に書き込まれました。ここでは戦前日本は「非民主的で野蛮」，戦後日本は「民主的で文化的」という図式的な仕分けがなされていることに注意しましょう。

そして，この教育基本法の第2条には，新しい教育の目的を達成するため，「学問の自由を尊重し，実際生活に即し，自発的精神を養い，自他の敬愛と協力によつて，文化の創造と発展に貢献する」とされていました。このように戦後の新憲法体制の根幹をなす法律で，「文化的な生活」や「文化国家の建設」は，社会がめざすべき究極の目標という位置を与えられていったのです。

教育行政を地方委譲し，文化省を新設する

もちろん，「文化」は法律に書き込まれただけではだめで，具体的な行政組織や予算措置となっていく必要がありました。こうして「文化庁」の設置が構想されたのは，まさしく「文化国家」論議の流れのなかでのことでした。日本政府は1946年10月7日，「文化国家建設の強力な中枢機関として，政府内に文化建設本部を，文部省に文化局を設置する」構想を発表しています。

当時の田中耕太郎文相は，「文部行政がこれからは大きな変化を遂げなければならぬことは決定的な問題である。いままでの学校行政一本から新憲法発布後の国民全体の教育行政へと飛躍する」と語

II2　第6場　文化国家の挫折とマス・カルチャー

り，社会教育政策と文化政策を分離させ，後者を独立した組織（文化局）に担わせていくとの考えを示しました。

この新設される文化局は，「国宝保存とか美術展についてはもとより，いままで放任された映画，演劇についても目をかけ，文楽の保護，国立劇場の設定を図るとか，和洋音楽の振興，低いレベルにある図書館の育成をはかり，進んでは従来色々の事情で所管外だった国際文化事業をも取入れ」，日本の文化政策を枢軸的に担う機関に発展させるとの考えが示されました。

さらに，この議論の流れで，当時，新たに「文化省」を設置する計画も話し合われていました。この動きを先導したのは教育刷新委員会で，GHQ の指示により戦後日本の教育改革を導いていた組織です。文化省計画を報道した当時の新聞は，「文化省は教育文化一般に関することを管掌し，文部省はこれに合併」する予定で，文部省のほうも，こうした「動きを早くもとらえて，独自の改組案を練っている。そして，文部省を文化省に改組しようという点では，大体軌を一にしている」と伝えていました。

GHQ が文部省の解体と文化省への再編を考えたのは，内務省解体と同じ理由でした。「戦前までの中央集権的な教育行政が，同じく中央集権的な警察行政と相ともなって，国家主義的な教学の樹立」に向かったのだから，そうした「学校＝警察」型社会の抜本的改革が必要とされたのです。そのため，まず「警察行政が地方自治体に移譲されたように，文部行政が大幅に地方に移譲されるべき」で，これまでの「全国画一主義的な教育政策を排し」，教育行政の徹底した地方分権化を進める。他方，「今までの文部行政が，あまりに学校教育行政中心主義であった傾向が反省され」，文部省を文化省に改組して社会教育や科学的啓蒙，文化政策に文部省の主軸を移し，教育行政の地方委譲で身軽になった文部省＝文化省に新たな

1　敗戦・占領と「文化国家」の理念　113

ミッションを与えようとしたのです。

> **知識人の「文化国家」に対する懐疑**

　さて，戦前の文化主義が，大衆よりも知識人が信奉した思想であったとするならば，戦後の「文化国家」は，むしろ国とメディア，大衆の間に一気に流布した言説で，一般の知識人の間ではこれに懐疑的な人が少なくありませんでした。たとえば1950年代半ば，哲学者の田中美知太郎は，敗戦後に「文化」が突然のようにもちあげられ，「文化国家」という言葉が濫用されていくなかで空虚な記号と化していくプロセスをこう回顧しています。

　　「戦争直後は，いわゆる文化国家が，それまでの軍国主義との対照で特別に強調されたりしたので，各種の文化運動と共に，文化という名目が氾濫状態になったと言うこともできるだろう。文化の日というような名称が，特に祭日の名前として選ばれたのにも，そのような時勢が反映しているとも見られるだろう。しかし濫用は，すべてを無意味にする傾向がある……正直のことを言うと，わたしは文化国家とか，文化運動とか，文化祭とか，いろいろ文化の名をつけて言われているものには，あまり興味をもつことができない。国家はただの国家でたくさんなのであって，特別な形容詞をつけた国家などになる必要はないような気がする」
　　（「文化国家と文化人」『読売新聞』1958年11月3日）

　戦後日本のメディアや知識人は，国が「文化」に関与することに否定的でした。「国はもうこれ以上，余計なことをしてくれるな」という姿勢です。文化庁創設の動きも当初は不評で，学者や作家から，「文化上の問題は自発的な民間団体にまかせて，国家は直接タッチしない方が良い。……文化国家といふことを一方的に規定しよ

114　　第6場　文化国家の挫折とマス・カルチャー

うとする意図にはどこか時代錯誤」という批判や，国は「芸術の保存所を自負するようになれば上々で，それを踏み出すと間違いが起きてくる」といった発言が相次いでいました。

　一方で「文化国家」建設が喧伝されつつ，他方で国はできるだけ「文化」に関与すべきではないとされ，これは文字どおりのダブルバインド状態でした。戦後間もない頃，社会基盤は破壊され，産業も壊滅状態で，それでも日本は「文化国家」をめざすとされたのですが，国は文化に関与すべきでないともいわれました。

　やがて 1950 年代末までに，「文化国家」よりも「経済国家」として国を再興するほうが優先との流れが強まっていきます。折しも朝鮮半島で勃発した戦争は，対岸の日本で特需ブームを生み，人々は「戦争」を猛省して「文化」に向かうことよりも，自国の外部で起きる「戦争」によって「経済」が発展していくことに関心を向けていったのです。敗戦直後は「軍事→文化」という軸で考えられていた新生日本の復興は，やがて「軍事→経済」の軸で考えられるようになりました。そうして敗戦直後の日本での「文化」への熱情は，やがて高度経済成長のなかですっかり忘れられていくのです。

2 大衆天皇制とマス・カルチャーの時代

「大衆／庶民」の文化
と「大衆社会」の文化

1950 年代，新しい社会科学的な知の広がりのなかで，「大衆文化」は問いの焦点をなしていきます。しかし，そこで「大衆」をどのような存在として捉え，「大衆」と「文化」の関係をいかに結んでいくかについては，2 つの異なる立場がありました。一方は，「大衆」を，大正時代くらいから盛んに議論されてきた「民衆（ピ

ープル）」とほぼ同じ観点で捉えるものです。「民衆」でなければ「人民」「庶民」といってもよく，大雑把にいえばエリートでもブルジョアでもない市井の人々を指します。この観点は，基本的には「大衆」を階級に近いものとして考える視点を含みます。

　この観点での大衆文化論が，文化創造の主体として労働者階級やプロレタリアートに着目した民衆文化論や民衆娯楽論の延長線上にあることはいうまでもありません。第4場で登場した鶴見俊輔と思想の科学研究会にしても，そこでいわれる「大衆」は，狭義の労働者階級ではありませんが，それでもエリートから区別される階級的な広がりをもった主体が想定されていました。戦後の多くのリベラルな知識人は，そのような非エリートとしての「大衆」に文化の創造者としての価値を見出そうとしてきたのです。

　ところが他方で，大衆文化を「大衆社会」の文化として，つまりそれまでの身分制的ないしは階級的な社会を呑み込むような仕方で1950年代の日本に出現しつつあった「大衆（マス）」を基盤とした社会に行き渡る文化として捉える観点がありました。

　大衆社会とは，第1に，旧来のさまざまな社会的紐帯が弱まり，中間集団が失われていくなかで個人が原子のようにバラバラになって匿名化していく社会です。第2に，そこには巨大な企業や組織が現れ，人々は原子化しながらそれらに勤労者として所属し，システマティックに管理されていきます。第3に，大衆社会は大量生産されたモノが市場に出回り，莫大な広告が街やメディアにあふれ，人々は人気商品を夢中に消費していく社会です。第4に，大衆社会は同時にマス・メディア社会です。確かに新聞や雑誌は大衆社会以前から大きな影響力をもっていましたが，1950年代以降，とりわけテレビの爆発的な普及によって，マス・メディアの影響力はかつてとは比較にならないほど拡大しました。

一方で、「庶民」の文化として大衆文化を考えるなら、「大衆文化
＝ポピュラー・カルチャー」は近代以前からありましたし、それは
常にエリート文化と対立してきたことになります。このような立場
をとるならば、前回に論じた民衆娯楽論や民衆文化論の蓄積を現代
的な位相において継承していくことができます。

　他方、「大衆社会」の文化として大衆文化を捉えるなら、1950 年
代に決定的な断絶が起きたわけで、それを経て「大衆文化＝マス・
カルチャー」が支配的な潮流になったと考えられます。もちろん、
伝統的な共同体や社会的紐帯の解体はすでに 19 世紀末から始まっ
ていましたし、大規模な企業組織も 20 世紀初頭には生まれていま
した。広告やデパート、マーケティング戦略など消費社会の原型と
なる仕組みができたのも 19 世紀後半です。マス・メディアにして
も、映画やラジオが爆発的に広がっていったのは 20 世紀初頭です。
ですから、1950 年代に突然、大衆社会が出現したとは決していえ
ないのですが、それでも「マス・カルチャー」としての大衆文化の
出現は、日本では 1950 年代に本格化するのです。

> **松下圭一と大衆社会の
> 政治／文化**

1950 年代の日本にはっきりと姿を現す大
衆社会状況をどう理解するかについては、
当時、カール・マンハイムやエーリッヒ・
フロム、C・W・ミルズといった欧米の論者を参照しながらブル
ジョア社会の質的変化を論じた清水幾太郎や日高六郎、松下圭一らに
対し、マルクス主義者たちが批判するという構図で「大衆社会論
争」が繰り広げられました。この論争において、新しい大衆社会の
成り立ちを鮮やかに浮かび上がらせ、論争全体の参照点となってい
ったのは松下圭一でした。

　松下は、20 世紀の独占資本主義段階になると、労働者を中心と
する大衆の存在様態が、かつてマルクスやエンゲルスが目にしてい

2　大衆天皇制とマス・カルチャーの時代　117

松下圭一

たものとは決定的に変化していると考えました。すなわち，現代の労働者階級は「総選挙時のはなばなしい大衆投票，義務教育や社会保障，あるいは新聞，映画，ラジオ，テレビ等のマス・メディアの氾濫，デパートや遊覧地の人の群れ，何百万を組織したマンモスのような労働者組織による大衆闘争」（松下 1969: 118）に取り囲まれながら暮らしています。これは，マルクスもエンゲルスもまったく知らなかった状況であり，①労働者階級の進出，②機械時代の成立という2つの要因によって引き起こされたものでした。

日本においてこの変化は，敗戦後に一挙に本格化します。戦前の日本にも大衆社会的な状況がまったくなかったわけではありませんが，その「全面的成熟は朝鮮戦争，サンフランシスコ体制下の独占資本のたちなおりにおくことができる」と松下は指摘していました（同 244）。というのも，「敗戦は旧天皇制の政治体制ならびにイデオロギーの強圧の瓦解，戦時における軍隊・工場への人口動員と，インフレによる中間階級の地位の没落ないし低下などを背景とする人口のプロレタリア化の増大，さらに労働運動の飛躍的抬頭をもたらしたが，このような条件をふまえて独占資本のたちなおりは，消費文化の洪水にしめされるような『大衆』化現象を出現せしめたのである。ことに自主的な国民的な想像の未成熟は，現在個人の関心を私事へと矮小化してゆき，日本ではこの『大衆』化現象は倍加され

★

松下圭一（1929〜2015）　政治学者，評論家。福井生まれ。東大法学部卒。法政大学教授。市民主義の立場に立ち，論壇に多くの問題を提起した。とくにその市民自治・都市政策論は，革新自治体の理論的支柱となった。

た条件のもとにある」と松下は論じました（同 244）。

　注意したいのは，松下は大衆社会を，単に独占資本によって労働者が消費文化に溺れ，衆愚化した結果にすぎないとは考えていなかったことです。松下は，「大衆」には〈ピープル（人民）〉と〈マス〉の両面があると考えていました。たとえば当時，原水爆禁止運動が全国に拡大し，3400 万人の署名が集まっていましたが，こうしたことは「大衆社会状況があってこそはじめて可能」な出来事でした。戦後日本の大衆社会状況は，「労働運動の高揚を中心にパチンコ，研究サークル，週刊誌，太陽族，新書版中間読物，『広場の孤独』（堀田善衛の小説），うた声運動，クイズ，サイクリング，宣伝事業，スポーツ，平和運動，原爆反対運動」のすべてを含んでおり，このようなマスを基盤とした運動が，独占資本がヘゲモニーを握る体制のただなかから現れたのです（同 245）。大衆社会とは，体制と反体制の論理が対抗する舞台なのです。

皇太子成婚と「大衆天皇制」

　松下はさらに，1959 年 4 月の『中央公論』に発表された「大衆天皇制」で，マス・メディアに深く媒介された戦後日本の大衆文化がいかにして政治と結びついていくのかも考察しました。当時，1958 年 11 月の明仁皇太子の婚約発表から翌 59 年 4 月 10 日の結婚の儀にかけて，皇太子妃を主役とするミッチー・ブームが巻き起こり，人々が全国の家庭でテレビに釘づけになって成婚パレードを観るという現象が生じました。

　松下の大衆天皇論の意義は，当時の国民的な皇太子成婚ブームを，戦前の国家主義的な天皇制の復活と見る議論に反対し，それとは根本的に異なる新しい政治秩序が浮上しつつあることを示した点にあります。つまり，構造転換を遂げた戦後大衆社会の「天皇制」を，彼は「大衆天皇制」と呼び，「現御神」を頂点とする旧来の天

皇太子成婚パレード (1959年, 東京)

皇制から「スター」としての皇室をまなざしの焦点として消費していく戦後の天皇制への転回を示していきました。

　松下の論文には, 皇室に対する人々の意識の変化としてこんな指摘があります。大衆は成婚パレードを「拝みに行く」のではなく,「見に行こう」としている。「拝みに行く」のは, 皇室を見上げる感覚であるのに対し,「見に行く」のは, 皇室が国民のまなざしの被写体になる構図です。実際, 1959年の皇太子成婚パレードの報道写真を見ると, まるで花火見物のように, 沿道には桟敷ができて人々がパレードを観覧し, ものすごい数のカメラが横に並べられて撮影されている。さらに, 人々は皇太子夫妻が乗った馬車を沿道のビルや商店から見下ろして眺めています。

　明治初期, 明治天皇は全国巡幸を繰り返しますが, その際, 国民は天皇の行列をまなざすことを強いられます。これは近代における国民的規模でのまなざしの再編を象徴的に示す出来事でした。この

再編を通じ，天皇の身体は国民からまなざしを集める中心にあることを通じ，全国の国民を見渡す位置を占めていきます。1945年の敗戦に至るまで，国民に御真影を拝ませることで，一人ひとりに臣民として天皇に見られている感覚を身につけさせていたのです。

　しかし戦後，大衆が皇太子夫妻のパレードを被写体として見る関係は，それまでの見る／見られるという関係と異なります。この関係では，もう「現御神」からのまなざしは，人々のところに返ってはこないのです。人々は一方的にこの「スター」としての皇太子夫妻を眺めます。大衆社会の皇室は，一方的に見られる存在になり，もう国民を上から見返したりしません。そして，そのような皇室の一員となる「平民」出身の女性が，この無数に消費されるシンデレラ・ストーリーの主役となっていったのです。

　こうしてミッチー・ブームのなかで，皇太子妃イメージの「ミッチー人形」が作られ，デパートでは皇太子夫妻のマネキン人形が売り場に並び，商品化された「ご成婚」イメージが巷にあふれていきました。これらのイメージは，大衆が新しく消費生活に入っていく際の理想的モデルとして受容されていきます。ここにおいて重要な意味をもったのは，「平民」と「恋愛」というシンボルでした。「皇太子の家庭は，『恋愛』によって成立した『平民』的な家庭」であるというイメージが，マス・メディアを通じて構築されていったのです。このような大衆のまなざしに適応することで，天皇家は新たな大衆社会のなかでの安定的な地位を見出したのです。

　以上の事例からも明らかなように，大衆社会の文化政治においてメディアは決定的な役割を果たしていきます。その際，社会の大衆化とマス・メディア化は，表裏の関係をなしていました。たとえば，「ミッチー・ブーム」にしても，一方では1950年代後半から創刊が相次ぐ週刊誌や爆発的に普及し始めるテレビにとって格好の題材で

2　大衆天皇制とマス・カルチャーの時代　　121

したが，その一方で，それらの週刊誌やテレビの体制自体が，皇太子成婚ブームを通じて形づくられていきます。つまり皇太子成婚は，テレビや週刊誌にとって「図＝テクスト」であると同時に「地＝コンテクスト」としても作用していったのです。

3 見田社会学と大衆社会の文化的基底

見田社会学と「文化」
の問題

以上のような戦後日本の大衆文化状況に対し，同時代の思想家や社会学者は，どんな思考をめぐらしていたのでしょうか。第4場では鶴見俊輔と思想の科学研究会を取り上げましたが，今回は最後に，見田宗介ら社会学者の現代文化論に触れておきましょう。とはいえ，見田の社会学は，どちらかというと「文化」を語りません。価値意識の理論から出発し，心情を語り，実存と解放を思考していった見田ですが，「文化」への言及は少ないのです。

　そのようなななかにあって，まだ若き見田が最初に活字にした論文が，「死者との対話——日本文化の前提とその可能性」（『思想の科学』1963年1月）と題された日本文化論であったことは注目に値します。見田がこの論文で考えようとしたのは，今風にいうなら戦争の〈記憶〉の問題でした。それも，「犠牲者の側に立つ人びとが，

★

見田宗介（1937～　）　　社会学者。真木悠介の筆名をもつ。近現代社会の存立構造および社会意識を理論的に究明。70年代はじめのメキシコ滞在を経て，時間論，自我論等を追究する。主著：『現代日本の精神構造』（65），『価値意識の理論』（66），『現代の青年像』（68），『現代日本の心情と論理』（71），『人間解放の理論のために』（71），『気流の鳴る音』（77），『時間の比較社会学』（81），『現代社会の理論』（96），『自我の起原』（2001），など。

一人一人の私的な外傷体験を一つの強靭な歴史意識へと構成し，未来形成力をもつ内的な信念としてつかみなおして立ちあがろうとする時に，どのような論理あるいは心情を媒介としてこの転轍をなしとげるか」という問いでした（見田 1963: 43）。この問い自体は，その後の見田社会学に継承されていますが，継承されないのは「文化」という説明変数です。見田はこの論文以降，

見田宗介

「文化」を少なくとも物事を説明する因子としては考えなくなります。

しかし，この論文ではまだ見田は，超越神のもとで死者との断絶を志向する西洋文化と，多神教的な世界で死者とともにあろうとする日本文化を対比させています。「超越神の支配する世界においては，死者のたましいは『神に召され』て天国にある。死者たちは今，神のみもとで『安らかに眠って』いるのであって，この世に生きる人間が死者をなぐさめ，死者に対して責任をとる必要はない」。これに対し，日本では「死者の魂はいつまでもこの世にあってわれわれに呼びかけ」るから，「『生き残ってすまない』世代の死者に対する責任意識が強靭な歴史意識の基盤となりうる」と主張します（同 44）。この世への死者の〈未練〉と死者への生者の〈未練〉の対話に，日本的な文化意識の基盤があるとしたのです。

しかし見田は，この議論のすぐ後で，ヴィルヘルム・ヴォリンガーの議論を媒介に，こうした比較文化論の構図をひっくり返します。その観点からするならば，「西方的」世界感情は「人間と外界の現象との間の幸福な汎神論的な親和関係を条件としている」のに対し，

3 見田社会学と大衆社会の文化的基底　123

「東方的」世界感情は「宗教的な関係においては，あらゆる観念の強い超越的な調子に一致」します（同47）。前者，すなわち西洋では具象が発達し，後者，すなわち東洋では抽象が発達しました。ここでは東洋こそ超越的な神が支配し，西洋では人間世界は神々の世界ともっと身近で，人々は神々と常にともにあるのです。

　最初の議論では，「西欧」に対して「日本」が対比されていましたが，2番目の議論では，「西欧」に対比された「東」とは中近東やイスラムです。見田はこれを，ヘレニズムとヘブライズム，あるいはルネッサンスとプロテスタンティズムの対比とも重ねていました。見田は，ありがちな比較文化論を退け，「文化」をより抽象的な認識・思考のパターンに還元して捉えます。こうして彼は，古代日本やヘレニズム，あるいはルネッサンス期の南ヨーロッパなどに共通して見られる「調和型の文化」と，古代東方やヘブライズム，イスラムや近代西欧のプロテスタンティズムに共通して見られる「隔絶型の文化」に分けていました。

文化の基底にある〈構造〉と〈実存〉

以上の議論は，文化の類型論から脱し，文化的差異の根底に言語論的な〈構造〉を読み解いていった構造主義人類学にも通じるものでした。問題なのは，表面に見えている〈文化〉ではなく，むしろそのプロトコルとなっている〈構造〉です。しかし見田社会学がそうした〈構造〉以上に照準したのは，その〈構造〉を生きる人々の〈実存〉の問題でした。1960年代，見田宗介は自らの方法論を「社会心理学」と呼んでいました。この社会心理学は，明治維新や文明開化，産業化から高度成長までの時代の人々の心情をその変容の位相のなかで考察していきます。

　実際，初期の見田は，身の上相談やベストセラー，好きな色彩，流行歌などを分析することで，戦前，戦後，高度成長期の日本人の

意識の変化に迫ろうとしていました。社会調査データや文化表象の変化を分析することで，同時代の集合意識の構造や変化に迫ったのでした。たとえば彼は，流行歌を「文字にしてみると，それはいかにも，安手のきまり文句にすぎない。しかし，夏の工場の夜の敷地を，少年たちの一人一人が口ずさみながら通りすぎていく歌ごえは，そこに彼らの青春の存立が問われているかのように，重く，わびしく，暗かった」と描写し，流行歌を歌うことが集合的な意識と個の実存を媒介していることを示しました（見田 2012a: 2-3）。

　見田は，流行歌が「時代の民衆の心情を平面的に忠実に反映するのではなく，日常体験の様式化・壮麗化・具象化・極限化といった，いくつかの固有の屈折と彩色の傾向性をもっている」とします（同10）。「様式化」とは，人々の心情や実存をいくつかの発想の「型」に還元することであり，「壮麗化」とは，日常雑多な経験や感情を，南国の島や異国の街，空蝉や時雨などの美しい記号に置き換えることです。「具象化」とは，個人的な心理を「はぐれ鳥」「糸車」「籠」といった具体物に置換することで，「極限化」とは，雑多な境遇や心情を「はるばる千里」「いのちを賭けて」などと極限的状況に拡大することです（同11）。流行歌は日常の心理や感情を歌の表現に変えていく変換公式をもっており，この変換公式を逆転させることで，人々の日常の心情を探る回路が開かれます。

　しかし，流行歌の分析は，歌詞やメロディの分析では終わりません。むしろ「紋切り型の表現のうしろに，どれほど切実な情感のひだや，どれほど重い願望あるいは絶望が仮託されているかということの，透視から出発せねばならない」のです（同5）。テクストとそれを歌う実存の間には亀裂があり，大量生産されたテクストでも，それが人々に口ずさまれていく際の落差に実存のかけらが見えます。当然，流行歌の分析が大衆の実存にまで達するには，人々の日常的

3　見田社会学と大衆社会の文化的基底　125

実践についての文脈的な分析が必須となります。さらに，聴衆の社会層や聴取の実践が問われなければならないでしょう。

「新しい望郷の歌」と大衆社会の文化的基底

このように流行歌の分析を深め，人々の実存の位相までを見据える作業は，1960 年代，大量の農村から大都市への出郷者たちの心情がいかに変化しつつあるかを捉えた「新しい望郷の歌」で見事に示されています。見田は，「都会で歌われる民謡が出郷者たちの〈郷愁〉をそそるとすれば，都会で歌われる新民謡は，むしろ反対に都人士の〈あこがれ〉をそそるものであった。郷愁をみじかい言葉で定義するならば，〈過去の生活，体験に向けられた愛着〉とすることができよう。これにたいして，あこがれは，〈未知の生活，体験に向けられた愛着〉として定義する事ができよう。ともに現在ある自己を否定しながら，郷愁は過去に志向し，あこがれは未来に志向する」と，見田は論じました（見田 2012b: 197）。

この郷愁の歌とあこがれの歌は，近代日本の流行歌の歴史のなかで同じようなカーブを描いて増減してきたのです。最初のピークは1890 年代で，西洋から輸入された「故郷の歌」が徐々に浸透していきました。第 2 のピークである 1920 年代以降，産業化の進行とともに農村から都市への出郷者が激増していくと，望郷の歌や新民謡の東京ソングがラジオやレコードを通じて歌われていきました。そして第 3 のピーク，すなわち 1950 年代から 60 年代にかけて，「新しい望郷の歌」が登場してきます。

「新しい望郷の歌」が，伝統的な意味での家郷の完全なる喪失の先に浮上しつつあると見田が指摘したのは，東京オリンピックの翌年，1965 年のことでした。「新しい家郷」とは，第 1 の家郷であった「ムラ」から出て，もはやそこに戻ることなく都会で建設される第 2 の家郷，すなわち「マイホーム」のことです。「家庭化時代と

126　第6場　文化国家の挫折とマス・カルチャー

集団就職で東京・上野駅に到着した若者たち（1972年，東京）

よばれるものの本質は，日本における，『出稼ぎ型』の社会構造・生活構造・意識構造の解体を予知」します（見田 2011: 69）。

なぜならば，「『安心立命』の地としての『家郷』は今や，そこから出てそこに還るべき所与としてでなく，自らここに建設すべき課題として現われはじめる。〈家郷〉は本来，人間がそこから出発する所与の原点としてあった。したがって，家郷の創造とは一つの逆説であり，形容矛盾であらねばならない。そこには実は，日本の民衆にとっての〈家郷〉の観念の意識されないコペルニクス的転回がある」と見田は論じました（同 69）。「家郷」の徹底的な解体の先で，消費の主体としての「ささやかな家郷」が想像されていきます。

Key word

文化国家　　大衆文化　　大衆社会　　大衆天皇制　　マス・メディア

3　見田社会学と大衆社会の文化的基底　　127

予習図書

① オルテガ・イ・ガセット『大衆の反逆』神吉敬三訳，ちくま学芸文庫，1995 年
② 松下圭一『戦後政治の歴史と思想』ちくま学芸文庫，1994 年
③ 見田宗介『生と死と愛と孤独の社会学』（定本 見田宗介著作集 第 6 巻）岩波書店，2011 年
④ 栗原彬『管理社会と民衆理性』新曜社，1982 年

復習課題

① フランスや韓国等と異なり，日本では文化政策は教育政策や科学技術政策に比べて周縁的です。戦後も今日に至るまで，日本に文化省が実現しない理由について考えてみましょう。
② 皇太子成婚と所得倍増政策，東京オリンピックは戦後日本の大衆社会化を加速しました。この 3 つのどれかを取り上げ，そこでの労働者や貧困層の意識の変化について調べましょう。
③ 高度経済成長期，地方から東京に出てきた若者たちが抱いていた意識をよく示す流行歌やマンガ，小説，映画のどれか 1 つを探し出し，そこに描かれた心情について考察しましょう。

第 3 幕
〈文化〉としての現代

ホロコーストを生き残ったポーランドのユダヤ人作曲家アンドレ・チャイコフスキーが悲劇的なオペラに仕上げた『ヴェニスの商人』で，高利貸商人シャイロックを演じるアフリカ系アメリカ人の俳優レスター・リンチ（ウェールズ国立オペラ，2016年）

ヴェニスの商人

　喜劇『ヴェニスの商人』は，ユダヤ人高利貸シャイロックの悲劇です。筋書上は，富豪の女相続人で裁判官にも変装するポーシャ，彼女に求婚する遊民的若者のバサーニオ，バサーニオのために自分の肉を担保にシャイロックから金を借りる交易商人のアントーニオが同格ですが，結局，ユダヤ教徒のシャイロックをキリスト教徒３人が包囲し，その強欲にキリスト教的懲罰を下します。ですからこれは，シャイロックにとって悲劇なのです。このキリスト教とユダヤ教の対立は，遠隔地交易で利益を得る〈空間〉の資本主義と資金を投資することで利益を得る〈時間〉の資本主義の対立とパラレルです。大航海時代末期に書かれたこの作品では，交易資本家が金融資本家に勝利します。金融資本家は，貨幣以上のもの，つまり人命を契約不履行の代償に要求し，その過剰さから破滅するのです。しかし長い目で見れば，最後に勝利したのはシャイロックです。空間的差異が消失していく現代では，グローバル資本と化したシャイロックにこそ利潤が集中し，私たちは彼が作り上げた資本の時間のなかで自らの命＝人生の一部を担保に契約を交わし続けています。

第 7 場

資本としての文化

文化産業からクリエイティブ産業へ

➡第３幕では，現代文化を捉える代表的な４つの視座について学びます。すなわち，文化産業論，消費社会論，文化帝国主義論，ジェンダー論です。視点としては，文化産業論と文化帝国主義論，消費社会論とジェンダー論がそれぞれ近いので，その順番で学んでも構いません。文化産業論から文化帝国主義論へ向かう流れは，現代文化がどれほど資本主義の越境的な体制のなかで演出され，マネジメントされているかを明らかにします。いわば，現代文化が演じられる舞台を上から眺める舞台監督の視点です。他方，消費社会論とジェンダー論は，そうした文化の政治がミクロな日常のレベルで，つまりショッピングをし，他者をまなざし，欲望する過程でどのように働いているのかを考えます。いわば，舞台の上にいる俳優の視点です。もちろん，２つの視点は幾重にも絡まり合い，これからのお話でも，同じ回に両者は交錯して登場することになります。

1 文化産業の支配

> 20世紀をどのように
> 捉えるか

マックス・ウェーバーをはじめ 19 世紀末から 20 世紀初頭にかけて社会科学は，近代化を脱魔術化，合理性の貫徹として捉えました。17 世紀までの，まだ宗教的な伝統主義に強く支配されていた時代から，徐々に市民社会，近代科学と産業資本，新しい国民国家体制が立ち上がってきて，宗教の影響力を限定しながら啓蒙の時代を経て合理主義が貫徹していく。そのような宗教からの離脱の

プロセスとして近代化の歴史を捉えていたといえましょう。

　その一方で，20世紀初頭になると，こうした合理化のプロセスが破綻して，逆に非合理主義，アノミー，文化的混沌がせり上がってくると考えていた人々もいました。20世紀の大衆社会は，いわば近代市民社会からの逸脱として，19世紀末までに確立したと信じられていた諸々の市民社会的価値が脅かされ，無数の大衆が無秩序のなかに拡散していった状態とされるわけです。

　しかし，第一次世界大戦後の欧米社会に広がる大衆社会化，それに伴う見かけ上の混沌や無秩序を視野に入れながらも，文化産業論はこれを近代が崩壊していく過程とは捉えません。一見，非合理的で感情的，文化的に混乱しているように見える20世紀の大衆社会が，まさしく文化産業によって巧妙に制御された社会なのだと考えるのです。文化産業とは，現代資本主義体制に適合的なように人々の欲望を成形し，組織する産業的な仕掛けです。この議論で20世紀初頭は，前世紀までの文化的基盤が掘り崩されながらも，新しい産業によってその残滓が奪用され，文化消費の統合的なシステムが編成されていった時代ということになります。

『啓蒙の弁証法』と
文化産業の支配

「文化産業」という概念は，もともとフランクフルト学派を代表したアドルノとホルクハイマーの古典『啓蒙の弁証法』（1947年）に登場したものです。この概念のポイントは，20世紀のメディアを，新聞，雑誌，広告，ラジオというように分けて捉えるのではなく，それら全体が相互に連関し，統合される1つの複合的な産業体制として考える点にあります。大衆社会のなかで日々文化を消費する立場に置かれた20世紀の人々が，新聞，雑誌，ラジオといった個別のメディア以上に，これらの複数のメディアが連関する体制において，何が生産され，受容されていくかという点です。

132　　第7場　資本としての文化

アドルノらは，現代社会ではメディアの諸ジャンルは互いに連関しており，そのなかで「作り出される製品が，いかにメカニックに分化していようと，しょせんいつでも同じもの」だと主張しました（同257）。コンテンツ間の差異は，常に記号的に組織されており，セグメント化された差異でしかありえません。それは資本主義的に仕組まれた予定調和の世界であり，「一人一人の購買者は，いわば自発的に，あらかじめ表示された自分の『レベル』に合せて行動し，彼のタイプ向きに造られた大量生産のカテゴリーにしたがって選ばなければならない」のです（同256）。

このシステムでは，「操作する側と，それと連動する視聴者側の要求とは循環しているので，そのサイクルの中で，システムの統一はますます緊密の度を加えて」いきます（同253）。たとえば，「Aという映画とBという映画，あるいは等級を異にする雑誌の読み物の間にあると言い立てられている差異は，内容そのものの差というよりも，むしろ消費者層の分類・組織・理解に合せたもの」だとアドルノらはいいます（同256）。コンテンツの傾向的な差異が，消費者像の差異に対応しており，一方が他方を，他方が一方を絶えず再生産していくような構造全体を，文化産業は組織しているのです。

消費者と文化商品を対応させる循環回路に加え，映像の世界と外界の区別が薄らいでいくシミュラークル化をも，1940年代からアドルノたちは予言していました。彼らは，やがて「全世界が文化産業のフィルターをつうじて統率される」ようになるといいます（同262）。映像技術が発達し，「緊密かつ遺漏なく日常に経験される諸

★

アドルノ Theodor Wiesengrund Adorno（1903~69）　ドイツの哲学者，社会学者。フランクフルト学派の中心的思想家として活躍。38年ホルクハイマーの招きに応じて渡米。ホルクハイマーと共著で，古代ギリシャからナチズムへと至る文明の歩みを省察した『啓蒙の弁証法』（47）を刊行。

事物の複製をつくれるようになるにつれて，それだけ今日では外界が映画の中で識った世界のストレートな延長であるかのように錯覚させることは，簡単にできる」のです（同262）。この指摘からしばらくして，ウォルト・ディズニーはアメリカ西海岸に最初のディズニーランドを建設します。アドルノたちの文化産業批判は，そうした文化産業のふるまいを予見していたともいえます。

> **文化産業から意識産業へ**

アドルノらの文化産業論が教えてくれるのは，1930年代のヨーロッパを席巻したファシズムから戦後のアメリカに広がっていく文化世界への連続性です。というのも，「文化産業の地位が確固としたものになるにつれて，消費者たちの欲求は文化産業によって一括して処理」されていきます（同296）。「消費者の欲求を文化産業は作り出し，操縦し，しつけ，娯楽を没収することさえできる」ようになります（同296）。アドルノらは，「誰一人飢えたり凍えたりする者がいてはならない。それでもそういう者がいれば，強制収容所行きだ」という，ヒトラー時代のドイツで生まれたジョークを引き合いに出しながら，これこそまさに「文化産業のあらゆる玄関の正面に格率として麗々しく掲げられるに価する」といいます（同306）。なぜなら，文化産業が支配する社会において「個人が容認されるのは，一般的なものとあます所なく同一化していることに，疑問の余地がないかぎり」においてなのです（同315）。

このように考えると，文化産業が生産しているのは，単なる文化商品というよりも，そのような商品を消費し続ける私たち自身ということになります。『啓蒙の弁証法』から約15年後，エンツェンスベルガーが書いた『意識産業』（1962年）は，文化産業の支配が私たちの自己意識に及んでいることを示しました。というのも，この本で彼が問うたのは，現代資本主義は私たちの「これは自分であ

134 第7場 資本としての文化

る」という意識までを産業的に生産していることでした。

　エンツェンスベルガーによれば，意識産業が発達したのは19世紀後半からのことです。映画，ラジオ，テレビと，意識産業はその先端を担う新しいメディアを生み出してきました。しかし，これらの各メディアの本性を，その技術的前提から解き明かすのは間違っています。確かに，これらのメディアの個別性を超えて諸メディアが連関して支配的な力を発揮する状況は，これまで「文化産業」の問題として論じられてきました。しかし，この仕組みは「文化」産業という以上に「意識」産業として論じられるべきです。なぜならば，この仕組みが生み出しているのは，文化の享受者でも，主体でもあると目されている人々の「意識」そのものなのです。

　文化産業と同じように，ここでもまず重要なのは，現代の諸メディアが相互に連関し，統合的に人々の意識に作用していることです。しかも，この意識産業には，いわゆるメディア産業だけでなく，ファッションや観光，宗教，さらに教育までもが含まれていくのです。ここにおいて意識産業論は，アドルノらが想定していた文化産業論の限界を越えて，育児，教育，福祉，生活，都市，そして政治までの広大な活動領域を射程に収めることになります。

| 意識産業の前提条件 |

　エンツェンスベルガーは，意識産業には4つの前提条件があるといいます。第1は啓蒙主義で，意識産業は根本的に世俗的なものであり，宗教的な神権主義とは対立します。第2に，意識産業の発展には，その消費者となる人々が政治的に自律した主体であるという擬制がまず成立して

★

エンツェンスベルガー　Hans Magnus Enzensberger（1929～　　）　ドイツの詩人，批評家。50年代後半から鋭い現状告発の詩集を発表し，63年にドイツ最高の文学賞ビュヒナー賞を受賞。政治・社会評論など多方面に活躍。主著：『意識産業』（62），『何よりだめなドイツ』（67）。

1　文化産業の支配　　**135**

いなければなりません。第3に，意識産業の前提として，資本主義が発達し，その富が膨大な数の大衆にある程度は行き渡っていることが必要です。少数の支配エリートの楽しみのためだけなら，意識産業は不要かつ不可能なのです。芸術家が大金持ちのパトロンに養われているような状態は，意識産業の成立とは無縁です。第4が，映像や音声の大量複製技術，映画産業やレコード産業の発展を可能にしていった視聴覚技術です。この技術的発展により私たちの社会は，文化を大量に複製し，消費する能力を手にします。

　重要なのは，技術発展により，意識産業の生産物がどんどん軽くなっていくことです。エンツェンスベルガーは，「もっともすすんだ部門では，意識産業は，もはや［モノとしての］商品とは何の関係もないのだ。本や新聞，写真や録音テープなどは，たんにその物質的な基礎にすぎない。増大する技術の進歩とともに，それらのカゲはうすれる」と述べました（エンツェンスベルガー 1979: 14-15［］は引用者注）。出版業が紙の本に固執してきたのに対し，放送業が生産するのは非物質的な情報です。この傾向は，意識産業の発展とともにさらに徹底するとされました。

　こうして生産されるコンテンツが軽くなり，その内容を担う媒体＝モノが背後に退くのと並行して，意識産業は「商品の販売」とは異なる仕方で利潤を上げていきます。生産され，消費されるのは，「あらゆる種類の意識内容——つまり，意見，判断，偏見といったもの」で，消費者はその生産価格のごく一部を払うにすぎないのです。残りの部分は，たとえば広告費として，人々がそのような「意見，判断，偏見」を内面化することで最終的に利益を得る産業から払われます。「意識産業は，意識を搾取するために，ひたすら意識を誘導しなければならない」わけです（同 15）。

136　第7場　資本としての文化

〈文化〉を構成する
〈資本〉

アドルノらの「文化産業」とエンツェンス
ベルガーの「意識産業」の間には，明白な
共通性があります。どちらも現代社会のな
かでメディア産業が私たちの感覚や感情，意識に及ぼしている作用
を，個別のメディアにおいてではなく，諸メディアが相互に連関し，
形成していく統合的な場の次元で考えています。確かに映画は映画，
ラジオはラジオ，週刊誌は週刊誌で異なる特性や作用を有していま
すが，そのようなメディアの諸作用全体が，総体として日々の感情
や意識に対して統合的に働いてもいるのです。

　問題は，そうした諸作用が統合されている社会的な場を，どのよ
うに概念化するかです。文化産業という場合，アメリカ流の大衆文
化が 19 世紀までの西欧のブルジョア文化をいかに大衆消費財に作
り変えていくかに関心が向かいます。ここにおいて問題になってい
るのは，〈価値〉の産業化です。意識産業という場合，諸メディア
が統合的に作用する場は，私たちの自己意識です。おそらくこれ以
外にも，私たちの感覚，つまり視覚や聴覚に照準して，諸メディア
の作用が〈眼〉や〈耳〉をいかに産業化していくかを問題にしてい
くこともできるでしょう。さらに，〈感情〉や〈情動〉こそが，産
業化されてきたとすることもできるでしょう。

　したがって，『啓蒙の弁証法』に始まる文化産業批判の問題系に
は，価値の産業化，意識の産業化，感情の産業化，欲望の産業化，
感覚の産業化といった一連の問題系が連なることになります。この
講義でこれまで示してきた〈文化〉の概念からするならば，これら
のすべて，すなわち「価値」も，「意識」も，「感情」も，「欲望」
も，「感覚」も，すべて〈文化〉に含まれています。〈文化〉とは，
単に作品として生産され，消費されるコンテンツだけを意味するの
でも，諸々の価値や規範だけを意味するのでもありません。物事の

1　文化産業の支配　　137

考え方や行動パターンから生活の仕方，人々の結びつき方までを含んでいます。そのような意味での〈文化〉からするならば，文化産業も意識産業もすべてが〈文化〉産業です。つまるところ，20世紀後半の現代文化批判の多くは，私たちの〈プロセスとしての文化 cultivation〉が，資本の利潤追求という共通原理に基づいて資本主義的に編制されていくことを問題にしてきたのです。

2 文化資本と趣味の戦略

「眼」や「耳」の
社会的組成

文化産業論や意識産業論では，〈資本＝産業〉の側から構成的な作用が〈文化＝価値・意識〉の側に働いています。私たちが営む〈文化〉は，この〈資本〉からの作用で変質し，組み替えられます。とりわけ映画からテレビまでの映像産業は，そうした価値や意識，文化総体の変容を先導してきました。しかしここには，この議論の盲点も示されています。そこでの作用は一方的に〈産業としての資本〉から人々の意識や感情，感覚の側に働いています。逆のベクトル，つまり人々の意識や教養，感性などといった〈文化〉の側が，〈資本〉に対して構成的に働く可能性を考えていません。

　1970年代以降，とりわけピエール・ブルデューが『ディスタンクシオン』（1979年）をはじめとする著作で示していったのは，まさにそうした可能性でした。ブルデューが出発点としたのは，「文

★
ブルデュー Pierre Bourdieu（1930～2002）　フランスの社会学者。ハビトゥスと文化資本の概念を軸に，社会構造が文化的に再生産されるメカニズムを究明。主著：『実践感覚』（81），『ディスタンクシオン』（79）など。

138　第7場　資本としての文化

化」と「階級」の対応でした。彼によれば,「あらゆる文化的慣習行動および文学・絵画・音楽などの選 好（プレフェランス）は, まず教育水準に, そして二次的には出身階層に, 密接に結びついて」います (ブルデュー 1990 I : 4)。より精密には, 諸芸術の間の, あるいは各芸術内の「諸ジャンル, 諸流派, 諸時代などの社会的に公認されたヒエラルキーにたいしては, 消費者たちの社会的ヒエラルキーが対応」しているのです（同 4）。

ブルデュー

クラッシック音楽を好む層にはある階級的傾向があり, 他方で演歌を好む層にも別の階級的傾向があります。あるいは現代美術館の前衛的な展覧会に通う層と, ハリウッドの娯楽映画に列をなす層との間には違いがあります。そしてこの文化の階級的編成は, ファッションやトゥーリズム, テレビや週刊誌, メディア接触などの文化的選好一般にまで広げて考えていくことが可能です。

こうして見ると, 私たちが個性であると思い込んでいる趣味や教養, 感性は, 実はその人が属する階級的傾向に枠づけられているのがわかります。ブルデューは,「芸術作品は, それがコード化される際のコードを所有している者にとってしか意味をもたないし, 興味を引き起こさない」といいます。ある作品を鑑賞するためには, そもそも一定の「絵画的な, あるいは音楽的な教養を構成する知覚・評価図式の体系」が習得されていなければなりません（同 5）。「『眼』とは歴史の産物であり, それは教育によって再生産され」るのです。環境世界の諸存在が意味や価値を有した文化の一部であるには, それを可能にする「眼」や「耳」, つまり「世界のあらゆる

ものをこうした見かたでとらえる能力」が必要なのです（同 6-7）。

> **人生の軌道と資質の取得を媒介する〈階級〉**

このような「眼」や「耳」を人々が習得していくのは，彼らが時間軸を含んだ社会空間を移動していく軌跡を通じてです。しかし，このとき人は，社会空間を勝手気ままに移動しているのではありません。なぜなら，この空間に特定の「構造を与えているもろもろの力が彼らの上にも否応なく働きかけるからであり，またもうひとつには，こうした場の力にたいして彼らが自分自身の慣性を，すなわち彼ら自身の特性を対置するから」です（同 171-72）。これらの特性は，個人の資質として受肉されていることもあれば，財産や肩書として客体化されていることもあります。私たちの人生は，「排除と方向づけの客観的メカニズムを通して」構造化された社会空間のなかで一定の軌跡を描くのですが，その軌道上で一人ひとりは特定の資質や地位，財を身にまとっていくのです（同 171）。

この構造化された社会空間と個人の資質や財の形成を結びつけているのが，彼が再定義する〈階級〉です。ブルデューは，〈階級〉とは，経済的，社会的，文化的等々，「すべての関与的特性間の関係の構造によって規定されるもの」であり，「この構造がこれらの特性のそれぞれに，また各特性が慣習行動にたいして及ぼす効果に，その固有の価値を与える」ものだと主張します（同 166）。〈階級〉とは，この構造化された関与的諸特性，すなわち先ほどお話しした社会空間と，それがそれぞれの人の慣習的行動に及ぼす効果の間の媒介項です。この媒介項において，経済的，社会的，文化的諸特性は固有の配置構成をもって体系化されており，この配置構成がそれぞれの人の社会空間のなかでの軌道を条件づけていくのです。

それぞれの人の人生は，決定論的にではありませんが，〈階級〉的に条件づけられています。あなたの人生において，ある瞬間，ど

140　第7場　資本としての文化

のような未来を選択するかは，あなた自身がその瞬間で賭けるもの
と，その場で賭けをするために必要な資本の種類や量の関係によっ
て決まります。人生は，完全に運命づけられているわけではありま
せんが，さまざまな軌道が，「束」や「結節」をなしている経済的，
社会的，文化的な構造状況に条件づけられているのです。

〈趣味＝テイスト〉の
闘争ゲーム

重要なのは，ブルデューが，〈資本〉を徹
底的に関係論的に捉えていることです。彼
がいうには，「資本とは社会関係であり，
それが生産され再生産される場においてしか存在もしなければその
効果を生みだしもしないひとつの社会的エネルギーなのだから，階
級に結びついた諸特性のひとつひとつは，その価値と有効性とをそ
れぞれの場に特有の法則から受けとる」のです（同177）。つまり，
映画産業や自動車産業だけが〈資本〉なのではありません。〈資本〉
は個人にも，諸々の社会集団にも分有されており，〈社会関係〉と
して存在しているのです。だからこそ，〈社会関係としての資本〉
は，しばしば〈階級〉として作動していくことになります。

このような観点を前提に，ブルデューの「文化資本」や「社会関
係資本」の概念が引き出されてきます。もちろん，ブルデューは
「経済資本」の力もよく理解していますから，重要なのはさまざま
な人生が軌道を描き，結びつく社会空間において，これらの異なる
資本の次元がどう関係し合っているかということです。

なかでも，文化資本と他の諸資本の関係は決定的に重要です。ブ
ルデュー的な観点からすると，「文化」とは価値をめぐる闘争の場
です。それは，他の社会的闘争目標と同様，「人がゲームに参加し
てそのゲームに夢中になることを前提とし，かつそうなるように強
いる闘争目標のひとつ」です（同386）。

この価値秩序を生み出していくゲームとしての「文化」は，いか

2　文化資本と趣味の戦略　**141**

なる慣習的行為から成り立つのでしょうか。その答えは，ブルデューのいう「趣味」です。彼は，「たとえ工業製品であっても，ふつう言われる意味で客観的なもの，つまりそれらを手にする人々の関心や趣味から独立したものであるわけではない」と主張します（同157）。むしろ，私たちの周囲にある事物の価値は，「趣味」により分節されていきます。この場合，私たちが「彼は趣味がいい」とか，「あの人の趣味は下品だ」とか言ったりするときの「趣味」の意味も含まれますが，それ以上に，各人が文化的商品や事象に一定の嗜好を示していく価値づけの枠組みを指しています。

すでにお話ししたこととの関連では，「趣味」とは，社会的に生産され，再組成される「眼」や「耳」，周囲に対する「知覚・評価図式の体系」です（同5）。この「趣味」は，人々が人生において社会空間を移動していく軌跡を通じて獲得されます。これこそが文化資本の中核をなすもので，財産のような経済資本，肩書きのような社会関係資本が外部化された形態をとるのとは異なり，個人の資質として受肉されています。しかしそれは，完全に個人の内面的秩序というわけでもなく，むしろ「経済的可能性および不可能性の限界内において，ある存在状態に固有の規則性に適合するようなもろもろの慣習行動の原理」となっています（同268）。

このように分類し，価値づける受肉化された秩序と外部的な諸秩序との入れ子のような関係は，同じくブルデューの文化論の中核的な概念である「ハビトゥス」概念とも通底しています。ハビトゥスとは，「分類可能な慣習行動の生成原理であると同時に，これらの慣習行動の分類システム」で，実践の原理と認識の原理の二面性を有しています（同261）。ハビトゥスには，「分類可能な慣習行動や作品を生産する能力と，これらの慣習行動や生産物を差異化＝識別し評価する能力」の二面があるのです。この場合，一方で後者の

「差異化＝識別し評価する能力」は，前者の「生産する能力」に基づいています。「社会界の知覚を組織する論理的集合（クラス）への分割原理とは，それ自体が社会階級（クラス）への分割が身体化された結果」だからです（同 263）。他方，そのような知覚方式が社会階級の分割のなかで身体化されていくには，まさにその分割原理，知覚の基盤的な枠組みが機能していなくてはなりません。要するに，〈認識〉と〈実践〉の間には入れ子的な関係が常にあるのです。

3 クリエイティブ産業論への旋回

> 文化産業批判 vs
> 知識産業論

21 世紀初頭，それまで一方ではフランクフルト学派以来の文化産業論により，他方ではブルデューの文化資本論により深められてきた〈文化〉と〈資本〉についての批判的洞察は，「批判」よりも「先導」，つまり資本主義をさらに高度化させようとするクリエイティブ産業論へ大きく右旋回していきます。

　後のクリエイティブ産業論に至る方向性を最初に影響力ある形で打ち出したのは，経営学者のピーター・ドラッカーです。彼は，1969 年に出版された『断絶の時代』で，現代資本主義の基盤が重工業から知識産業に大転換していくことを予言しました。ドラッカーは，まだ鉄鋼，電気，化学，自動車などの産業が全盛期にあった 60 年代，これらの産業がやがて飽和状態となり，その重心は発展

★

ドラッカー　Peter Ferdinand Drucker（1909〜2005）　アメリカの経営学者。ゼネラル・モーターズ社のコンサルタントとして得たデータに基づく『企業とは何か』（46）で経営学者として著名になる。イノベーションや起業家精神を重視し，実務界やビジネスマンにも大きな影響を与えた。

途上国に移動すること，そして先進諸国の産業は，彼のいう「知識産業」に不可逆的に移行し，これに伴い人々の働き方のパターンや倫理，文化的価値が劇的に変化すると予言したのです。

　知識産業の中核をなすのは情報産業ですが，これすらドラッカーによれば「コンピュータ以上のもの」です（ドラッカー 2007: 14）。情報産業におけるコンピュータの役割は，「電機産業における発電所」のようなものにすぎません（同 14）。当時，電機関連の産業で「資金と技術のほとんどが送電線，照明，モーター，家電製品など，電力を送り利用することに投入されているのと同じように，情報産業でも資金と技術のほとんどは，コンピュータではなく，情報を送り，利用することに向けられる。利益のほとんども，そこからもたらされる」と考えていました（同 14-15）。1960 年代の情報産業はまだ発展の初期的段階でしたが，それでもドラッカーは，「電気が引かれているところならばどこでも情報を手に入れられるようにする装置を，テレビよりも安い値段で売る店が，明日にでも現れておかしくない」（同 15）と，それに応じて「あと数年も経てば，若者たちがタイプや電話のように情報システムを日常の道具として使うようになる」（同 17）と，明確に未来を予見していたのです。

　1960 年代のドラッカーの予言で最も重要なのは，新しい産業社会における「知識」の決定的な重要性への注目でした。20 世紀半ば以降の社会では，「知識の生産性が経済の生産性，競争力，経済発展の鍵」だと彼は強調しました。知識は 60 年代以降ますます中心的な生産要素となっており，先進国経済全体が単純な財の経済から知識とイノベーションの経済に移行しつつあるというのが彼の観測でした。今後ますます，知識は世界経済の中心的なコストとなり，投資先となり，生産物となり，利益源となっていくと彼はいいます。実際，その後のアメリカが特許権や著作権でどれほど確固たる基盤

を築いてきたかを振り返れば，いまではアメリカはドラッカーが予言した社会での圧倒的な優位を保持しているのです。

> **知識産業論からクリエイティブ産業論へ**

さて，ドラッカーが 1960 年代に先駆的に展開した知識産業論の視座は，30 年以上を経て，2000 年代のクリエイティブ産業論に引き継がれていきます。ドラッカーの知識産業論の多幸症的な焼き直しといえなくもないのですが，リチャード・フロリダは，20世紀後半を通じて工場労働者の縮小が生じてきたと主張します。工場労働者は，1950 年代までアメリカの労働力の約 40％を占めていましたが，その後は漸減し，いまでは約 25％程度です。これに対し，サービス業者は増え続け，1900 年から 50 年までに 16％から 30％へ，さらに 80 年には 45％を上回り，労働力の半分を占めるに至ります。さらに，20 世紀末に向かい急成長したのが「クリエイティブ・クラス」でした。フロリダは，クリエイティブ経済が，ドラッカーがかつて予言した知識経済の延長線上にあることを認めていますが，知識から「新しく有益な形式をつくり出す」（フロリダ 2008: 55）のがクリエイティビティで，20 世紀半ば以降の資本主義ではこれが経済の前面に躍り出てきたのです。

　フロリダによれば，クリエイティブ層は，同質性，順応性，適応性といったホワイトカラー層を枠づけてきた傾向とは大きく異なり，個性，自己表現，差異に対する開放的な態度を好みます。白シャツにネクタイ，背広ではなく，Tシャツにジャケット，スニーカーといったカジュアルなスタイルでイノベーションを起こし，産業をリ

★

フロリダ Richard L. Florida（1957～ 　）　アメリカ生まれの社会学者。トロント大学教授。クリエイティブ産業論を提唱。主著：『クリエイティブ資本論』（2002），『クリエイティブ都市経済論』（05）など。

3　クリエイティブ産業論への旋回　**145**

ードする新しいエリート層の台頭です。彼らは，科学者，技術者，大学教授，作家，アーティスト，エンタテイナー，デザイナー，建築家，アナリストなどからなる「スーパー・クリエイティブ・コア」（同85）と，ハイテク，金融，法律，医療，企業経営等の知識集約型産業で働く人々からなる「クリエイティブ・プロフェッショナル」（同86）の2層に分かれます。実用化可能な新しいデザインや知識，価値を創造するのが彼らの役割で，それを担う新しい階層が，それまでのホワイトカラー層に対して優位を占めるのです。

　フロリダは，クリエイティブな経済には，3つの「T」，すなわち「技術（technology）」と「才能（talent）」と「寛容性（tolerance）」が鍵となると主張しています（同313）。彼によれば，経済成長は「多様性があり寛容で新しいアイデアに開放的な場所を好むクリエイティブな人々が原動力」になります（同314）。多様性がある組織や場所は，それだけ「さまざまなスキルやアイデアを持つクリエイティブな人々を惹きつける可能性」が高くなり（同314），そのような人々が交流できる場所は，新しい結合から新しい知識が生まれてきやすくなります。「より大きな，多様性に富むクリエイティブ資本の集積が，イノベーションの可能性を高め，ハイテク企業の設立，そして雇用の創出や経済成長」をもたらすのです（同314）。

　クリエイティブ階級に関する議論が，はたして1960年代にドラッカーが示したよりも新しい知見を示せているのかどうかは疑問です。「クリエイティブ」という言葉こそ使いませんでしたが，ドラッカーも1968年の著書で，知識社会が決して労働の消滅をもたらさないこと，逆に「先進国の典型的な労働者である知識労働者は，今後ますますその重要性を増し，ますます長時間働く」ようになるという予測を立てていました。肉体労働者は勤務時間が終われば仕事から解放されますが，弁護士や公認会計士，エンジニア，設計師

146　第7場　資本としての文化

などの知識労働者はしばしば休日もなく無制限に働き続けることになります。知識経済化は，時間が自由であるが故に逆に長時間働き続ける人々の数を劇的に増大させていくのです。

グローバル化と新自由主義のなかで　それにしても，クリエイティブ産業が念頭に置いている産業分野は，広告，建築，アート，デザイン，映像，ソフトウェア，音楽，出版，ゲームなど，かつて文化産業論が照準していた分野と重なります。しかし両者では，これらの産業を扱う際の視点が対極的といってもいいでしょう。半世紀前の文化産業論では批判の対象だったものが，今日では時代の先端として称揚されているのです。このような議論の旋回の背景には，この半世紀間に起きた社会体制の決定的な変化，すなわち福祉国家から新自由主義への歴史的転換が背景にあります。アドルノらの文化産業批判は，福祉国家的な体制のなかで，文化産業が消費者を管理し，調教していくことに向けられていました。ところが今日のクリエイティブ産業論は，グローバル化の進行とともに国家の保護が弱まるなかで，文化を生産する場の多様性や寛容性，自由に照準していくのです。

　実際，「クリエイティブ産業」の概念に世界的な関心が集まるようになった大きなきっかけの1つは，イギリスがトニー・ブレア政権のもとで文化・メディア・スポーツ省を設置し，この種の産業振興政策を積極的に展開したことでした。この文化・メディア・スポーツ省によれば，クリエイティブ産業とは，「個人の創造性や技能，才能に起源を有している産業で，知的財産を生み出し，活用することによって富と雇用を創出するポテンシャルのある産業」と定義されています。この産業では，雑誌，新聞，放送などのマス・メディア産業が主要な位置を占めていますが，デザインやアート，コンテンツ産業のウェイトも増大しています。

3　クリエイティブ産業論への旋回　**147**

今日，世界経済のなかでクリエイティブ産業が占める割合は特別に大きいわけではありませんが，イギリスのような国ではすでに福祉部門や農林漁業よりずっと大きな産業規模になっています。ヨーロッパ全体でも，この産業には600万人を超える人々が従事しているとされます。クリエイティブ産業は，単に製造物を売って利益を得るだけでなく，人々の文化や想像力，新しいアイデンティティの媒介になると考えられているため，政策的にこの産業を振興しようという流れが生まれています。ＥＵは2000年代以降，域内のクリエイティブ産業を経済的，制度的に支援してきました。伝統的な国民教育に代わり，クリエイティブ産業は新しいリージョナルな価値の創出に貢献すると考えられているのです。

　以上からわかるように，クリエイティブ産業が前提としているのはグローバルな経済であり，国民規模の経済ではありません。この産業が展開するのは，とりわけロンドンやパリ，ニューヨーク，ロサンゼルス，東京のようなグローバルシティです。この議論は，高度に情報化し，グローバル化した資本主義における人，情報，知識の集中の効果を論じているのです。グローバル化は，国境を越える人口の移動を促しますが，中枢的な経済活動はこの流れのなかで集中していきます。研究開発から文化的創造まで，クリエイティブな産業は特定の都市に集中していく傾向があるのです。「消費」で世界はますます同質化していても，「創造」では中心がますます局所化するというのが，クリエイティブ産業論者の主張です。

〈資本〉と〈文化〉をめぐる3つのアプローチ

これまでお話ししてきた〈資本〉と〈文化〉の関係をめぐる議論のうち，クリエイティブ産業論が他の2つ，すなわち文化産業論／意識産業論や文化資本論と大きく異なるのは，そもそもこの議論が主題化するのは，経済的な〈資本〉そのものだということで

148　第7場　資本としての文化

す。クリエイティブ産業論は，グローバル化とデジタル技術による情報ネットワーク化が進み，経済が国民国家の壁を越えて一挙に流動していく社会において，〈資本〉の活動がこれまでにないほど〈文化〉と結びついてきていることに注目します。寛容さや多様性，自由な議論やデザイン，情報技術の重視，そうしたグローバルな文化的要素を，資本の価値創造プロセスのなかに組み込むことが，新しい産業的基盤となると主張しているのです。

　過去 1 世紀にわたり，〈資本〉と〈文化〉の間には，幾重もの関係が織りなされてきました。第一次世界大戦以降，映画やラジオ，雑誌などのマス・メディア産業が発展し，大衆文化を組織化していくなかで，人々の日常とそこでの意識のあり方は決定的に変容しました。このことを最も先鋭に理論化したのは，アドルノらの文化産業論やエンツェンスベルガーの意識産業論でした。他方，そうした〈資本＝産業〉から〈文化〉への一方的な作用というのではなく，むしろ現代の〈文化〉自体のなかに，〈資本＝階級〉を再生産させていく契機があると考えたのはブルデューの文化資本論でした。これらはいずれも〈文化〉の側から，〈資本〉の侵入や内在を論じていたのですが，21 世紀初頭に注目を集めるクリエイティブ産業論は，むしろ〈資本＝産業〉の〈文化〉化を論じます。諸々の文化的な要素を資本の活動自体に取り込んでいくことが必要になってきたのです。以上のプロセスは，今日の私たちの社会のなかで〈資本〉の論理がくまなく浸透し，遍在化していったことを示しています。〈文化〉と〈資本〉が一体化する世界のなかで，いまや現代文化論は，現代資本論にもならざるをえないのです。

3　クリエイティブ産業論への旋回　149

```
┌─── Key word ──────────────────────────────────┐
│  文化産業    シミュラークル    意識産業    文化資本    社会  │
│  関係資本    趣味    ハビトゥス    知識産業論    クリエイテ  │
│  ィブ産業論                                      │
└────────────────────────────────────────────────┘
```

予習図書 ●

① マックス・ホルクハイマー／テオドール・アドルノ『啓蒙の弁証法
　　──哲学的断想』徳永恂訳，岩波文庫，2007 年

② ハンス・マグヌス・エンツェンスベルガー『意識産業』石黒英男訳，
　　晶文社，1970 年

③ ピエール・ブルデュー『ディスタンクシオン──社会的判断力批判
　　（1・2）』石井洋二郎訳，藤原書店，1990 年

④ リチャード・フロリダ『クリエイティブ資本論──新たな経済階級
　　の台頭』井口典夫訳，ダイヤモンド社，2008 年

復習課題 ●

① ディズニーは，20 世紀最大の文化産業の 1 つです。日本におけるデ
　　ィズニーの影響を，ここで学んだアドルノやエンツェンスベルガーの
　　議論に基づき考察してみましょう。

② 音楽や絵画，文学の「趣味」を身につけることが，その人の文化資
　　本として機能するあり方が，日本と欧米，他のアジア諸国でどう異な
　　るかについて議論してみましょう。

③ 「クリエイティブ」という言葉がいつ頃からよく使われるようになっ
　　たのかを調べ，その背景にある社会的な文脈や言葉の効果について批
　　判的に検討しましょう。

| 第8場 | *差異としての文化* |

消費社会と文化の政治学

➡現代文化の最大の特徴は，それが消費社会の文化であるという点です。前回論じた文化産業や意識産業，知識産業，クリエイティブ産業のすべてはその舞台裏の仕組みですし，次回の文化帝国主義論はその外縁を，また次々回のジェンダー論はそのミクロな文化政治を浮かび上がらせます。この消費社会が最初に全面開花したのは第二次世界大戦後のアメリカ社会で，リースマンやガルブレイスの分析はそこに照準していました。やがて消費社会が全世界化していくなかで，これを記号論的に分析したボードリヤールの議論は誰もが踏まえるべき古典となります。他方，そうした記号論だけでは割り切れない階級やジェンダー，人種等の諸次元との絡まり合いにカルチュラル・スタディーズのサブカルチャー論が目を向けていきます。

1 大衆社会から消費社会への変容

ポスト高度経済成長と
消費社会の出現

すでに第6場で触れましたが，1970年代以降の日本では，「大衆社会」が「消費社会」へと変容を遂げます。大衆社会も消費社会も，いずれも膨大なモノや情報が生産され，流通し，消費されていく社会であるのは同じですが，消費社会ではそれらのモノや情報が，画一化よりも記号的差異化の論理に従って演出され，購買されていくことになります。消費社会は，大量生産システムが生み出す製品が人々の生活に浸透していく過程で誕生し，生産中心の工業

151

化社会からサービス産業や情報産業が主役を演じるポスト工業化社会への転換のなかで発達した社会の仕組みです。

戦後日本でこうした消費社会が出現してくるのは 1970 年代以降のことです。60 年代から 70 年代にかけて，この消費社会化を国民的規模で推し進めたのは，一方では百貨店やスーパーマーケット，他方ではテレビ局や広告代理店でした。すでに 60 年前後から，「流通革命」という言葉が盛んに使われ始め，日本経済の隘路とされた流通システムから中間の卸売業や零細な小売店舗を排し，低利幅・高回転で能率化を図るスーパーのような大型小売店舗を導入しようという議論がなされていました。

しかし，1970 年代になると，流通はスーパーマーケット化という以上に，差別化・専門店化の方向で自らの業態を変化させていきました。それを先導したのは，たとえば西武百貨店傘下で渋谷に進出したパルコのような商業資本でした。彼らはイメージ先行の戦略にこだわりました。単に広告宣伝を重視するだけでなく，むしろイメージを現実に先行させ，現実の不完全さを隠蔽するどころかそれを公然と作り変えたのです。ボードリヤールが消費社会におけるリアリティの変容を論じていた頃，日本の商業店舗は意図的に「現実をイメージに合わせる」実践をしていたのです。

メディア化する都市空間

たとえば，渋谷におけるパルコのマーケティング戦略には次のようなポイントがありました。第 1 は，空間のセグメント化です。大衆的消費者をねらったマス・マーケティングではなく，消費者の異なるテイスト（「個性」）に応じて空間を分割し，その雰囲気を完結的に演出する方針がとられました。「似た者同士を集めることで価値観は増幅され，ちょっと違う価値観を同化する。そしてその街なりの強い価値観をもつに至る」というのです（『アクロス』1983 年

4月号, 34-35頁)。

　この戦略は, 都市のステージ化をねらった第2の戦略に接続されていました。それぞれの空間は, 単に並べられる商品が一定のテイスト＝記号コードによってまとめられるだけでなく, 来街者が自らそうしたコードに沿って役柄を演じる舞台として演出されていかなければなりませんでした。そのため, かつての百貨店のように売り場全体を俯瞰できるのではなく, さまざ

渋谷・公園通り (1984年, 東京)

まなテーマに従って箱型空間が重層的につながれていきました。また, 公園通り界隈の道々には,「なんでもない街が名前をつけることで意味ありげになり,〈劇場〉に組み込まれていくのだ。だからまず通りに名前をつけろ」という指示に従い, 外国風の響きをもった名前がつけられました(『アクロス』1981年8月号, 45-51頁)。このようにして, 個々の商業空間で「見る場／見せる場」という状況が作り出され, 街全体が劇場として演出されていったのです。

　これらの戦略がもたらしたのは, 都市のメディア化でした。ここでいうメディア化とは, 地域が育んできた記憶や日常的習慣の積層から街区を切断し, 空間を自己完結的な論理によって構成し直していくことを意味します。しかも, このメディアは映画館のような群集のメディアでも, テレビのような家族的なメディアでもありませんでした。むしろそれは, 女性雑誌のように個人的に消費されるメディアに相似的な構造を, 仕切られた空間にもたせていくことでし

1　大衆社会から消費社会への変容　153

た。実際，街のセグメント化の戦略にしても，ファッション誌に起きていたセグメント化と同様の動きでした。当時，女性誌ではプロのモデルから，街角の「あなた」のカタログ化へと流れが移りつつありました。1970年代以降の日本で，雑誌と都市は，ともにセグメント化された読者＝来街者が「わたし」を「見る」と同時に「見られる」視線の装置として機能するようになっていったのです。

リースマンと他人指向型性格

日本で消費社会が本格化するのは1970年代以降ですが，アメリカでは日本よりもずっと早くに消費社会への変化が生じていました。そして，この社会の新しい人間類型をいち早く分析をしたのは，社会学者のデイヴィッド・リースマンでした。彼は名著『孤独な群衆』（1950年）で，20世紀のアメリカ社会における生の変貌を「社会的性格」という鍵概念を用いて鮮やかに捉えました。社会的性格とは，「社会がそれを構成する諸個人から，ある程度の同調性を保証される仕方」です（同89）。したがってそれは，個々人の性格というよりも，社会が個人に要求していく周囲への反応の様式なのです。リースマンによれば，社会的性格は，人口の高度成長潜在期，過渡的成長期，初期的減退期の3つの段階に応じて伝統指向型から内部指向型へ，そして他人指向型へと移行します。

まず，高度成長潜在期の社会では，成員は社会への同調性が伝統に従うことで保証されるような社会的性格を育みます。彼の生活は先祖伝来の儀礼や慣習により規定されていて，その行動は「恥をかく」ことへの恐れによって律されています（同116）。次に，過渡的

★

リースマン　David Riesman（1909～2002）　アメリカの社会学者。『孤独な群衆』（50）で，「伝統指向型」「内部指向型」「他人指向型」という3つの社会的性格を設定し，消費社会の諸相を先駆的に分析した。他に『個人主義の再検討』（54），『何のための豊かさ』（64）など。

成長期の社会では、成員の同調性は幼児期に目標のセットを内面化することで保証されます。こうして形成される内部指向型の特性を、リースマンは羅針盤に喩えます。この羅針盤は、両親や権威により個人の内面に据えつけられ、それが指示する針路からはずれることは、当人に「『罪』の感覚」を呼び起こします（同116）。

リースマン

ところが最後に、初期的減退期の社会では、外部の他者の期待と好みに敏感であることで同調性を保証される社会的性格が浸透していきます。この時代の特徴は、個人の方向づけを決定するのが、伝統でも両親でもなく同時代人になることです。この同時代人は直接の知り合いのこともありますが、むしろマス・メディアを通じて間接的に知っている人物、つまりメディアのなかの有名人がそうした役割を果たします。ラジオやテレビの出演者の助言を聞きながら他人指向型の人間が育むのは、何らかの行動規範ではなく、同時代人から発信される信号にいつも注意を払い、時には信号の発信に参加する能力です。リースマンは、彼らの特性を「不安」に動機づけられたレーダー装置に喩えていました。

これら3つの社会的性格を基礎に、リースマンが分析を重ねたのは、内部指向型から他人指向型への変化でした。彼は、他人指向型の特徴をもつ人々が、第二次世界大戦後のアメリカで、大都市の中産階級、それも若い人々の間に大規模に出現しつつあり、やがて「この型の性格がアメリカぜんたいのヘゲモニーをとることは、現在の傾向からみて、時間の問題である」と述べました（同110）。この変化は、かつて近代初頭のヨーロッパに現れた内部指向型が、現

1 大衆社会から消費社会への変容

在では全世界的な広がりを見せたように，産業化が飽和段階に達した国々で一般的になっていくと予測したのです。

他人指向型の社会では同時代人の役割が増大します。彼ら同時代人は，本人のふるまいに対して陪審員として判定を下していくのですが，その基準となるのは消費嗜好です。他人指向型の若者たちはメディア上の流行や仲間の気まぐれな趣味に強い興味を示し，そうすることで自分のレーダー装置が正常に作動しているのを確かめます。彼らは仲間から承認を得ようとする競争に多大なエネルギーを使うのですが，この競争は露骨に競争的であってはなりません。彼らは自分だけが突出して輝くのは危険なことだと考えますが，さりとて完全に協力的なわけではなく，自分の外面にちょっとした差をつけることで仲間に先んじようとするのです。つまり，消費社会のマーケティングの特徴をなす「製品差」と似た戦略が個々のパーソナリティの生産についても生じているわけで，リースマンはこれを「限界的特殊化」と呼んでいます。

ガルブレイスとテクノストラクチュア

リースマンは消費社会の特徴を，個人の社会心理的なパーソナリティの次元から考えました。しかし，消費社会は資本主義のシステム（消費の政治経済学）と人々の感覚や欲望（消費の社会心理学）が交錯する平面に成立しています。したがって，私たちは消費社会を社会心理的な機制からだけでなく，資本主義の体制の問題として考えていく必要があるのです。そしてまさにこの体制としての消費社会の問題に，政治経済学的な視点から先駆的に挑んだのは，経済学者のジョン・ケネス・ガルブレイスでした。

彼は，資本主義の発展を通じ，欲望が生産システムに依存して生産されていくことを示しました。この「依存効果」として知られる見解は，いくら経済的に「豊か」になっても，消費への欲望が満た

されることはなく，むしろ「豊かさ」のなかで欲望は生産され続けると考えます。それまで経済学が前提にしてきた通念，つまり経済的に豊かになれば欠乏が満たされ，新たな消費への意欲は減退するという考え方をガルブレイスは批判したのです。むしろ彼は，社会が豊かになるとともに，欲望を満足させる過程が同時に欲望を作り出していくようになり，生産の重要性は低下しないと考えました。

　ガルブレイスは，このような欲望創出のメカニズムを，テクノストラクチュアの計画的な操作として位置づけていきます。テクノストラクチュアとは，企業の意思決定に関して専門的な知識や才能や経験を提供する組織的結合のことです。日本でいえば，電通や博報堂をはじめとする広告代理店，「○○総研」という名がついているようなシンクタンク，ビジネス・スクールや産業界をバックにした諸々の研究所，それに経済産業省のような行政機構を含めた組織的体制をイメージすればいいでしょう。

　消費社会は，生産に伴うさまざまな社会的要請を予知し，市場を管理する必要があり，そのために各種の専門家を組織的に結合させていきます。そこでは，「人々がより多くの財貨を購入するために際限なく働こうと」します。「広告ならびにそれに関連する技術は，大企業体制の目標が必要とする種類の人間，すなわち常により多くの財貨を必要としている故に所得支出の面でも働くという面でもたのみになる行動をとってくれる種類の人間をつくりあげる」のです（ガルブレイス 1972: 289-90）。これが，テクノストラクチュアによる消費者の欲望の生産というガルブレイスの仮説でした。

★
ガルブレイス John Kenneth Galbraith（1908～2006）　経済学者。ハーバード大学教授。リベラルの立場から変容するアメリカの資本主義を分析。主著：『アメリカの資本主義』（52），『ゆたかな社会』（58），『新しい産業国家』（67），『不確実性の時代』（77）など。

2 ボードリヤールと消費社会の記号分析

> ボードリヤールの
> ガルブレイス批判

1970年代，消費社会における欲望の生産について，ガルブレイスとは異なる地平を示し，その後の消費社会論に多大な影響を与えたのは，フランスの社会学者ジャン・ボードリヤールでした。彼は一方で，ガルブレイスの議論が，消費行動では消費者個人が権力を行使しているという神話を粉砕したことを評価します。実際，こうして消費者の主権を強調することは，今日の産業体制を正当化することに巧妙に結びつけられてきました。資本主義が生んでいるさまざまなリスク，たとえば環境破壊は，消費者が主権を行使する領域が拡がることの代価であるとの理由づけによって大目に見られてきましたし，学者たちを動員した市場調査は，個人の消費欲求を販売戦略に結びつけながら，実はそうした消費欲求総体がシステムの作用により生産されていることを隠蔽してきたのです。

　ガルブレイスが看破したのは，まさしくこうした消費者主権論の虚偽性でした。彼は，「消費者は自分の満足にかんする自分自身の考えに従って行動していると思っているかもしれない。しかしこれは彼の欲望が操作されていることに関連してつくりだされた幻想の結果」だと明言しました（同298）。「個人の市場行動や社会一般の考え方は，生産者の必要とテクノストラクチュアの目標に順応する

★
ボードリヤール　Jean Baudrillard（1929〜2007）　フランスの社会学者，思想家。マルクス，ソシュールの理論を大胆に援用して現代消費社会を分析した。主著：『消費社会の神話と構造』（70）など。

158　第8場　差異としての文化

のであって、この順応は大企業体制の本質的な特徴」です(同295)。したがって、「消費者の欲求→市場の需要→生産」という因果連鎖は、いまや逆転させて考えられなければならないのです。

その一方で、ボードリヤールはガルブレイスの欲求についての前提を批判しました。ガルブレイスは、人間の欲求には調和点のようなものがあって、産業による「人為的アクセル」(ボー

ボードリヤール

ドリヤール 2015: 101)がなかったら、調和のとれた限界を設定できると考えました。ボードリヤールによれば、「こうした見解はまったく空想的」(同103)です。消費者の欲求充足のどこまでが「自然」で、どこからが「人為」かを線引きすることはできません。とりわけ、欲求をあれこれのモノに対するあれこれの欲求として理解する限り、それらがなぜシステムによってかくも無防備に操作されるのかを説明できません。実際、企業が個々の製品を消費者に売り込もうとしても、「宣伝が決して全能ではなくてしばしば逆の反応を引き起こすこと、あるいは同一の『欲求』に関していくつものモノが次々と取りかえられること」は頻繁に見られるのです(同106)。

> 消費＝欲求充足から
> 消費＝言語活動へ

ガルブレイスの限界を乗り越えるために、ボードリヤールはどのような視座を示したのでしょうか。彼は『消費社会の神話と構造』で、私たちが今日、あふれんばかりのモノとそのイメージに取り囲まれ、それらとの絶えざる交渉を営んでいることに注目しました。人々はいまや「他人の近くに生きるよりもむしろ従順で眩惑的なモノの無言の視線のもとで生き」ています(同14)。この氾濫す

2 ボードリヤールと消費社会の記号分析　159

るモノやイメージが私たちに及ぼす作用を，ボードリヤールは記号的な差異のシステムという視点から捉えました。

　彼は，消費を主体の欲求と客体の使用価値の間に生起する事象として把握することに反対します。ボードリヤールは資本主義の強制力が，消費者の個々の欲求とモノの使用価値の間に働いているのではないと考えます。ガルブレイスが見落としたのは「差異化の社会的論理であり，……あらゆる欲求は記号と差別の客観的・社会的要求に従って再組織されることになるという社会学的考察」なのです（同105）。つまり，現代の氾濫するモノたちは，消費者の膨れ上がる欲求を満足させる使用価値としてよりも，消費者のアイデンティティを社会のなかに定位させるコミュニケーションの媒体として，その記号的価値による強制力を働かせているのです。

　したがって，消費とはモノ／記号をめぐる言語活動なのであって，この活動を通じ，モノ／記号は差異化のシステムのなかに位置づけられ，同時にそれらを消費する社会的主体の欲求システムも生産されていきます。重要なことは，初めに発話の個人的欲求があるから言語活動が生じるのではなく，言語活動が発話への欲求を産出していく点です。客観的な消費欲求があるから〈消費〉がある，というわけではありません。記号的差異の交換体系のなかで欲望が社会的に生産されるのです。財や個人的欲求の機能性は，後からこの交換体系に接続しにやってきて，一連のプロセスを合理化すると同時に抑圧してしまうのです。

記号システムのなかの「個性」の消費

　このように，もしも消費が言語活動であるならば，そこで消費されるモノたちが，どのような記号秩序を構成しているのかが問われなければならないでしょう。ボードリヤールは，モノ／記号は1つひとつ切り離されたのでは意味をなさず，全体としての集合的

160　　第8場　差異としての文化

配置や構成，モノ相互の関係の網目こそが意味を成立させていると主張しました。消費者は，「全体としての意味ゆえにモノのパッケージと関わる」のであって，単体としてのモノに他から切り離された形で欲望を感じていくわけではないのです（同18）。

こうした記号としての商品の秩序は，大きく2つの操作によって構成されます。一方は，換喩的操作とでも呼べるもので，「あなたは牡蠣や肉類や洋梨や缶詰のアスパラガスの今にも崩れそうなピラミッドを手に入れたつもりで，そのなかから少しだけ買う」のです（同17）。これは，部分で全体を代表させる換喩的方法です。この方法は，全体としてのあるライフスタイルが，その一部をなすアイテムによって代表されていく場合に使われます。

他方，こうした消費の記号論は，隠喩的な次元での差別化の操作も含んでいます。そこではさまざまな系列の商品が，相互に微妙な差異をつけ合いながら自分の位置を確保しており，ある系列内の1つの商品を選択することは，同時に別の系列を差別化しているのです。そうして選択された系列は，一般に「個性」と呼ばれます。ボードリヤールは，いくつかの広告の例を引用しつつ，「個性化する」差異が，もはや諸個人を対立させるのではなく，ある系列的な記号にパッケージ化されるいくつかのモデルやシリーズに収斂していく系列間の記号的差異であることを強調しました。

つまり，オプショナルな商品の「個性化された」系列を身につけることで，私たちは，私たちを他ならぬ「われわれ自身」にしてくれる差異を探し求めているのです。したがって，消費社会の呪縛力は，産業が大量生産された画一的な財を消費者に押しつけるところから来るのでも，巧みな広告やマーケティングによって消費者の欲望を過剰に刺激するところから来るのでもありません。むしろ問題は，「個人のレベルをはるかに越えた無意識的な社会的強制」とし

て人々を呪縛していく記号の力なのです（同113）。

一人ひとりが異なる嗜好をもち，「自分らしさ」を追い求めたとしても，消費社会の強制力は，まさにそうした「個性的」な差異の追求により最も有効に作用します。消費社会は，消費者が受動的だから彼らを管理するのではなく，逆に消費者が能動的であればあるほど彼らを呪縛していくのです。「消費者は自分で自由に望みかつ選んだつもりで他人と異なる行動をするが，この行動が差異化の強制やある種のコードへの服従だとは思ってもいない。他人との違いを強調することは，同時に差異の全秩序を打ち立てることになるが，この秩序こそはそもそものはじめから社会全体のなせるわざであって，否応なく個人を越えて」いきます（同80）。

3 差異化するシステムと多声的な実践

複数的な意味生成行為の場

消費社会は，ガルブレイスが想定したのとは異なり，広告や販売，経営の専門家たちが，消費者の欲望を予測し，先回りして操作することのできるような社会ではありません。そのようなマーケティング戦略は，部分的には有効でも構造的な限界を含んでおり，社会が「豊か」になればなるほど，消費者はむしろそのような産業側の意図の裏をかいたり，そこからはずれた消費行動を生み出したりするのです。しかしこのことは，ボードリヤールが示唆したような記号の差異化システム全体が有効に機能しなくなっていくことでもないのです。たとえどれほど消費者が「自発性」や「主体性」を発揮して，テクノストラクチュアの意図の裏をかいたり，それとは異なる選択をしていったとしても，なお消費社会は記号の差異化シ

162　第8場　差異としての文化

ステムとして機能し続けるのです。

　ボードリヤールは，消費社会を記号の差異化するシステムとして捉え，このシステムの効果として消費を欲望する主体が製造されると考えました。彼は，そのような立場をとることで，「他人指向型」という社会的性格から出発したリースマンとも，「テクノストラクチュア」が消費の欲望を狡猾に操作していると考えたガルブレイスとも異なる視座を示したのでした。ボードリヤール以降，消費社会を語る者は，それが記号のいかなるシステムとして構築されているのかを，広告イメージやカタログ雑誌，商品の販売戦略，売り場での商品の配列を分析しながら明らかにしようと試みてきました。

　しかし，消費社会の記号システムは，常に同じようにそれが想定する主体を生み出すことができるのでしょうか。どれほど巧妙に記号的な差異が体系的に組織されても，実はそれらの記号の体系を受容する行為が社会的活動である以上，結果は常に予定調和的なものになるとは限りません。実際，この活動の担い手は，中産階級の家庭で育った人も，労働者階級の文化にどっぷり漬かってきた人もいます。都会育ちも，田舎育ちもいます。男性もいれば女性もいて，さらに民族的，文化的背景がきわめて異なる人々が，現代では消費社会という巨大な変化に呑み込まれているのです。ですから，これらの社会的背景が異なる人々に，同じような欲望の主体が生み出されていくとはいえないのです。

　1970年代以降の英国のカルチュラル・スタディーズをリードしたスチュアート・ホールの「エンコーディング／デコーディング」モデルは，文化的なテクストやイメージが消費されていく際の，そうした不一致を理論化しました。この理論は，もともとマス・メディアの受容で，送り手側の意図した読み取りが，受け手側に実現するとは限らないことを示すものでした。そうすることで，ホールは

3　差異化するシステムと多声的な実践　163

アメリカ流のコミュニケーション研究が前提としてきた「送り手／受け手」図式の限界を衝き，言語や記号の多声性という視座から現代のコミュニケーションを捉え直したのですが，同じ不一致の論理は消費社会の文化的消費一般にも当てはまります。

> **エンコーディング／デコーディングと記号の多声性**

ホールによれば，アメリカ流のコミュニケーション研究は，メディアを透明なものとし，受け手が送り手のメッセージを誤解なく受けとめるのが「正常」と考えることで，媒介的な諸次元に働く複雑な力の絡まり合いを忘却しています。この直線的な図式に代えてホールは，コミュニケーションのプロセスを，相互に結びついてはいるが相対的な自律性をもって節合される諸々の日常的実践を通じて生産・維持される言説の構造的な秩序として把握したのです。こうしたコミュニケーション理解は，鶴見俊輔のディスコミュニケーションに関する視点とも重なるものでした。

この場合，一方にあるのは，単一の主体としての「送り手」よりも，テクスト生産に向けて節合された諸契機の複合的な過程です。そこには，新聞社や放送局の社会的＝物質的な諸装置や資源，記者や編集者，カメラマンなども含まれます。そして，このテクスト生産の過程は，それ自体が意図の複数性を内包したプロセスです。

たとえば，テクストの生産におけるルーティン化した実用知識や技術能力についての基準，専門家としてのイデオロギー，制度化された知識，読者や視聴者についての想定，番組や記事を編成してい

★

ホール Stuart Hall（1932～2014）　イギリスの思想家，文化理論家。ジャマイカに生まれる。1951 年渡英し，オックスフォード大学で学ぶ。『ニュー・レフト・レビュー』の編集に関わった後，バーミンガム大学・現代文化研究センターでホガートの後任として所長としてカルチュラル・スタディーズを主導する。その思想的影響は現代文化研究全体に及ぶ。

くフレイムなど，エンコーディングとはそれ自体，諸々の概念や知識によって重層的にコード化されています。さまざまな異なる意図が介在し，この過程を通じてアジェンダが設定され，受け手のイメージが構成され，テクストが生産されていきます。

　そして，このコミュニケーション過程の他方の極には，さまざまに状況づけられた主体によるテクスト消費，すなわちデコーディングが存在します。重要なことは，このデコーディングのプロセスが，エンコーディングと等価ではないこと，しかし同時に，デコーディングはエンコーディングからの相対的自律性を保持していることです。メディアのテクストは，その生産と消費の両面で，さまざまな解釈と記述，実践がせめぎ合う記号的な場なのです。

　エンコーディングの過程でテクストに付与される意味は，デコーディングでのテクスト解釈を決定することができません。テクストやその記号体系の消費は，潜在的には常に記号／言語の多声性と結びついています。その際，この消費のプロセスで作動するさまざまな解釈コードは，単に等価な多様性として並んでいるのではありません。それらの間には支配的，周縁的，対抗的というような不均等な関係があり，抗争しているのです。

　実際，デコーディングにおけるさまざまな読みの実践の間には垂直的な関係があり，他の読みに対して優位に立つ支配的／優先的な読みと，そうではない従属的な読みが存在します。ホールはデコーディングにおける読みを，①支配的な読み，②折衝的な読み，③対抗的な読みという３つに区別しました。まず，支配的な読みとは，送り手が付与した意味をそのまま受け入れるようなあり方です。この場合，エンコーディングとデコーディングの非対称性は隠蔽されます。次に，折衝的な読みは，こうした支配的な読みとそれぞれの受け手の対抗的な読みが混ざり合う矛盾を含んだものです。この立

3　差異化するシステムと多声的な実践　　165

場は，大枠では支配的な読みの優越を認めながらも，テクストの個々の部分ではこれに対抗します。最後に，対抗的な読みでは，支配的な読みとの対立が明白になります。

　ホールの議論のポイントは，エンコーディングを通じて付与された意味が，デコーディングの過程での読みを保証するわけではないことです。ホールが強調したのは，あたかもコミュニケーションが送り手から受け手へのメッセージ伝達であるかのように見えるとすれば，われわれはむしろそれ自体が，メディアをめぐるどのような実践を通じて構築されたものなのかを明らかにしなければならないということでした。こうした脱構築的な作業を通じ，ホールはマス・コミュニケーションの根底的な政治性を浮上させたのです。

意味をめぐる抗争と差異化システムの支配

　メディアの受け手のみならず，消費社会を生きているのは，「自由」な主体としての消費者ではなく，あくまで階級やジェンダー，エスニシティ，世代等を帯びた社会的存在です。それらの存在の間でさまざまな文化政治学が葛藤と矛盾を含みながら作動していく抗争的な場として消費の現場はありました。消費者は，一人ひとりの独立した個人から構成されているよりも，諸々の文化的権力がせめぎ合い，絡まり合う言説と実践の集合的なエージェントとして存在しているのです。したがって，そこでも問われるべきは，それぞれの記号秩序が編成され，受容され，言及されていく集合的で政治的な過程です。そして，そのような場が，どのような歴史的契機のなかで変動していくのかも問われなければならないのです。

　重要なことは，そのようにして消費社会を生きる人々が，その社会的位置に文脈づけられた状況的な読みや購買行動をしていくことは，ボードリヤールが論じた記号の差異化システムを掘り崩すどころか，それを強化するかもしれないことです。個々の物語や商品の

パッケージを，消費者は読み替えていくでしょう。しかし，それでも消費社会が流動的で多様性に富んだ差異のシステムとして作動し続けること自体は阻害されないのです。今日，若者たちのサブカルチャーが，商業資本のイメージ戦略をなぞるのではなく，それをいかに「奪用」しているかを読み解く試みが多数登場しています。そこでは多くのサブカルチュラルな「折衝」や「対抗的な読み」が示されていますが，それら全体は，ボードリヤール的な意味での記号的な差異化システムの外部を示しているわけではないのです。

> **消費社会の限界？：格差社会とグローバル・リスク**

さて，1990年代までの日本で全盛を誇った消費社会は，2000年代に入ると陰り始めます。その最大の要因は，文字どおり格差社会の進行でした。つまり，急速にグローバル化が進行していくなかで，それまで日本社会で自明なものとされていた経済的基盤が次々に掘り崩されていったのです。そして，60年代以前とは異なる「貧しさ」が，日本社会に拡大しました。80年代までの日本人は，一度「豊かさ」を実現した社会は，もう二度と「貧しさ」に舞い戻らないと思い込んでいました。しかし，この思い込みには根拠がなく，実際に90年代末以降，日本社会には「貧しさ」が再来し，新しい底辺層が形成されていきました。こうして現代日本は，ますます金持ちになる少数者と，生活が不安定化し，貧困化を強いられる人々からなる格差社会となり，日本全体を覆うかに見えた消費社会の限界も露呈しました。

　その一方で，2000年代以降，かつて日本社会を席巻していた消費社会は東アジア全域に広がっていきます。韓国や台湾，そして中国が著しい経済成長を遂げていくなかで，日本と他の東アジア諸国の差は相対的なものとなり，数十年前には日本の大都市で見られた消費社会の諸傾向が，ソウルや台北，シンガポール，上海や北京で

3　差異化するシステムと多声的な実践　　167

アジアで勃興する消費社会：上海（2017年）

ごく当たり前に見られるようになっていったのです。

　したがって現在では，今回お話ししてきたような消費社会の諸理論は，日本以上にアジアの文化消費を考えるときに有効な視点です。日本では陰りの見えてきている消費社会が，アジア全体ではまだ全盛を誇っているからです。リースマンが論じたような「他人指向型」は，今日では韓国や台湾，中国でもそれぞれ異なる仕方で広がっていますし，ガルブレイスが論じたようなテクノストラクチュアも，これらアジア諸国全体をターゲットにしたグローバルな文化産業の戦略に顕著です。さらに，そのような消費文化を問い返す知的戦略として，日本以上にカルチュラル・スタディーズがアジアの若者たちには浸透しています。

―― Key word ――

消費社会　　都市のメディア化　　社会的性格　　伝統指向型／
内部指向型／他人指向型　　限界的特殊化／テクノストラクチュ
ア　　記号の差異化システム　　カルチュラル・スタディーズ
エンコーディング／デコーディング　　グローバル化

予習図書

① デイヴィッド・リースマン『孤独な群衆』加藤秀俊訳，みすず書房，
1964 年

② ジョン・K・ガルブレイス『ゆたかな社会（決定版）』鈴木哲太郎訳，
岩波現代文庫，2006 年

③ ジャン・ボードリヤール『消費社会の神話と構造』今村仁司・塚原
史訳，紀伊國屋書店，1979 年

④ 見田宗介『現代社会の理論』岩波新書，1996 年

復習課題

① リースマンが論じた「内部指向型」から「他人指向型」への基調を
なす社会的性格の転換は，現代日本においてはいつ生じたのでしょう
か。具体例を挙げながら考えてみましょう。

② ボードリヤールのいう差異化やブルデューのいう文化資本の概念は，
現代日本のポップカルチャーを理解する際にどう応用できるでしょう
か。具体例を挙げて考えましょう。

③ 東京ディズニーランド等のテーマパークや各地のショッピングモー
ルには，リースマンやボードリヤールが論じた消費社会の論理が戦略
的に取り入れられています。あなたのよく知っているそうした空間を
取り上げ，そこで消費社会の論理がどのように組み込まれているかを
観察しましょう。

| 第9場 | 越境としての文化 |

文化帝国主義とポストコロニアリズム

➡18世紀末以降の近代文化を枠づけてきた最も重要な基盤が国民
国家であるなら，20世紀末以降の世界を変化させている力はグロ
ーバリゼーションです。この潮流は，それまで国民国家の視座から
は何が見えていなかったのかを明らかにしました。それは，〈近代
＝国民国家〉という視界の外で動いていたもう1つの歴史です。西
洋化の歴史としての近代は，〈西洋〉の外側に〈オリエント〉を想像
することで，まなざす主体としての〈西洋〉を確立しました。や
がて20世紀以降の現代化では，〈アメリカ〉が世界をその文化帝国
主義的な体制に組み込んでいきました。こうした西洋化やアメリカ
化の歴史において，まなざされた植民地やオリエント，ローカルな
秩序の側は支配的なシステムとどう関係してきたのでしょうか。こ
の点を考えるため，今回はまず文化帝国主義やオリエンタリズム，
グローバリゼーションの代表的な議論を学ぶことにします。

1 文化帝国主義の政治

世界に浸透するアメリ
カの大衆文化

20世紀後半の世界を特徴づけたのは，何
よりもアメリカ文化の怒濤のような浸透で
した。戦後日本でも，チューインガム，英
会話，リーダーズ・ダイジェスト，ジャズ，アロハシャツ，ブロン
ディ，ターザン，プロレス，西部劇，ポパイ等々は，占領期から
1950年代にかけて次々に日本に浸透していったアメリカ文化でし
た。続いて60年代には，コカコーラ，ホームドラマ，スーパーマ

ーケット，キッチン，ミニスカート，ジーンズ，フォークソング，ヒッピー等が浸透していきます。やがて70年代以降にはダイエット，スニーカー等が，さらに80年代になると，何といっても東京ディズニーランドがオープンしていきます。

　程度の差こそあれ，20世紀半ば以降にアメリカの大衆文化が急速に浸透していったのは日本だけではありませんでした。中南米やフィリピンや韓国，あるいはヨーロッパ諸国でもアメリカの映画や大衆音楽は爆発的に浸透し，多くの議論を呼び起こしていきます。たとえば，『ちぐはぐな歴史』と題された現代フィリピン文化史についての論集のなかで，人類学者のフェネラ・キャネルは，ルソン島東南部のビコル地方で，貧しい若者たちがどのように「アメリカ」を内面化しているかを，日常会話から素人のど自慢大会，美人コンテストなどまでの文化パフォーマンスのエスノグラフィーを通して考察しました（Cannell 1995: 224-28）。

　キャネルが取り上げたのは，アメリカに出稼ぎに出ることも，アメリカの商品を買い揃えることもできない貧しい農民の若者たちです。彼らにおいても「キレイ」であることへの願望が，他者として想像された「アメリカ」を模倣することと結びつけられていました。彼らにとって，「アメリカ」を模倣することは，自分を変身させていくことの手段なのでした。現代フィリピンの農村で消費されていく衣服や料理，映画は，実際には「台湾製」や「中国製」である場合も「アメリカもの」として受けとめられてきました。「アメリカ」とは，権力と富，清潔さや美しさ，楽しみが詰め込まれた他者の場所として想像され，フィリピン人は，自己の文化的アイデンティティをこの想像上の他者を介して思考してきたのです。

1　文化帝国主義の政治　171

> **軍事的帝国主義から**
> **文化帝国主義へ**

このようなアメリカ大衆文化の浸透を、ア
メリカの軍事・政治的ないしは経済的な支
配と結びつけて問題にしていった議論とし
て、文化帝国主義論があります。その代表的論者であったハーバー
ト・シラーは、アメリカの文化産業、とりわけメディア産業の世界
支配をいち早く問題にしました。彼の議論の基礎をなしたのは、第
二次世界大戦後の世界におけるアメリカの覇権が、政治・経済面で
の支配力と文化・情報面での支配の相補的な関係に支えられている
という認識でした。軍事的帝国主義の時代の「血と鉄」に代わり、
「エコノミクスとエレクトロニクス」がアメリカを中心とした非公
式の帝国体制を可能にしていると主張したのです。

シラーによれば、マネーが国境を越えて自由に流通していかなけ
ればならないと考える自由貿易主義と表裏をなして、情報が国境を
越えて自由に流通していく情報社会の理念を世界に広げていきまし
た。しかし、自由貿易が結局のところ、強い国の経済が弱い国に浸
透し、これを支配していく結果をもたらすのと同様、国境を越える
自由な情報の流れは、アメリカ的生活様式への欲望が、貧しく傷つ
きやすい社会に埋め込まれていくチャンネルとして機能し、その社
会の自律的な発展を困難にしてしまうのです。

シラーの議論では、国内における文化産業の大衆支配と、グロー
バルなレベルでのアメリカの第三世界に対する文化支配が、ちょう
どコインの表裏をなすものとして論じられています。つまり文化帝
国主義論は、アメリカの大衆文化が文化産業の力でグローバルに拡

★────────────────────────────────────

シラー Herbert Irving Schiller（1919～2000） アメリカのコミュニケー
ション学者。メディア研究の分野で、文化帝国主義論の研究パラダイムを提
示しこの論議をリードした。主著：『世論操作』（1973）ほか。

172　第9場　越境としての文化

散し，各地域の文化的伝統を根こそぎにしてしまうのを怖れること
において，やはりアメリカ式の文化商品の大量生産が西欧の文化伝
統を堕落させていくことを怖れたアドルノらの文化産業論と同じ地
平に立っていたのです。両者の違いは，文化産業論が，大衆化によ
る西欧の近代的理性の喪失を問題にしたのに対し，文化帝国主義論
は，アメリカ化による第三世界の民衆文化の弱体化やその自律的な
発展の阻害を問題にしていた点にありました。

　こうした流れのなかで，アメリカの大衆文化に潜むイデオロギー
を鋭く捉えた試みに，1971 年にアジェンデ政権下のチリで書かれ
たドルフマンとマトゥラールの『ドナルド・ダックを読む』があり
ました。マルクス主義と精神分析を背景に，彼らはディズニーの物
語の基本的特徴，たとえば主人公には両親が不在で，子どもたちの
世界から「性」や「死」が排除されていることや，異郷の地を文明
や技術を伴って訪れる子どもと先住民の関係が，前者（子ども）は
「大人／帝国」，後者（先住民）は「子ども／植民地」として呈示さ
れていることなどを鋭利に捉えたのです。

　文化帝国主義論の限界　こうしてテクストに表現されるイデオロギ
ーを，実際の中南米の人々はどう読んでい
たのでしょうか。ドルフマンらは，「個人がそのうえで生きている
社会的・経済的な土台と，その個人をとりまく集合表象とのあいだ
には，周辺部社会でははっきりとした乖離があり，この乖離こそが，
ディズニーがその社会の人びとの精神に影響力をもち，浸透できる
ことを保証している」と述べていました（ドルフマンほか 1984: 177）。

　しかし，現実とイメージの乖離がイメージの強力な効果を支える
という説に対しては，周縁の社会の民衆は，中枢部の文化価値を受
け入れているように見えても，実はそうした表面的な受容では揺ら
がない文化を保ち続けていると反論もできます。ジョン・トムリン

1　文化帝国主義の政治　173

ソンは，アメリカの文化商品が「チリの普通の読者にどんな影響を
与えるかについて，説得力のある説明を確立できない限り」，ドル
フマンたちの分析は「帝国主義的なテクスト」を政治的に読んだだ
けのレベルにとどまると批判しました（トムリンソン 1993: 92）。

　このように，文化帝国主義論の弱点は，メディアで流されるイメ
ージが大衆に強力な効果を与えると無批判に前提していた点にあり
ます。つまり，文化産業の戦略と受け手の解釈過程の間に働く複雑
なダイナミズムについての洞察が欠けていたのです。実際には，ア
メリカの多国籍企業が生み出す文化商品の世界各地への拡散が，そ
のまま地球規模の文化の画一化をもたらすとは限りません。

　こうした送り手中心の発想は，アメリカの文化産業の力を過大評
価し，それがそもそも批判しようとしていたはずの文化帝国主義の
支配を裏書きしてしまいます。文化産業は，自らが流通させる商品
の受容のされ方までを決定できるわけではないし，地球規模でのア
メリカ商品の浸透が，常に文化の画一化を招くとも限らないのです。

> **文化帝国主義論と
> ポスト植民地**

　こうした限界にもかかわらず，文化帝国主
義論は，それまで近代化論と結びついて発
展してきたマス・コミュニケーション論の
イデオロギー性を批判し，かつて植民地だったような周縁的な場所
から，グローバルな文化産業の力を捉えました。それまでの主流の
コミュニケーション研究が，視界を一国レベルにとどめ，近代のコ
ミュニケーション技術が近代化や民主化をいかに促進するかを論じ
てきたのに対し，文化帝国主義論は，各社会における文化やコミュ
ニケーションが，グローバルな政治経済構造によって規定されてい
ると考えたのです。もっといえば，前者がメディアを発展の「道
具」と見たのに対し，後者はメディアをグローバルな支配構造のな
かで周辺国家に従属をもたらす「罠」と見たのです。

174　第9場　越境としての文化

この議論の重要性は，グローバルな文化支配を経済的自由主義や情報の自由な流通と結びつけたことにあります。アメリカは決して自らの文化を発展途上国に力で押しつけたのではありません。情報，イメージの自由な流通が，一見，そうした自由主義とは対立するかに見える文化支配をもたらすのです。「自由」な言論の流通やメディアの開放は，必ずしも自由な社会をもたらしません。文化帝国主義論は，情報流通がグローバルに自由化されればされるほど，文化的な帝国主義が強化されていくことを明らかにしました。

ここで問題にされたのは，圧倒的な量の情報がアメリカから発展途上国に流れ込んでいくことの暴力性，しかもそうした情報の流通が，少数の多国籍企業の手に握られていることの不均衡でした。文化帝国主義に抗するには，政治経済的に弱い社会が強大な国家からの情報の流入を制限できる権利が必要であり，他方では，社会的マイノリティや市民，活動家に，メディアに送り手となる権利を保障することが必要だとされました。1990年代以降，インターネットや衛星メディアの発達で，前者の制限はますます困難になりつつも，後者は幅広い参加を可能にする回路が生まれていきました。

2　サイードとオリエンタリズムの政治

西洋が「オリエント」を想像する

文化帝国主義論は，グローバルな政治経済構造のなかで，〈文化〉がいかにイデオロギー的役割を果たしているかを問いましたが，そのような〈文化〉をそもそも成り立たせてきた認識の地平自体が，いかに植民地主義的なまなざしの構造を内包してきたかを明らかにしたのはエドワード・W・サイードでした。

2　サイードとオリエンタリズムの政治　175

サイードは，「オリエント」が，「ヨーロッパ人の頭のなかでつくり出されたもの」であるという認識から出発します。オリエントとは，西洋が自身を「オリエントと対照をなすイメージ，観念，人格，経験を有するもの」として規定するために導入された想像上の他者です（サイード 1986: 2）。そして思考様式としてのオリエンタリズムは，このように西洋によって想像されたオリエントを，「文化的にも，イデオロギー的にもひとつの態様をもった言説として，しかも諸制度，語彙，学識，形象，信条，さらには植民地官僚制と植民地的様式とに支えられたものとして，表現し，表象」します（同 3）。イメージとしての「オリエント」は，思考としての「オリエンタリズム」に支えられ，強固に機能し続けました。

「オリエント」への異なるアプローチ

サイードは，「啓蒙主義時代以降のヨーロッパ文化が，政治的・社会学的・軍事的・イデオロギー的・科学的に，また想像力によって，オリエントを管理したり，むしろオリエントを生産」したと述べます（同 4）。18 世紀末以降のヨーロッパ社会は，東洋人やその文化を「あたかも（法廷で）裁かれるような存在として，あたかも（カリキュラムに沿って）学習され，図面として描かれるような存在として，あたかも（学校や監獄で）訓練を施されるような存在として，またあたかも（動物図鑑において）図解されるような存在として」描いていったのです（同 40）。

18 世紀末以降，西洋が「オリエント」に向けていくまなざしの特徴として，サイードは次の 4 点を挙げています。第 1 に，この時

★

サイード Edward Wadie Said（1935〜2003）　アメリカの思想家。パレスチナ人としてエルサレムに生まれ，カイロ，アメリカで教育を受ける。オリエンタリズム論，ポストコロニアル思想を展開。主著：『オリエンタリズム』（78），『文化と帝国主義』（93），『知識人とは何か』（98）。

代以降,「オリエント」は中近東のイスラム諸地域をはるかに超えて,東南アジア,中国,極東の日本まで拡がっていきました。しかし,「拡がりつつある地平線の中心には,必ずヨーロッパが主たる観察者として,特権的な位置にどっかりと腰を据えて」いたのです(同121)。逆にいえば,18世紀以降,世界は西洋から遠近法的にまなざされる存在として立ち現れるようになっていきました。

サイード

　第2に,オリエンタルなものに対して知的な態度をとる流れが強化されました。さらに第3に,一部の思想家は,単にオリエントを観察対象とするのではなく,「いかなる文化といえども,有機的・内的な首尾一貫性を保ち,ひとつの精神・霊・風土(クリマ)または民族理念によって統合されている」という考えから,それぞれが固有の精神をもつ諸文化に「共感」によって近づいていきました(同122)。ヘルダーを嚆矢とするこの考え方は,オリエンタリズムに多文化主義的な発想が胚胎されていたことを気づかせます。

　第4に,オリエンタリズムの基底をなしたのは,「自然と人間とを類型(タイプ)に分類してやまぬあらゆる衝動」でした(同123)。この博物学的衝動は,博覧会や博物館の起点ともなり,オリエントを実際にヨーロッパ都市で分類し,展示していったのです。

政治から文化へ,
文化から政治へ

　サイードは,オリエンタリズムが文化的想像力でありながらも,それだけではなく政治的権力関係や経済的従属関係と表裏をなすものであったことも強調しました。「18世紀末以来の東洋(オリエント)に対

2　サイードとオリエンタリズムの政治　177

する西洋の覇権の傘の下で，アカデミーにおける研究，博物館の展示，植民地省の再編，人類と宇宙に関する人類学的・生物学的・言語学的・人種的・歴史的命題の理論的解説，開発・革命・文化的パーソナリティー・民族的または宗教的特質に関する経済学的・社会学的理論の実例など」の，諸々の言説すべてのヘゲモニーを行使する複合体としてオリエンタリズムは近代西洋に立ち上がり，確立されていったのです（同8）。

　サイードはしかし，オリエンタリズムという思考様式が，単に支配的，権力的，政治的関係に条件づけられていたことを強調していたのではありません。彼は，オリエンタリズムが西洋と東洋という地理学的区分であるのみならず，「一連の『関心』，すなわち学問的発見，文献学的再構成，心理学的分析，地誌や社会誌の記述などを媒介としてつくり出され，また維持されている」一人ひとりの知識人や書き手の知的関心や実践であり，さらには「我々［＝西洋人］の世界と異なっていることが一目瞭然であるような世界を理解し，場合によっては支配し，操縦し，統合しようとさえする」欲望や意志でもあると論じています（同12）。オリエンタリズムとは，そのような欲望や意志，関心，実践の次元すべてを包摂した意味での言説であり，この言説は18世紀以降，「多種多様な権力との不均衡な交換過程のなかで生産」されてきたのです（同13）。

> **オリエンタリズムが「西洋＝自己」を生産する**

サイードのオリエンタリズム論で最も重要な知見は，オリエンタリズムは西洋が「オリエント＝他者」と想像し，発見し，記述する戦略としてあっただけでなく，同時に西洋が，そのような他者との差異を設定する言説行為を通じて「西洋」という自己自身の主体性を立ち上げていった戦略でもあったのを明らかにしたことでした。サイードは，西洋は，その「隠された自己でさえあるオリエン

178　第9場　越境としての文化

トからみずからを疎外することによって、みずからの力とアイデンティティーとを獲得した」と主張しました（同4）。言説としてのオリエンタリズムは、「彼ら」を生産し、その「彼ら」から区別されるものとして「我ら」をも同時に生産したのです。

　このような他者の想像を通じた自己の構築は、オリエントについて叙述していた書き手が「題材として取りあげたオリエント的素材に対して彼自身がテクストのなかでいかなる位置を占めているかを記述する」ことを通じて明らかになります（同20）。私たちの前にあるのは膨大なオリエントについての資料群なのですが、それらのテクストの著者が、他者としてのオリエントをどのような位置から語ってきたのかを検証しなければなりません。重要なのは、彼らが何を語ったかではなく、彼らがどのような位置から、どのような語彙や修辞を使って語り、そうして生まれた多数のテクストは、相互にどう言及しあっていたかということなのです。

　サイードのこの観点は、近代西洋におけるオリエンタリズムのみならず、19世紀以降の世界に拡がっていった多くの植民地主義の言説に転用可能でした。実際、近代の西洋が、「東洋」を自分たちとは正反対の、後進的でエキゾチックな「他者」と見なし、逆に自分たちの先進的で文明化された「自己」の主体性をつくりあげていったのと同様の論法で、多くの植民地主義や人種差別主義は、自らの植民地支配を正当化し、優越者の立場を築いてきました。

　たとえば、明治以降の日本人は、欧米に対しては自分たちがまだ後進的でエキゾチック（オリエント）な存在であることを強調したのですが（ジャポニスム）、周囲のアジア諸国に対しては、彼らを「遅れたオリエント」と見なし、自分はアジアとは異なる先進的で文明化された「西洋的」な主体であると考えて、アジアのなかの「西洋＝自己」としてふるまうことで、朝鮮半島や台湾、南洋諸島

を植民地化するのを正当化してきました。つまり，サイードが論じたオリエンタリズムのどちらの側面をも，近代日本のアジア言説のなかに無数に見出すことができるのです。

3 グローバル化と多元的なフロー

重層的なローカル／グローバル

グローバルな文化支配をめぐっては，20世紀におけるアメリカの軍事的-経済的支配を文化帝国主義として批判する議論や，18世紀末からの西洋の植民地主義と絡まり合いながら展開されてきたオリエンタリズムの言説を批判的に分析する議論が蓄積されてきました。文化帝国主義論はマルクス主義的な文化産業批判を背景とし，オリエンタリズム論はフーコーのポスト構造主義的歴史分析を背景としています。しかし20世紀末以降，西洋による一方的な植民地化とも，単なるアメリカ化とも異なる仕方で展開しているグローバル化のなかで，私たちは文化とヘゲモニー，政治や経済との関係をどのように捉えていくことができるのでしょうか。この点で，たとえばアルジュン・アパデュライの離接的（disjunctive）なフローに注目する議論は，手がかりを与えてくれます。

アパデュライは，文化帝国主義論のようなグローバルな同質化を強調する議論が，各々のローカルな文脈が外来の力を土着化していく作用を見逃しているだけでなく，たとえばイリアン・ジャヤの

★────────────────────────────

アパデュライ Arjun Appadurai（1949～　）　文化人類学者。ムンバイのエルフィンストン大学で学び，渡米。シカゴ大学大学院で博士号取得。09年からニューヨーク大学教授。90年代以降のグローバル化の議論に大きな影響を与える。主著：『さまよえる近代』（96）など。

180　第9場　越境としての文化

人々にとってはアメリカ化よりもインドネシア化が，アルメニアの人々にとってはロシア化が心配の種であるというように，ローカルな文化を従属させる力が何重にも重合している点を正確に捉えていないと批判します。実際，たとえばイランで原理主義が，アメリカ帝国主義に抗して国内で強力なイスラム教的同化政策を進めていくとき，ここで進行しているのは異質化なのでしょうか，画一化なのでしょうか。現代のグローバル化は，旧来の中心 – 周縁図式や生産 – 消費図式では到底捉えきれないような，さまざまな文化が互いに離接的に重なり合う複雑な場を生んでいるのです。

> グローバルなフローが
> 生む重層的地景

アパデュライによれば，このようにして分裂的，離接的な傾向を強める現代文化のグローバルな編制において，機軸的な役割を果たすのが想像力です。この想像力の作用を理解するには，ベンヤミンが論じた複製されたイメージや，ベネディクト・アンダーソンのいう想像された共同体の議論を結びつけ，想像力を社会的実践の様態として捉えていく必要があります。この意味での想像力は，単なる幻想ではないし，エリートの占有物でも，頭のなかだけで思案されるものでもなく，あくまでメディアや人々の動きと交渉のなかで社会的に実践される環境世界の構築なのです。

アパデュライのグローバル・スケープ論は，グローバル化のなかでのこうした想像力の布置を，エスノスケープ，メディアスケープ，テクノスケープ，ファイナンススケープ，イデオスケープという5つのグローバルなフローに基づく実践として把握します。アパデュライがここで「スケープ」という接尾辞を付すのは，それがどんな視角からも同じように見える客観的な関係ではなく，それぞれ歴史的，言語的，政治的に状況づけられた多国籍企業や国民国家からディアスポラ集団や家族，個人までの諸レベルの主体の位置に応じて

3　グローバル化と多元的なフロー　181

異なる仕方で屈折して構成されるものであることを強調するためです。彼は，アンダーソンの「想像された共同体」としての国民という概念を念頭に，「想像された世界（imagined world）」を，これらの次元が矛盾と分裂，ねじれを含みながら地球上に分布するさまざまな集団の想像力によって生きられていく過程として考えます。

脱領土化していく世界　たとえばエスノスケープとは，旅行者や移民，難民，亡命者，外国人労働者など，共同体の境界を越えて移動していく人々や集団の流れと彼らによって構成される地景のことです。アパデュライは，社会全域が流動化し，安定的なコミュニティや親族組織，世襲のシステムなどがすべて消えていくと考えているわけではなく，これらの安定的な要素が至るところで移動性と織り合わせられていくと考えます。次に，メディアスケープとは，新聞や雑誌からテレビ，コンピュータまでを含むメディアの布置とそれを通じて構成される地景のことです。これらのイメージは，それがたとえば報道か娯楽か，電子媒体か印刷媒体か，どのようなオーディエンスに見られているのかなどによって何重にも複雑に屈折しています。第3に，イデオスケープとは，政治的なイデオロギーや社会運動に関わる概念やイメージの連鎖です。自由，主権，福祉，民主主義のような基本的概念や語りや運動の広がりが，この地景の中核的な部分をなしています。さらにテクノスケープとは，技術＝機械のグローバルな布置によって構成される地景のことを指しています。アパデュライはここで，今日，人口や資本とともに技術＝機械（たとえば電子端末）もグローバルな移動性を増大させており，国境を越えて流動的にその布置を変化させていることに注意を促します。最後にファイナンススケープとは，急速にグローバルな流動性を高めてきた資本＝貨幣の布置によって構成される地景のことです。要するに私たちは，人種や情報，観念，技術，

資本が重層的に流動する世界を生きているのです。

アパデュライが強調したのは，これらの地景の関係が，決して体系的なものでも，緩やかに統合されたものですらなく，さまざまな次元で矛盾と分裂を孕み，またそれを増大させる離接的なものである点です。たとえば一見，相互に因果的な関係がありそうに見える資本と技術，人の移動の間にも無数の亀裂が走り，それぞれの地景がそれ固有の制約や誘因に従っているために根深く離接的で予測不能です。もちろん，これらの地景の間には過去にもさまざまな矛盾やずれが存在しました。しかし今日，人，イメージ，思想，技術，資本のすべてが，各々の仕方で高速かつ大量に地球上を移動しており，地景相互の分裂や乖離自体を中心化させています。こうして彼は，脱領土化（deterritorialization）を，今日のグローバル化の中心的傾向として指摘しました。

文化帝国主義論の再評価？

1990 年代以降，グローバル化の重層的で乖離的なフローに照準したアパデュライの非決定論的なアプローチは，グローバル化を扱う議論に影響を与えてきました。彼は，今日のグローバル化が，旧来の中心 – 周縁モデルや支配 – 従属モデルではとうてい捉えきれない諸次元のトランスナショナルなフローが離接的に結びつく複雑なフォーメーションを形づくっていると主張したのです。

彼の議論は，人口のトランスナショナルな移動とメディアに媒介されたイメージや観念の越境が結びつくことで，近代的な主体性の生産が不安定にされていく状況を捉えます。移動するイメージと脱領土化したオーディエンスの邂逅により，不規則性を孕んだグローバルな文化秩序が重層的かつ乖離的に形成されていることを明らかにしたのです。今日では，多国籍企業や金融市場ばかりでなく，宗教運動や闘争的な民族組織，資金と装備を備えた国際的なテロリス

3　グローバル化と多元的なフロー　183

ト組織，NGOによる国境なきボランティア活動，自然保護運動の
グローバルな生の政治，展覧会や国際イベントとブルジョア的嗜好，
市場での価値が戦略的に結びつくファッションやアートまで，多様
なエージェントが非同型的にネットワークを築いています。これら
の多様で流動的，系統だった組織を離れたアドホックなネットワー
クの分析にアパデュライの議論はよく適合しています。

　しかし，アパデュライの議論は，旧来のグローバル化をめぐる議
論がしばしば陥ってきた「西洋／東洋」「北／南」「帝国／植民地」
「グローバル／ローカル」を二項対立的に捉えてしまうことを免れ
つつも，しかしグローバル化と文化をめぐって最も問われるべき権
力の問題から目を逸らさせてしまうリスクを内包してはいないでし
ょうか。たとえば，シラーらの文化帝国主義論が暗黙の前提として
いた送り手中心の発想を，その後の多くの議論が批判してきたこと
はすでに説明しました。しかし，ここで改めて確認すべきなのは，
文化帝国主義論が問題にしたグローバルな文化的支配は，決してそ
の問いとしての重要性を失ったわけではないことです。

　1990年代初頭，『文化と帝国主義』のなかでサイードは，シラー
らの問題提起の意義をなお評価しています。サイードによれば，今
日，ほんの一握りの多国籍企業によって牛耳られているマス・メ
ディアの巨大なシステムが，国境をかいくぐり，世界中の至るところ
に出没し，ローカルな日常を呑み込んでいます。もともと軍事的・
経済的権力と文化的影響力との結合は，古典的な帝国主義にも見ら
れましたが，アメリカのヘゲモニーに特徴的なのは，「文化領域に
おける権威の量子的飛躍」でした（サイード 2001: 169）。これには
情報の普及と統御のための技術装置が劇的な成長を遂げたことが作
用しています。今日，アメリカに本拠を置く多国籍資本が経営する
巨大メディアは，「気の遠くなるほど広範囲な領域で，しばしばわ

たしたちの意識下のレヴェルにおいて，洗脳めいたものをおこなう」のです（同 170）。文化帝国主義の概念は，いまや地球規模の地平で新たな価値を帯びてもいます。今日のメディア産業は，「完璧に統合化のすすんだ現実のネットワークであるばかりか，世界をひとつにむすびあわせるきわめて効果的な〈接　合　様　式 モード・オヴ・アーティキュレイション〉」となっているのです（同 200）。

　以上，今回はシラーらの文化帝国主義論，サイードのオリエンタリズム論，アパデュライのグローバル・スケープ論を中心にお話を進めてきました。文化帝国主義論は 1960 年代から 70 年代にかけて，オリエンタリズム論は 80 年代から 90 年代にかけて，グローバル・スケープ論は 2000 年代以降，最も関心を集めた議論です。しかし，これは決して単純に新しい理論によって古い理論が乗り越えられていったという話ではありません。今日のトランスナショナルに越境する文化とグローバル資本主義の関係を考えるのに，文化帝国主義論はなお示唆に富みますし，越境的な文化的嗜好性をめぐる議論で，オリエンタリズム論の観点は現在でも有効です。アパデュライの議論はグローバルなフローの相対的自律性を強調しますが，しかし他方でグローバルな帝国的システムも，オリエンタリズム的なまなざしも，いまも作動し続けているのです。

---Key word

アメリカ文化　　文化帝国主義論　　オリエント　　オリエンタリズム　　グローバル化　　グローバル・スケープ論　　エスノスケープ　　メディアスケープ　　テクノスケープ　　ファイナンススケープ　　イデオスケープ　　脱領土化

予習図書

①　アリエル・ドルフマン／アルマン・マトゥラール『ドナルド・ダックを読む』山崎カヲル訳，晶文社，1984 年

②　ジョン・トムリンソン『文化帝国主義』片岡信訳，青土社，1997 年

③　エドワード・サイード『オリエンタリズム（上・下)』今沢紀子訳，平凡社ライブラリー，1993 年

④　アルジュン・アパデュライ『さまよえる近代——グローバル化の文化研究』門田健一訳，平凡社，2004 年

復習課題

①　ドルフマンとマトゥラールの分析を参考に，ディズニーのアニメーションに含まれる文化帝国主義的要素について考察しましょう。

②　日本の現代文化には，オリエンタリズムの視線に日本の側から適応して自己を表現した例があります。そうした事例を１つ取り上げ，サイードの分析を参考に考察してみましょう。

③　アパデュライが示した５つの「スケープ」は，日本のグローバリゼーションにおいてどう結びついているのでしょうか。５つの「スケープ」から２つを選び，現代日本の具体的な現象を事例に２つの結びつきを具体的に分析しましょう。

第 10 場	ジェンダーの文化政治

ジェンダー研究と現代文化

➡現代文化には，階級とジェンダー，人種の３つの〈差別／境界〉の力が働いていますが，日本の現代文化を考えるにはジェンダーの次元が最も重要です。アメリカとは異なり，民族的多様性が相対的に弱い日本では，人種の境界線は見えにくく，階級の境界線もあいまいです。しかしジェンダーの境界線となると，今日でも比較的はっきりしており，それが文化を構造化する権力の力線として機能しています。ですから，現代日本の文化を分析していくには，これまでのジェンダー研究の基本を身につける必要があります。そうした認識から，フェミニズムの２段階や家父長制の概念，バトラーのジェンダー・ポリティクスを概観します。そのうえで，現代文化の分析にジェンダーの視点がいかに有効か，メディアのなかの女性イメージや消費空間における女性の役割について考察します。

1 ジェンダーが問い返す現代文化

フェミニズムとジェンダーの 20 世紀

近代社会と現代社会を認識論的に分かつ重要な社会学的メルクマールは，性別と人種の社会的な構築性についての認識の深まり，そしてそれらの差別の政治に対する改革の努力です。いうまでもなく，1789 年のフランス革命は，近代市民社会が政治的な権力を奪取した決定的な瞬間でしたが，そこで高らかに謳われた「人権宣言」に性別や人種といった視点はありませんでした。19 世紀半ば

までに労働運動が盛り上がり，マルクスらによる「共産党宣言」も1848年に出されていますから，「階級」が近代資本主義のなかでいかに構築されているかについての批判的な認識は，19世紀半ばまでにはっきり浮上するようになっていました。

しかし，性別や人種の社会的な構築性について同様の認識が広く浮上してくるのはかなり後です。確かに男女平等の思想は，フランス革命の直後，メアリ・ウルストンクラフトが『女性の権利の擁護』（1792）を書いたときにまで遡れますが，実際に女性の権利の擁護が大きな社会運動となっていくのは，それから1世紀近く後，19世紀後半のことです。そうした動きはまず，母親の養育権の保護や女性の財産保護などの法制化として現れましたが，世紀末までにはよりはっきりと女性参政権運動に発展していきます。しかし，それらの運動が結実し，実際に女性参政権が西欧やロシア，北米大陸で認められていくのは20世紀初頭のことでした。

この女性参政権運動を背景に，20世紀を通じて「第一波」のフェミニズムが勃興します。この流れでは，男性との同等の権利を女性にも与えることを要求する男女同権主義や，女性の地位向上を図る女権拡張主義が主流でした。女性を家庭に閉じ込めてしまうそれまでの男性支配に反対し，女性の参政権や教育を受ける権利はもちろんのこと，労働の権利，男性と同等の地位につく権利などを制度化する活動が世界各地で展開されていきました。

フェニミズムは20世紀を通じて各地で多くの男女差別を減らす制度改革を実現させ，20世紀後半までに女性参政権や労働に関する諸権利の保護は広く一般化しました。こうして1960年代，たとえばベティ・フリーダンの『新しい女性の創造』（1963）のような，より徹底して性による差別を問うていく動きが登場します。フリーダンは，女性の主婦役割に異議を唱え，女らしさを教える教育を批

判しました。やがてフェミニズムの照準は，女性が男性と同じ権利を獲得することから，むしろ「男性／女性」という性別そのものの自明性を問い直していく方向にシフトします。

これが，1970年代以降のいわゆる「第二波」のフェミニズムの流れです。ラディカル・フェミニズムとも呼ばれるこの潮流は，「私的なことは政治的である」と主張して，性による差別の構造が，社会制度として目に見えるレベルだけでなく，無意識のレベルから「女らしさ」あるいは「男らしさ」としての自我形成に働いていると考えました。この新しいフェミニズムの潮流は，家族関係や男女の心理関係そのもののなかに構造化されている目に見えない性差別を「家父長制」と呼んで告発し，女としての自己意識の変革をめざす方向に向かっていったのです。

ジェンダーから現代文化を眺める

この講義は，ジェンダー論が目的ではありませんから，フェミニズムの歴史をたどるのはこのくらいにしておきましょう。ここでまず重要なことは，「ジェンダー」という概念が，以上のような男性中心的な社会のなかでの18世紀末にまで遡れる女性たちの闘争を通じて徐々に発見されていったこと，つまり概念には常に歴史的な背景があり，とりわけジェンダー概念の場合，近代社会の死角ともいえた性差別の問題を，実に多くの女性運動家や知識人たちがその生涯をかけて問うていった無数の努力の結実が，この概念には込められていることをまず理解することです。そうだからこそ，この概念には現代社会はもとより近代社会総体を批判的に問い返す方法論的な可能性が内包されているのです。

それでは，「ジェンダー」とはそもそも何でしょうか。ジェンダーとは，男女の生物学的な性とは異なる次元で当該の社会において文化的，社会的，心理的に構築され，機能している性差のことです。

1　ジェンダーが問い返す現代文化　189

「男らしさ」や「女らしさ」についてのイメージはその典型ですが，他にもその社会で制度化されている性別役割から男女間の人間関係で相互に期待されるふるまいまでが含まれます。重要なことは，ジェンダーは純粋にその社会で歴史社会的に構築されてきたもので，そこに何ら固定的な所与の差異があるわけではないことです。私たちは幼少期からの長い成長の過程で，家庭や学校，近隣，親戚，メディアとのさまざまな接触を通じて特定のジェンダー観念を自明のものとして身につけていきます。

　とりわけ 1970 年代以降のフェミニズムが明らかにしていったのは，私たちが日々，当たり前と思っているジェンダー概念の人工性でした。たとえば私たちは，しばしば「彼は男らしい」とか，「彼女は女らしい」と言います。他方，「彼は女っぽい」とか，「彼女は男っぽい」と言ったりもします。しかし，前者の言い回しが示しているのは，実はこの「彼」なり「彼女」なりが，そう発言した人が属する社会のジェンダー規範に従順な役割を演じているという以上のことではありません。他方，後者が示すのは，おそらくこの「彼」や「彼女」のふるまいが，社会が期待するジェンダー規範からずれているということでしょう。つまり，どちらの場合も，発話者は特定の「男らしさ」「女らしさ」を前提に，「彼」や「彼女」を評価しているわけですが，その判断の根拠となるジェンダー観は，その社会が歴史的に生み出した構築物であり，何ら歴史に先立って存在していたものではないのです。

　このようなジェンダーの構築性は，20 世紀の人類学や社会学が多くの調査を通じて実証的に明らかにしてきたところです。マーガレット・ミードが 1930 年代，ニューギニアの諸部族についてのフィールドワークを通じて明らかにした文化による男女役割の違いについての知見は，その後の人類学はもとより，アメリカのフェミニ

ズムにも大きな影響を与えました（『3つの未開社会における性と気質』1935）。ミード以降，文化や社会によって異なるジェンダーは人類学や社会学が好んで取り上げる中心的なテーマとなり，逆にその社会に固有のジェンダー観を考察することが，そうしたジェンダーを構造化している社会全体のありようを明らかにすることにもなるとの認識が共有されていったのです。

ジェンダーは権力関係を媒介している

それぞれの社会に特有の仕方で機能しているジェンダーは，単に文化の反映なのではなく，むしろそれ自体，権力関係を媒介しています。別の言い方をするならば，ジェンダーは直接的には文化的事象として，つまりそれぞれの社会に固有の「男らしさ」や「女らしさ」の観念として認識されますが，実はそのようなジェンダー構造が作動している根底では，男女間の既存の権力関係の維持や再生産の戦略，つまり政治が作動しているのです。

　こうしたことは，とりわけ現代の日本社会でも無数に観察できます。最近では，男女雇用機会均等法などにより，制度面での男女差別は相対的に減ってきているようです。しかし，たとえば職場での仕事の慣習や対人関係，仕事外のつきあいなどでは，まだかなり男性中心社会で自明と思われていたジェンダー観が生きており，そうした非制度的な面でのジェンダー不均衡が仕事に影響を与えていくことも少なくありません。さらに，学生サークルやボランティア団体などでもジェンダーの差別的な構造が自発的に再生産されている場合がありますから，ジェンダー問題は単に制度的環境を改善した

★

ミード　Margaret Mead（1901〜78）　アメリカの文化人類学者。ボアズのもとで人類学を学んだ。南太平洋地域を中心に野外調査を続け，育児様式や子どもの社会化過程に注目し，男女の気質や性格を比較研究した。主著：『サモアの思春期』（28），『男性と女性』上下（49）など。

1　ジェンダーが問い返す現代文化

だけでは解消されない文化的，心理的次元を含むのです。

　第二波のフェミニズムが「家父長制」と呼んだのは，まさにこうした文化的，心理的な次元も含めジェンダー差別を再生産していく構造のことでした。フェミニズムによる批判は，現代文化に広く浸透してきた家父長制的構造を，文化社会学や文化史，メディア論などの研究領域において明らかにしました。たとえば女性像や男女関係についての支配的なイメージは，文学や絵画，広告，それにマンガやテレビ番組に広く行き渡るものです。そこに内包される家父長制的なまなざしは，しばしば男性によってばかりでなく，多くの女性によっても自明なものとして受容されてきました。

　こうした家父長制批判は，目に見える差別以上に，なかなか自覚されにくい文化実践のなかのジェンダー差別に焦点を当て，それが必ずしも当たり前ではないこと，歴史や社会の権力関係を通じて構築されてきたことを明らかにしてきました。とりわけこの視点は，美術や映画，広告などの視覚文化の分析で大きな成果をもたらしました。表現の細部や作者のまなざしに，それまで気がつかれていなかった男性中心的な前提や，あるいは逆にそうした前提への抵抗があったことを明らかにしたのです。また，小説やテレビドラマもジェンダー論の得意な分析分野となりました。近現代の文化作品の大半が，男性作家によって制作されてきたことに伴うミクロな権力関係の再生産が問い直されたのです。

> 権力が，ジェンダー化された自我を生産する

以上のようなジェンダー論の成果をさらに深化させ，この視座の理論的な到達点を示したのはジュディス・バトラーです。その代表作『ジェンダー・トラブル』（1990）でバトラーは，「『女』という一般に共有できる概念があるという考え方」そのものに対して問いを投げかけました（同 23）。バトラーによれば，まず社会以前

の生物学的な性（セックス）としての「男」と「女」があって，それが社会的，文化的な媒介を経てそれぞれのジェンダーが形づくられるのではありません。むしろ逆に，「ジェンダーは，それによってセックスそのものが確立されていく生産装置」です（同29）。

すなわち，「ジェンダーは，言説／文化の手段でもあり，その手段をつうじて，『性別化された自然』や『自然なセックス』が，文化のまえに存在する『前‐言説的なもの』──つまり，文化がそのうえで作動する政治的に中立的な表面──として生産され，確立され」ます（同29）。言説装置としてのジェンダーが作動する以前に，性別としての「男」や「女」は存在しないのです。

このバトラーの問題提起は，それまでのフェミニズムの運動がよりどころとし，その立場を強化しようとしてきた「女」という主体自体の存立に疑問を投げかけました。女は，男との関係において差別される以前に，そもそもそうした「女」と「男」というジェンダー化された主体そのものが，権力の効果として生産されてきたというのです。ですからここでは，二重の権力，つまりそのような「男／女」という主体が社会的に存立していることを前提に発動している男性優位の権力と，そもそもそのような主体の区別を成り立たせていくより根底的な権力が存在するわけです。

バトラーがここで依拠したのは，ミシェル・フーコーの権力論です。フーコーはその諸著作において，まず何らかの主体があって権力を行使するのではなく，権力関係がそのような主体をそもそも生産していることを示しました。このような権力理解の延長線上で，

★────────────────────

バトラー　Judith P. Butler（1956～　）　アメリカの哲学者，ジェンダー理論家。フーコーによる権力論の視点を推し進め，性差は文化的に構築されるもので，生物学的に規定されないとし，従来のフェミニズム研究に再考を迫った。主著：『ジェンダー・トラブル』（90）。

1　ジェンダーが問い返す現代文化

フーコー

「フェミニズムの主体 [としての「女」] は，解放を促すはずの，まさにその政治システムによって，言説の面から構築されている」という認識が出てくるのです（同 20，[ ] は引用者注）。

ですからフェミニズムは，私たちの社会に広く浸透している男女差別を糾弾し，その制度的改善と女性の権利の擁護を求めるだけでは十分ではありませんし，文化や心理，社会関係のなかで作動している目に見えないジェンダー差別を明るみに出し，私たちが当たり前と思っている認識パラダイムを相対化することにとどまるべきでもありません。バトラーに従うなら，私たちはより根底的に，「フェミニズムの主体である『女』というカテゴリーが，解放を模索するまさにその権力構造によってどのように生産され，また制約されているかを理解しなければならない」のです（同 21）。

バトラーが提起したことは，LGBT（性的マイノリティ）をめぐる近年の運動や生物学，とりわけ遺伝子分析の精緻化による多様な性の発見と呼応しています。私たちが長らく，この世には「男」と「女」という 2 種類の性だけがあると思ってきたことは思い違いです。「男／女」の二元論は，男女間の異性愛が正常で，それ以外の性的関係は異常であるという異性愛至上主義につながります。しかし，実際には自己認識と生物学的性が一致しない多くの例やさらに

★

フーコー Michel Foucault（1926～84）　フランスの哲学者。高等師範学校で哲学を修め，欧州各地で研究。従来の思想史研究とは異質な構造分析の立場を唱えた。主著：『狂気の歴史』(61)，『言葉と物』(66)，『監獄の誕生』(75)，『性の歴史』3 巻（76～84）など。

性的指向性が異なる複雑なパターンがあり，人間の性別を「男」と「女」に二分するのはそもそも近似だったともいえます。

2 メディアのなかのジェンダー表象

家電広告のなかの女性イメージ

しかし，それでも私たちは，実際には特定の「女」や「男」のイメージを自明なものとする社会を生きています。そして，そのような「男」や「女」のイメージは，それぞれの歴史社会的な文脈において固有に構造化された結果です。バトラーも，「異なった歴史的文脈を貫いてジェンダーがつねに一貫して矛盾なく構築されているわけではない」こと，ジェンダーはそれぞれの社会のなかで「人種，階級，民族，性，地域にまつわる言説によって構築されているアイデンティティの様態と，複雑に絡み合っている」ことを強調していました（同22）。この歴史社会的な文脈性を明らかにするには，具体的な対象において「女」や「男」がどう構築されてきたのかを個々に検討する必要があります。今回の講義では，そうした分析をとりあえずメディアのなかの女性表象とデパートにおける女性という2面から考えてみることにしましょう。

　まず，メディアのなかのジェンダー表象を考える一例として，現代日本の広告のなかの家電製品と女性イメージの関係について考えてみたいと思います。戦前の日本で，家電製品の広告を代表していたのはラジオです。1930年代前半のラジオ広告では，多くがモダンガールを思わせる若い女性に焦点を当て，この時代を風靡していた都会的なモダニズムの象徴としてラジオを描いています。つまり，ここではラジオは何よりも近代的な都会性と結びつけられ，その象

1930年代のラジオ広告

徴として女性像が描かれているのです。

1930年代後半になると、広告の技法は絵画的なスタイルから写真的なスタイルに転換します。しかし、表現の主役はやはりモダンガールです。広告に登場するモダンガールたちは、イメージのなかで、販売される商品との間に象徴的な親和関係を結んでいます。つまり、ここでは「女性のモダニティ＝商品のモダニティ」という記号的な等価性が成立しているのです。

この時点ではまだ、家電広告に女性が登場しても、彼女たちは家庭電化の使用者ではなく、あくまで商品のモダニティを隠喩的に表象する記号です。この傾向は戦後も続き、1950年代初頭でも、広告の女性モデルは、新しい主婦像というよりも「スタイルリーダー」としての「女性＝商品」を演じていました。

家電の購入者としての主婦＝奥さま

こうした家電広告の女性像は、1950年代半ばからはっきり変化します。商品の隠喩としての女性ではなく、むしろ商品の購買者であり使用者でもある消費する主体としての「女性＝主婦」のイメージがせり出してくるのです。たとえば1957年の松下電器の広告では、女性の笑顔が、冷蔵庫、洗濯機、ミキサー、テレビなどの家電製品にぐるりと取り囲まれています。「一品ずつ揃えて…奥さまの笑顔！」というこの広告のコピーが示すのは、紛れもなく「主

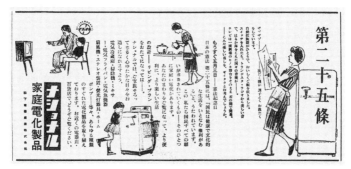

1959年の家電広告

婦＝奥さま」を中心とし，家電製品に囲まれて送る新しい電化された家庭生活の理想像にほかなりません。

　ここで重要なのは，こうした主婦像が単なる電化された生活の享受者というよりも，電化生活を推進し，経営していく能動的主体として描かれたことです。つまりそこには，「家庭電化＝民主化」というメッセージが重ねられていたのです。この点は，たとえば1959年の松下の広告にはっきり表明されています。この広告はまず，「日本の憲法，第25条には，『国民は健康で文化的な生活を営む権利がある』と，うたわれています。この私たち国民すべての願いが満たされていくもの——そのひとつに家庭の電化があります」と，「民主化」のテーゼに家庭電化の必要性を結びつけていました。つまり，家庭電化を通じてこそ戦後日本が標榜している「民主化」も達成可能になるというわけです。

　ところが実は，この広告文は，日本国憲法第25条の原文をある重要なポイントですり替えています。もともとの原文が謳っていたのは，「国民は健康で文化的な最低限度の生活を営む権利がある」ことでした。つまり，もともとの条文は「最低限度の」生活を営む基本的人権を保障していたものです。しかし，広告は「最低限度

の」という修飾句を省略することによって，この条文を，電化され
たアメリカンな文化生活を促す語りに変換させ，その中心に「奥さ
ま」としての女性を置いたのです。

　こうした変化を観察していくと，1950 年代末を境として，家電
製品のイメージが，「生活合理化の手段」から「奥さまのよきパー
トナー」へと微妙に変化していることに気づきます。50 年代半ば
までの広告では，主婦らしき女性像は登場しても，「お買物をして
いる間にお洗濯ができる」ことや「合理的なお洗濯を新しい生活の
プランに！」と訴える広告のように，「御家庭もオートメーション
時代」であることを謳い，家庭電化を「主婦」役割そのものを不要
にしていく「合理化＝自動化」として描いています。

　ところがその後，洗濯機は「奥さまの最良の助手」であり，冷蔵
庫は「奥さまの身になってあらゆる点に気を」配るというように，
「奥さま」の中心性がせり出していきます。そして，このような
「奥さま＝主体」の姿は，新聞や大衆雑誌，テレビを通じ，家電製
品のイメージとともに全国津々浦々まで広く共有されるものとなっ
ていったのです。天野正子は，戦後日本のモノと女性の関係を捉え
た分析のなかで，「洗濯機を突破口とする電化製品の普及は，『主
婦』像の画一化を，いいかえれば人々のライフスタイルの画一化を
おしすすめた」と指摘しています（天野・桜井 2003: 187）。

> **あいまい化するジェン
> ダーと社会的役割**

商品の新しさの隠喩としてのモダンガール
から消費＝購買の主体としての奥さまへの
広告のなかの女性像の転換は，そのような

女性像をまなざす者が，男性的な欲望の主体から変化し，むしろ女
性が消費＝購買の決定権を握るようになったことを示してもいます。
かつてモダンガールが広告の主役であったとき，その広告をまなざ
す側に想定されていたのは，女性消費者という以上に男性的な欲望

の主体でした。しかし，高度成長期の広告で広がる「奥さま」のイメージは，階層的には購買力をまだ獲得していない層も含め，家庭の主婦たちに向けて構築されていました。

しかし，やがて主婦という社会的役割が薄らいでいくのに応じ，広告のなかでも「奥さま」の像は明瞭でなくなっていきます。その兆候は，すでに1970年代の広告のなかの女性像に表れていました。たとえば，70年代の広告を代表するシリーズとなった国鉄（JRの前身）の「ディスカバー・ジャパン」では，見知らぬ風景のなかで若い女性が一人で佇むイメージが繰り返し登場します。そこで表現されていたのは，日本各地の見失われた風景と出会う「私」のドラマでした。「旅は，もうひとりのあなたを映す鏡」「海に見つめよう，私を」といった広告コピーは，ここで発見されるのが「私＝自己」の内面であることを示していました。

ところがさらに80年代になると，そのような「私」のイメージから内面性を示唆するような要素が失われていきます。この変化を最も明瞭に示したのは，国鉄が民営化の直前，1984年に打ち出した「エキゾチック・ジャパン」のキャンペーンでした。このキャンペーンは，日本人を相手になされたものであるにもかかわらず，日本を「エキゾチック」なものとして描きました。通常の自他を区分する境界線からするならば，「エキゾチック」なものは「自己」ではなく「他者」に属します。したがって，「ジャパン」が「エキゾチック」なのだとするならば，それはすでに「日本」が日本人自身にとって他者化されてしまっていること，つまり自己の内面が失われていることを意味していたのです。

こうした自他の関係変化は，家電広告の主役の姿も変化させていきます。モダンガールであれ「奥さま」であれ，1970年代までの家電広告の主役は一貫して女性でした。男性が家電広告に登場する

2　メディアのなかのジェンダー表象　**199**

こともありましたが，どちらかというと脇役で，広告は長く女性イメージと不可分な結びつきを維持してきました。ところが80年代以降，女性は必ずしも広告の唯一の主役ではなくなっていきます。80年代の日本の広告は，商品が置かれる場所が，家庭の居間でも日本の田舎でもなく，熱帯のジャングルや異国の海辺，砂漠といった風景になり，登場人物はブッシュマンやターザンから動物，宇宙人にまでなっていったのです。たとえば，すでに1977年の携帯テレビの広告では，テレビを携えながら熱帯のジャングルを小舟で行く主人公とガイド役の先住民を前面に出していますし，80年代初頭，ブッシュマンの主人公に「ウォークマン」を持たせて「僕，ウォークマンになっちゃった。」と語らせる広告があります。

3 ショッピングのなかのジェンダー関係

女性の職業の現代的拡大

　ジェンダーをめぐるメディア表象の分析は，以上のような広告を焦点に当てたものだけでなく，テレビドラマや映画，小説，マンガなどのさまざまな分野で可能でしょう。その場合，メディアに登場する女性たちが担う文化的イメージや社会的役割だけでなく，彼女たちがたどる運命や，ドラマのなかで女性たちに向けられるまなざし，さらにそのような女性像を消費していく社会のありようが問われなければなりません。要するに，女性表象とそれを成り立たせていく文脈が，何重にも考察の対象となるのです。

　このことは，逆に次のように考えることもできます。つまりジェンダーの社会文化的構築という問題は，メディアのなかの表象を通じても考えられますが，実際に女性たちが社会的，文化的役割を担

200　第10場　ジェンダーの文化政治

って活動してきた職場や都市空間，地域や家庭の側からも考えていくことができるはずです。これらの社会空間で，女性たちはどう自己を演じてきたのか，そのような自己の演技に他者たちがいかなるまなざしを向けてきたのかを考えるのです。その場合，テクストのなかの表象からその文脈を考えていく作業ではなく，社会空間のなかで営まれる文脈的な関係性から諸々の語りやテクストの生成を捉えていくということになります。

村上信彦は，近代日本の職業婦人の姿を論じた『大正期の職業婦人』(1983) で，明治末に女の職業が急拡大したことを強調しています。たとえば，女性電話交換手は明治 34 年に男の交換手が廃止されてから激増し，明治末には 3000 人を超えます。日本銀行の女子従業員も同 43 年には 314 人を数え，鉄道省も，同 43 年までに 2440 人の女性が働く職場となりました。

この動きは大正に入るとさらに拡がり，「職業婦人」が女の新しい生き方として意識され始めます。つまり，社会的にはきわめて限られた現象にすぎなかった明治までとは異なり，大正の職業婦人は，発展する産業にとって欠かすことのできないものとなっていったのです。関東大震災の後，にわかに発展した東京・丸ノ内の丸ビルに勤める社員 4500 人のうち，女子事務員は 700 人に達し，周辺ビルも加えると 1000 人を超えていました。

こうした大正の職業婦人には，小学校教師，事務員，電話交換手，バスや電車の車掌，デパート店員，タイピスト，美容師などからアナウンサー，モデル，保険勧誘員までが含まれますが，興味深いのはバスの女性車掌です。日本で初めて女性のバス車掌を採用したのは，大正 8 年から東京市内で運行を開始していた東京市街自動車株式会社です。「青バス」と呼ばれた同社路線では，当初は運転士が車掌を兼ねていましたが，まもなく女性車掌を採用し，これが大い

大正・大阪のバス車掌 (1923年)

に話題となります。やがて震災後、東京市の市バスでも女性車掌が採用されるようになり、大正13年12月の選考に合格した新人177人のうち109人までは18～19歳の若い女性でした。東京市は三越意匠部に依頼して紺サージのワンピースに真紅の襟の制服を製作し、黒のワンピースに白襟だった青バスの女性車掌に対抗させました。村上によれば、「当時、職業婦人で洋服を着たものは看護婦以外になく、しかもバス車掌は今日のスチュワーデス以上に新鮮な魅力だった」と指摘しています（同162）。

　女性たちは確かに低賃金労働力として産業に組み込まれていたのですが、それだけではありませんでした。村上は、女性車掌の採用は、経営者たちの戦略にとって、女性車掌たちが提供するある種のサービスが重要だったからだと述べます。

「明治以降、徐々に発達した女の職業にたいして、世間は永い間、不信と反感を抱きつづけてきた。それは女が家の外に出て働くことを堕落と見る感情と結びつき、職業につくことが女らしからぬ貞淑に反する行為と映ったからであった。大正になってその傾向がようやく変り、……職業婦人を見る目の変化をもたらした。それはまず第一に、働く女性のいきいきした新しい魅力の発見である。戸外で働くのを『女らしくない』とみる感情の裏返しから、家の中で蟄居している従来の古風な女の姿とはまったくべつの清

新な刺激を受けるようになった。つまり，それが新しい時代の『女らしさ』『性的魅力』であった。……大正期の職業婦人は一面で新しい魅力を持ちながら，自立した一個の人間として認められるよりもまず女としてとらえられ，その女は自分たちの手の届きやすい範囲で新時代にふさわしいサービスを提供するように求められる」（同 166-67）

このようにして，映画館には暗い館内で客席まで観客を導く案内嬢が登場しましたが，彼女たちは必ず客の手を引きました。興行主は，「若い娘に手を握られるという得難い感触がいかに客をよろこばせるか」を知っていたのです（同 167）。あるいは，自動車の普及とともに街角にガソリン・スタンドが現れるようになったとき，女性の売り子が立って話題を呼んだのも同じ理由からでした。バスの車掌も，「狭い車体のなかで，絶えず男の乗客と身近に接し，切符を切り，言葉を交」します（同 168）。「今日から見れば問題にもならぬようなこうした視覚や聴覚や接触のよろこびは，たしかに当時の乗客の心をみたした」のです（同 168）。当時，まだバスに乗ることが電車よりも高級に感じられたので，乗客の間には「特定の車掌にたいするファンなどもできて，一種華やかな空気があった」とされます（同 183）。

「ショップ・ガール」としてのデパート店員

デパートの女性店員も，こうしたなかで登場した女性の新しい職業の１つでした。しかし当初，百貨店は主要な販売力として女性店員を採用していたわけではありませんでした。確かに三越は，すでに明治 34 年に 3 名の女性店員を採用し，同 37 年にその数は 30 名に達します。明治 43（1910）年に出版された松崎天民の『東京の女』では，三越は「凡ての遣り方がハイカラ」で，女店員も他

の百貨店に先がけて採用し，総勢56名に達したと書かれています。しかし，彼女たちの仕事は，販売でも「事務では電話係，仕立物の検査，買上品の渡し係，地方販売の文書発着など，女には適当な仕事です。販売では婦人に近い化粧品，袋物，小間物，半襟，帯，洋傘，下駄，木綿物，小切類，進物品などの各部に，女店員を見掛けます。接待は階上階下の休憩室，食堂，貴賓室などで，お客様に茶菓を進めるだけの仕事ですから，重（おも）に十三四の幼い女を使って居ます」といった具合で，まったく周縁的でした（同115-16）。

　こうした様相が大きく変化するのは震災後です。三越で，女性店員が制服を着用し始めるのは大正10年からで，昭和6年には女性店員のなかに主任が誕生し，同10年には女性店員のための休憩室が店内に設けられていきます。これらの動きは，いずれも百貨店内の女性店員の大幅な増大を受けての対応でした。震災後から昭和初期にかけて，世の中は長期的な不景気で，百貨店相互の競争も激化していました。そうしたなかで，少しでも安くて効果的な労働力を求めようとする経営者たちは，低賃金で有能な労働力の獲得が可能な女性店員の採用を進めたのです。

　百貨店で採用が拡大する女性店員は，都市風俗として話題になっていました。たとえば，大正14（1925）年4月の『改造』に掲載された北澤秀一の論考があります。北澤はまず，家庭から社会に出て働く若い女性のなかで，近頃最も眼につくのは百貨店などの大商店で働いているショップ・ガールたちだといいます。彼女たちの台頭は，震災を契機に急速に拡がりました。確かに三越や白木屋は震災以前から若い娘を店員に採用していましたが，「東京では一昨年の大震災を機会として，外へ出て働く若い女性が著しく増加し，ショップ・ガールの数が俄かに増へた」のです（北澤1925: 174）。

　北澤は，このような大店舗で働く女性たちを，単に「女店員」と

か「売子」とか呼ぶのはふさわしくないと述べます。確かに震災前まで，彼女たちは珍しいだけで，まとまった集団的特徴をもちませんでした。ところが今日，彼女たちは独特の近代性を帯び始めています。北澤が彼女たちを「ショップ・ガール」と呼ぶのも，「女店員だの売子だのと平凡な名詞で呼ぶよりは，外国語でハイカラに呼ぶ方が，彼等の持っている近代的な気が，もっとはっきり出て来るから」です（同173）。「ショップ・ガールは，兎に角日本では極めて新らしい出現であり，一種の特色を持つた階級である。彼等の携っている仕事それ自身は，必ずしも新らしいものではない。然し最近その数が増加すると共に，だんだん彼等の容姿が美しくなり，全体を通じてショップ・ガール特有の表現をさへ持つ様になつたので，ますます人々の眼につく」と，北澤は続けます（同172）。

　北澤はさらに，こうしたショップ・ガールの存在が，今日では「文明国に於ける大都市の都会的条件の一つ」となりつつあると論じています（同174）。彼女たちの群れは，「その数に於て，其の清新さに於て，それから何処の店へ行つても見られる点に於て，数の少い女優やコーラスガールを，正に圧倒」しています（同174）。また彼女たちの近代性は，同時代のカフェの女給などと比べてみても顕著です。北澤は，「ショップ・ガールは夜になるとみんな町へ出て稼ぐさうぢゃないか」という話がよく囁かれることに触れ，これが根拠のない偏見であることを確認したうえで，ショップ・ガールたちがいまやカフェの女給以上に大都会に生きる青年たちの欲望のまなざしの対象となっていると指摘します（同174）。女給がサービスそのものを売っているのに対し，ショップ・ガールは商品の販売を彼女たちの女性性と結びつけているからです。ショップ・ガールのエロティシズムは，デパートのショーウィンドーに飾られるきらびやかな商品たちと微妙に結合しているのであり，このことが，彼

3　ショッピングのなかのジェンダー関係　　205

女たちをとりわけ「モダン」な存在に見せていたのです。

--- Key word ---

フェミニズム　第一波フェミニズム　第二波フェミニズム
ラディカル・フェミニズム　家父長制　ジェンダー　ジェ
ンダー規範　ジェンダー差別

予習図書

① ジュディス・バトラー『ジェンダー・トラブル——フェミニズムと
　アイデンティティの攪乱』竹村和子訳，青土社，1999 年
② グリゼルダ・ポロック『視線と差異——フェミニズムで読む美術史』
　萩原弘子訳，新水社，1998 年
③ ジョーン・W・スコット『ジェンダーと歴史学』荻野美穂訳，平凡
　社ライブラリー，2004 年
④ 上野千鶴子『セクシィ・ギャルの大研究——女の読み方・読まれ方・
　読ませ方』岩波現代文庫，2009 年

復習課題

① 日本で「男らしさ」と「女らしさ」は何を規準として語られてきた
　でしょうか。新聞や雑誌，ネット等での語られ方から具体例を探し，
　その背後にある規準を明らかにしましょう。
② 今回，家電製品を例にして行った分析を参考に，住宅やファッショ
　ン，食品，観光等の分野から 1 つを選び，広告のなかの女性イメージ
　の歴史的変化について考察してみましょう。
③ 女子校や女性だけの職業には，単にジェンダー差別というのでなく，
　そのほうが男性の視線から自由になり，同性間で連帯を育むとの意見
　もあります。階級文化やエスニック・コミュニティと比較しつつ，こ
　の意見の是非を議論してみましょう。

第 4 幕
現代における〈文化〉の諸相

世界の演劇の歴史を変えたともされるピーター・ブルック演出の「真夏の夜の夢」。ただ真白い何もない空間のなかで,役者たちの身体が躍動する。日本でも1973年に来日公演があった（ロイヤル・シェイクスピア・カンパニー,1971年。Photo by Reg Wilson©RSC）

真夏の夜の夢

　シェイクスピアは〈リアリティ〉を，近代のリアリズム的な観念とは別次元で捉えていました。『ハムレット』の劇中劇，『マクベス』の予言，『ヴェニスの商人』の変装，そして『真夏の夜の夢』では媚薬がもう１つの〈現実〉を出現させます。これらの仕掛けによって現実性の地平は変容し，自明なことが自明でなくなるのです。『真夏の夜の夢』では媚薬の効果で境界侵犯が幾重にも生じ，妖精の女王はロバ頭の職人と交わり，恋人たちには乱交的とすらいえる混乱が生じます。そしてこの侵犯性を，現代の俳優の身体と見事に結合させたのは 1971 年にロイヤル・シェイクスピア・カンパニーでこの劇を演出したピーター・ブルックでした。文字通り何もない真っ白な空間で，シンプルな衣装の俳優たちが疾走し，空を舞い，のたうちながらもう１つの世界を出現させる舞台は現代演劇の伝説となりました。1990 年代以降は，この劇には貴族世界の民衆的世界への視線だけでなく，イギリス帝国主義が後の植民地インドに向け始めていた視線が描き込まれていたことも注目を集めています。

| 第11場 | ネットワーキングする文化 |

集合知の時代を生きる

→私たちは，〈文化〉とは何かという原理的な問いから始め，近現代日本における〈文化〉概念の変遷をたどり，現代文化に対する4つの主要なアプローチを概観してきました。これまでの学習を踏まえて第4幕では，現代文化の特徴的な相を，「ネットワーキング」「パフォーミング」「観光／上演」「アーカイビング」という4つの視角から捉えてみたいと思います。ネットワーキングはデジタル化の空間的次元，アーカイビングはその時間的次元に関わりますが，パフォーミングや観光は，現代社会における身体的な相互行為の次元で生じています。ここではまず，ネットワーキングから話を始めますが，もちろん主役はインターネットです。この新しい集合的な関係形成のプラットフォームに対する社会の評価は，期待から心配へと大きく反転しました。インターネットが新しい市民運動の武器になるとされた時代から，それが社会の自閉と混乱を生んでいるとされる時代への変化を追いながら，私たちの社会の知と文化，関係形成が直面している可能性と困難を考えていくことにします。

1 ネット社会と断片化する知識

なぜ，コピペはだめなのか

近年，高校や大学で，インターネット上の記事をそのままコピーしてレポートを作成してしまう学生のことがよく問題になります。また，単純な「切り貼り」ではないにせよ，文章作成のデータを集めるのに図書館ではなくインターネットを活用する人は激増し

ています。報道の仕事に関わる人が，十分な取材なしにネット情報
を利用して誤報を引き起こしてしまった例もあります。

　情報収集にインターネット検索が頻繁に活用されるのは，図書館
での調べものや現地取材に出かけるよりも，そのほうがずっと手軽
だからです。これを好ましからぬ傾向と見る人々は，レポート作成
でネット情報を利用するのを禁止すべきと考えるかもしれません。

　他方，こんなふうに考える人もいるでしょう。いったいネット検
索と図書館の調べものとどこが違うのか。図書館の本や事典の情報
を引用するのなら，ネットからコピーをするのと同じではないか。
昔からどんな引用もなしに文章を書くことは稀だったのだから，か
つて多くの人が図書館でしていたことを，いまではネットでするよ
うになっただけではないか，と。

> **ネットは何が図書館と違うのか**

確かにこの2つの調べもののスタイルはよ
く似ています。図書館の机に本を何冊も積
み，あちこちの本から引用してレポートを
書くのは，インターネットのあちこちからの引用を並べてレポート
にすることと大差ないのかもしれません。しかし，知識のあり方と
して見た場合，この2つの方法には，単に「便利になった」という
だけでは済まされない違いがあるのです。

　まず，図書館に入っている本は，誰でも自由に出版できるもので
はありません。それぞれの分野で定評のある，あるいは定評を得よ
うとしている作者が，自分の書き手としての社会的な評価を懸けて
出版したものです。たとえ間違いがあったとしても，その責任の所
在ははっきり特定の作者にあるわけで，作者はできるだけ間違いが
ないように心がけています。これに対してインターネットでは，知
識の作り手が匿名化されがちです。図書館の本が「誰かの知識」で
あるのに対し，ネット検索でヒットするのは「みんなの知識」とな

りやすいのです。もちろん，ネット情報は常に匿名ではなく，多くの場合，何らかのハンドルネームをもつ作者によって書かれています。しかし，ネット上の名前と現実世界の特定の個人が常に対応するわけではありません。むしろインターネットは，そこに書かれていることが誰か特定の個人のものだという観念を弱め，知識は「みんな」で作るものだという発想を強めていくのです。

知的権威主義からの解放とその陥穽

このことは，インターネットが可能にする文化世界の可能性と困難を示しています。いまや知識は権威主義から解放され，誰もが自由に参加して書き換えていくことができるかのようです。しかし，どんな知識も「みんなのもの」となってしまうと，その向こう側にいる特定の書き手に行き着かない，つまりその知識の責任が誰にあるのかがあいまいになります。本の内容が間違っていたら，責任は作者にあります。しかし，ネット上で書かれていることが間違っていたとき，その責任は誰にあるのでしょうか。

もっともこの違いから，私たちの知識がそもそも図書館の本のようで，インターネットのように「みんな」で知識を作るのはごく最近の逸脱なのだと考えてしまうのは誤りです。事実はむしろ逆，つまり図書館の本のように知識の作り手が誰であるかがはっきりするようになったのこそ，ここ数百年のことなのです。15 世紀半ばに発明された活版印刷が普及し，自分の著作を出版することが知的活動の根本をなすようになった 17 世紀以降，「作者」の観念や「著作権」の制度が発達します。知識の作り手は，このような観念や制度の普及を通じて確立されたのです。

体系としての知識

もう 1 つ，図書館の本とインターネットの情報の間には，知識の体系性という観点からの違いもあります。知識は，ばらばらにある情報やデータの集ま

中世ヨーロッパの "知恵の樹"

りなのではありません。知識とは，概念の内容や事象の記述が相互に結びつき，体系をなしている状態のことです。当然，そこには中心となる知識と派生的な知識，つまり事の軽重があります。中世ヨーロッパでは，知識は樹木に喩えられていました。知識には幹の部分と枝葉の部分があり，相互に結びついているのです。

　たとえば，百科事典の編集で最も重視されるのが，この幹と枝の関係です。事典の編者たちは，ある事項が他の事項に比べてどのくらい重要か，どの事項とどの事項がどんな関係にあるのかを繰り返し議論をします。百科事典を使い，さらに図書館でさまざまな本を借り出してある事項について学ぶとき，私たちはやがて，個々の言葉の意味だけでなく，絡まり合う概念の関係を構造的に把握できるようになります。

　ところが，インターネット上の検索システムは，こうした構造的な結びつきなどお構いなしに，私たちを一気に探している事項の情報に連れていきます。知識の幹と枝の関係など何もわからなくても，私たちは知りたい事項の詳しい情報を得ることができるようになったのです。これは，森のなかでりんごの木がどの木で，その実がどの枝についているのか知らなくても，一瞬でりんごの実が手に入る

魔法のようなもので，実に便利ですが，私たちは最後まで自分がどんな森を歩いているのかを知らないままです。GPSのナビゲーションに従って車を運転していても，なかなか道を覚えないのによく似ています。人々はネット検索で瞬時にして次々に必要な情報を手に入れることで，緩やかに形成される体系としての知識を見失っているのかもしません。

> **インターネットは私たちの知を豊かにしない？**

こう考えてくると，インターネットには，知識の責任や体系性という面で，簡単には図書館にとって代わることのできない限界があるようにも思えてきます。それでは私たちは，インターネットを使うのをやめて本と図書館に戻ればいいのでしょうか。

　実は，そんなことはすでに不可能です。多くの情報がインターネットに依存している今日，ネット情報を拒否するだけでは何も始まりません。すでにインターネット上の百科事典について触れたように，インターネットは，著名な大学者でも無名の学生でも同じように知識の作り手としてしまう傾向をもちます。しかし，知識の構築には体系性，つまり異なる概念が相互に結びついて体系をなすことが不可欠です。知識とは単なる情報の集まりではなく，世界を理解する体系的な枠組みを含んでいるのです。知識が新しくなるということは，この枠組みの変化により，さまざまな情報についての理解の方式が新しくなっていくことです。

　歴史上で起きたこうした知識の革新の1つに，天動説から地動説への転換があります。コペルニクスが地動説を唱えたとき，彼は何らかの重大な天文学的な発見を手にしていたのではありません。しかし16世紀初頭は，およそ半世紀前に発明された活版印刷術によって多数の印刷本が出回り始めた時代でした。そのためコペルニクスは，それまでの天文学者よりもずっと多くの観測記録を手元に集

1　ネット社会と断片化する知識　　213

めることができたのです。彼は，そうやって集めた過去の記録をもとに，天動説でそれらを解釈する際の矛盾を発見し，すべてをより整合的に説明するための新しい理解の枠組みを提案したのです。

　私たちはいま，コペルニクスと似た時代を生きています。かつては印刷本により科学者たちが入手できる情報量が激増したのですが，今日の主役はインターネットです。あふれんばかりの情報の海でサイトからサイトへと移動を重ねることで，私たちはコペルニクスよりもずっと手軽に大量の情報をかき集めています。つまり，今日では一部の科学者だけでなく，世界中のアマチュアが，時には専門家顔負けの情報を手にし始めているのです。

2 インターネット社会と市民ネットワーク

パソコン通信の広がりと限界

インターネット社会における認識パラダイムの変容は，最初は新しい可能性の浮上として，やがては社会全体のリスクとして私たちの前に現れてきました。この変化が本格的に始まったのは1995年のことです。アメリカの場合は，すでに70年代からの草の根的なパソコン・ネットワークへの潮流があり，そのような流れのなかで次々によりインターフェイスの良いパソコンが生み出され，それらがまた新たなネットワークを生んでいました。環境運動や消費者運動，反戦運動，フェミニズムなど，諸々の草の根的な運動と70年代以降のコンピュータ文化が結びついていたのです。ですからそこでは，パソコンにより市民活動に力が与えられていっただけでなく，力をつけてきた市民活動が，新しいパソコン文化の潮流を可能にしてきたという面もあったのです。

214　第11場　ネットワーキングする文化

しかし日本では，パソコンやインターネットと市民運動の関係は，アメリカとは事情がかなり異なっていました。確かに 1985 年，電気通信事業法が施行され，日本でも電話回線にモデムを接続することが合法化されたのを受け，アスキーネット，日経 MIX，PC-VAN，NIFTY-serve といった大手の商用パソコン通信サービスが続々と開設されます。そして各地の小規模な草の根的なパソコン通信網も，そのジャンルに応じて急速に数を増やしていきました。しかし，90 年代初頭まで，こうした日本各地のネットワークは，強い横断的な結びつきをもたず，海外のネットワークとの連結も部分的で，それぞれが閉じたコミュニティを形成している状態でした。90 年代初頭まで，パソコンも電子メールも，比較的少数の知識人や活動家，パソコンおたくやコンピュータに馴染んでいる人々にとってのみ，重大な関心事だったわけです。

> 1995 年がインターネット社会元年

しかし，1995 年頃を転換点として，日本でも電子メールやウェブサイトが一気に社会に浸透していきます。同年，Windows 95 の発売とその爆発的な売れ行きが，インターネットを一部のマニアのものではなく，ごく普通の人がいつでも便利に使いこなせるメディアに変容させる道を開きました。同じ頃から，パソコン業界はもとよりのこと，新聞や雑誌も，行政や教育もインターネットに積極的な姿勢を見せるようになり，わずか数年で，インターネットは普通の市民にとっても，テレビや新聞，電話と並ぶ主要なコミュニケーション・メディアとなっていったのです。

1990 年代半ば以降，インターネットの全世界の利用人口はうなぎ上りに増え続け，2005 年には 10 億 2400 万人，2010 年には 19 億 9100 万人，2015 年には 31 億 5000 万人に達します。普及率でも，2017 年までに約 50%，つまり全人類の約半数がネット社会の住人

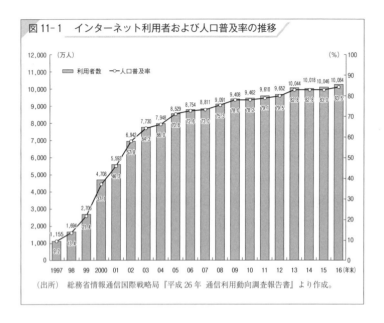

図 11-1 インターネット利用者および人口普及率の推移

（出所）総務省情報通信国際戦略局『平成 26 年 通信利用動向調査報告書』より作成。

になってしまいました。

国内では，1998 年末の時点で 1694 万人（普及率 13.4％）だった利用人口が，翌 99 年には 2706 万人（同 21.4％），2000 年には 4708 万人（同 37.1％），01 年には 5593 万人（同 46.3％），02 年には 6942 万人（同 57.8％），03 年には 7730 万人（64.3％）と激増し，普及率は 05 年に 70％を，13 年に 80％を超えます。つまり，日本ではほとんどの人がインターネットと日常的に接している状況が 2000 年代の半ばまでに成立していったのです。

こうして 1990 年代半ば過ぎから，インターネットは新しい市民的活動を活発化させていきます。95 年に起きた阪神・淡路大震災では，多数のボランティアが被災地での救援活動に参加しました。そうしたなかで，一部の人々がパソコン通信やインターネットで被災者のための情報を集め，被災地の情報を全国に伝える「情報ボラ

ンティア」の役割を果たしました。とはいえ，当時はまだインターネットの普及は限定的で，おもに用いられたのはパソコン通信でした。その際，情報ボランティアと被災者の間の意識のずれや情報格差など，さまざまな問題が生じてもいました。

　日本の災害ボランティア活動でインターネットが決定的な役割を果たすようになるのは，1997年1月に福井県沖で起きたナホトカ号の沈没による大量の重油流出事故あたりからです。すでにこのとき，パソコン通信とインターネットの利用者数が逆転し，インターネットは急激に私たちに身近なものとなっていました。日本海沿岸に漂着した大量の重油を全国から駆けつけたボランティアが手作業で取り除いていきましたが，インターネットのウェブサイトで，そうしたボランティアの申し込み方法や作業日程，活動場所，汚染情報など詳しい情報が逐次伝えられていきました。

　こうした動きは，単に災害の際のボランティア活動だけに限定されていたわけではありません。やがて地方の公共事業をめぐる住民と行政との葛藤のなかで，電子メールやメーリングリスト，ホームページなどが住民側の運動の強力なツールとして用いられていきます。90年代末，愛知県の藤前干潟へのゴミ処分場建設に反対する運動や海上の森での万博会場建設に対して自然保護を訴える運動，徳島県吉野川河口堰をめぐる対立，千葉県三番瀬の埋め立てに反対する運動，有明海・諫早湾干拓問題，島根県中海の干拓・淡水化事業など，この時期に起きた諸々の公共事業をめぐるせめぎあいのなかできわめて重要な役割を果たしていきました。

ネットワーク化する
市民社会

　インターネットは，さまざまな異なる地域や集団，専門や職種の人々が即時に横断的に情報を共有していく道を開きました。インターネットは情報の壁を突き崩します。たとえば，何らかの公共

2　インターネット社会と市民ネットワーク　　217

事業をめぐって行政と住民との間に対立があり，異なる立場の人々によって委員会や運動体が組織されているとき，行政側が発表する情報やマスコミで流される情報は，必ずしも現場の状況を理解するのに役立ちません。それらは多くの場合，あらかじめ事業者側の意図で解釈され，編集されたうえでの二次的な情報であることが多いのです。他方，ネットで流れる情報は，不正確なことも多いのですが，実際に現場の動きの渦中にいる，ないしは専門家として現場に関与している人々自身の生の声であることがしばしばです。

　ネット情報と結びついた現場性は，いくつかのプラスの要素をもっています。たとえば，当事者が直接に発する情報を通じ，人々は以前よりもはるかに迅速に状況の変化に対応できるようになりました。新聞やテレビが伝える二次情報や行政の発表，関係者への聞き取りに頼っていた情報収集が，メーリングリストなどでマスコミよりも早く，直接的な仕方で可能になったのです。

　そして，その情報に対する人々の反応が連鎖的に生じ，新たな活動が生み出されていく動きも生じていきました。さまざまなメンバーの間の議論も，以前ならミーティングのための日程調整が大変で，次の行動に移るのが遅れがちだったことも，グループ内でのメールのやりとりによって状況の変化に即応した動きが可能になっています。インターネットを利用した署名運動では，行政的な動きに対する市民からのすばやいリアクションが裾野を広げていきました。

　ネットを通じたコミュニケーションは，ローカルなものであると同時にグローバルなものです。そこでの話題は多くは情報の発信者に身近な問題を焦点にしているのですが，時として衝撃力のある訴えや魅力的な提案がなされると，その情報がグローバルに伝えられ，世界中の運動に結びついていきます。インターネットはローカルとグローバルの距離を一挙に縮めたのです。

| 個人の緩やかなつなが
り |

この新しい動きを担ったのは，それまで社会運動の中核をなしてきたような組織ではなく，強固な組織的つながりをもたない個人でした。インターネットは，個人間の緩やかな連帯を強化し，硬直化した大組織を弱体化させます。岡部一明は『インターネット市民革命 情報化社会・アメリカ編』(1996) でこのことを強調し，「インターネットでは，どのような個人も世界的ネットにつながり，そこから大量の情報を得るだけでなく，一旦事があれば，自分自身のメッセージを直接に世界に流せる。メッセージがインパクトのあるものである限り，それは，コピーされ転送され，短期間に世界に広がる。まるでラジオ局を自分でもっているように，ネットワークを自分のメディアのように動かせる」と書きました (同56)。

こうした状況の意味を大きな視座で示したのはアルベルト・メルッチです。彼は，『現代に生きる遊牧民』で情報ネットワークと新しい社会運動を結びつけ，今日あるのは政治の終焉などではなく，そのラディカルな再構成なのだと論じました。この新しい政治にとって，情報の役割は決定的です。今日の社会では，「物質の生産に代わって，記号や社会的関係の生産がその中心となる。システム的紛争は，諸個人や集団が自らの行為の状況を調節する能力を中心に展開する。複合社会とは高密度の情報ネットワークなのであり，その構成要素の独立性に依拠」しています (同43-44)。

いまや社会運動は，限定された地域と期間のなかで一時的で流動的なネットワークとして展開するものになっています。もはや固定

★————————————————————

メルッチ　Alberto Melucci (1943〜2001)　イタリアの社会学者。トゥレーヌに共鳴し，「新しい社会運動論」を展開。1960 年代後半から 80 年代の学生運動や環境運動，女性解放運動などの新しい社会運動のあり方を理論化した。主著：『現代に生きる遊牧民』(1989) など。

2　インターネット社会と市民ネットワーク　219

的な組織や政党が運動を担い続けることはできないのです。そうした一時的，個別的な運動が動員されることで，水面下にあった日常の政治が顕在化されてきます。その政治では，「行為の性格は一時的で，さまざまな行為者を含みうるし，システムのさまざまなエリアの中をシフトする可能性を持っている。このように行為者が多様で可変的であるがゆえに，同じ集合的出来事や現象のなかにおいてさえ，分析を通して多元的な意味が含まれている」のです（同xi）。

このようなネット社会を前提にした社会運動の例として，2015年夏，安倍政権の安保関連法案に反対する若者たちの動きとして盛り上がりを見せた「SEALDs（Students Emergency Action for Liberal Democracy）」の活動ほど顕著なものはないでしょう。中核となったメンバーは10代後半から20代前半の若者でした。彼らはTwitterやLINEなどのネットワークでつながり，サウンドデモや活動の記録をネットに流しながら全国的な支持を広げていきました。この動きが最も盛り上がりを見せるのは2015年6月から8月にかけてで，時には1万人を超える学生，親子連れ，高齢者まで広範な人々が抗議の声を上げながら国会前に集まりました。

今日，新たな高速道路やごみ焼却場，ダム，原子力発電所の建設や干潟の埋め立て計画が，至るところで住民たちの反対に遭遇しています。反対は強力で，ネットワーク化しています。国の側は，自分たちが地域のためにと思って計画したことが，むしろ多くの人々によって災いとされ，方向感覚を失っているようにも見えます。このような新しい政治の次元において，インターネットは決定的な役割を果たしています。旧来型の行政主導の調整システムが有効に機能しなくなるなかで，既定の方針をただ承認するのではなく，異なる立場の人々が相互に越境し，情報を共有しながら解決策を探っていくネットワークが広がっているのです。

3 氾濫するポスト真実と虚構への自閉

ネット社会の匿名性が
生む諸問題

しかし，インターネットは当初から数々の問題点も孕んでいました。メーリングリストでの議論では，会って話せば十分に調整可能に見える差異が拡大解釈され，異なる立場の人が相手を厳しい口調で罵るような場面が生じてしまうことがありました。また，そうしたメーリングリストが，暗黙裡に一定の人々を情報のコミュニティから排除する作用をもつことも指摘されてきました。一部のネットではアクセスの匿名性が利用され，特定の個人に対する誹謗中傷や根拠のない噂，怪しげな情報が公然と流されていく現象も早くから生じていました。さらにはネットを利用した犯罪やポルノの流通，悪徳商法からコンピュータウィルスや日常茶飯事となった迷惑メールまで多くの問題点が存在しました。

これらの諸問題の原因は１つではありませんが，なかでも大きな問題が，ネット社会の匿名性に由来していることは明らかです。吉田純は，インターネットの大衆化とともに，「かつての実名性の原則が薄れつつあること」，初期のインターネットでは「電子メールやメーリングリスト，ニュースグループへの投稿には，本名や所属組織など本人をアイデンティファイできる情報を記載するのが慣習となってきた」のに対し，「インターネットの大衆化にともないこうした慣習は薄れつつあり，最近では匿名での発言が明らかに増加している」ことを指摘しました（吉田 2000: 42）。

このネット社会の匿名性を背景に，「フレーミング（flaming）と呼ばれるネットワーク上での感情的な言い争いや，個人への誹謗中

傷，個人情報の流出，著作権の侵害，そして不正アクセスやコンピュータウィルスといった多様な逸脱現象が生起」していくのです（同42）。ちなみに「フレーミング」は，今日では「炎上」として知られる現象で，「燃え立つ」「火を吐く」が原義です。加えて「もっぱら情報を受信・利用するだけで発信しないフリーライダーや，十分な技術的知識をもたない参加者の増加，さらにそれにともなうトラブルの多発」も問題になります（同42）。これらの多くは，「インターネットの内部で自律的にコントロールできる範囲を超えるとともに，インターネットが既存の社会と交差し相互浸透するような局面でとりわけ多く発生」していきます（同47）。

　このように匿名性が一挙に社会問題の発生に結びついていった背景には，インターネットの大衆化が進んだ速さ，つまりネット社会が参入しやすく，誰もが気軽に，何ら技術的・文化的リテラシーなどなくても簡単に発信者となれてしまうため，試行錯誤的な準備期間などなしに爆発的にその人口が増えていったことも関係していました。参入障壁がきわめて低く，「普段の自分」を隠したまま匿名の存在として自分を演じられてしまうので，この空間での人々のふるまいは，自由で脱規範的かつ過剰になります。こうして匿名的で誰もが発信者として参入できるネット社会では，しばしば無数の匿名的で無責任な反応の連鎖を生んでいきました。

　そして，このようなインターネットの匿名性が生む数々のリスクが，逆にこの空間への政治的介入の余地を生み，それがネット社会を不可視の監視空間に転化させていくことになります。というのも，匿名性ゆえに数々の問題を生じさせるネット社会は，新しい社会秩序の創造者というよりも，社会秩序や倫理をいたずらに混乱させる厄介者と見なされていきます。その結果，そのようなメディアはきちんと監視し，管理すべきだという声が市民社会の側から高まり，

政府は新しい法規を制定して監視や規制に乗り出すのです。

ネットで氾濫する偽ニュース

ネット社会の匿名性や参入障壁の低さが生み出していった最も大きな問題の１つに偽ニュースの氾濫があります。インターネットの大衆化と日常化は，それまで新聞をはじめとするジャーナリズムが前提としてきた「事実」に対する見方を根底から突き崩してしまいました。匿名的で誰もが発信者になれるネット空間のなかで増殖していくのは，要するに「巷の噂」です。事の真偽は確認されず，それぞれのユーザーが，自分の興味や価値観，感情に適合する情報を「ニュース」として受けとめ，増殖させていきます。その結果，本当に事実かどうかはあいまいな情報が，あたかも「ニュース」としてネット社会のなかで氾濫し，しだいに人々はそうした情報が本当か嘘かを気にしなくなっていくのです。

こうした偽ニュースの氾濫は，ネットの日常化が進んだ 2010 年代から顕著になっていきました。「動物園からライオンが逃げた」「石油タンクの爆発で大量の有害物質の雨が降る」などの昔からありそうなタイプはもちろん，特定の政治家に対する根拠のない差別的な「ニュース」の流布，一部の芸能人に対するさらに人格侵害的な「ニュース」の捏造など，目に余る情報が当たり前のようにインターネット内では増殖していき，一部にはそれを信じる人も続出していきました。大手ネット企業の DeNA が非科学的な偽情報を大量に医療系のまとめサイトに掲載して批判を浴び，グーグルでもコピペで安価に製造された「ニュース」が検索結果の上位に表示されていたことがわかり問題となりました。

広告収入に依存するインターネットのサイトではアクセス数が勝負で，それを集めるには本当であろうが嘘であろうが目立てばいいという発想が蔓延していきます。インターネットではあらゆる人が

3　氾濫するポスト真実と虚構への自閉　223

容易にニュースの発信者になれる状況下，真偽の裏づけもなしに，それどころか嘘だと知りながら，次々に無責任なニュースを発信する参入者が増えていきました。なぜならば，そうやって発信したニュースにアクセス数が増えれば，当人も，それを掲載したサイトも広告収入を得られるからです。こうして実際，問題になったDeNAの例でも，人々はアクセスした情報が本当に検証を経た真実かどうかなど気にせず，偽ニュースでも面白ければアクセス数が増え，サイトの利益も大いに上がったのです。

新聞とプラットフォームの地位逆転

「偽ニュースが拡大したのは，ニュースの制作と流通の仕方が変わってしまったからだ」と，『ネットメディア覇権戦争』の藤代裕之は指摘します（藤代 2017: 6）。1990年代半ば，インターネットの拡大期に大手新聞社は自社のニュースをネットで配信する事業を開始していました。しかし，新聞社の販売や印刷の部門では，紙の新聞を買うのには購読料がかかるのに，ネットでは無料で記事を読めてしまうとなると購読者が減ると主張し，ネット公開する記事数を制限したり，公開時間を遅らせたりと，新聞のネット化の足を引っ張る動きが続出しました。このあたりは，1950年代に全盛期の日本の映画会社がテレビへの進出に失敗したのと似ています。

こうして既存マス・メディアがもたついている間に，ヤフーに代表されるポータルサイトが頭角を現し，モデムを大量に無料配布することでネット上のニュース市場で支配的地位を確立していきました。ヤフーは1996年から時事通信や地方紙と組んでニュース配信を始め，「ざっくりと世の中の動きを知りたい」層の支持を集めてアクセスを拡大させたのです。こうなると，プラットフォームのほうが配信元の新聞社よりも力をもつようになり，新聞社は，プラットフォームに媒介してもらうことで自社の記事にアクセスする読者

を何とか確保していくようになります。

　この既存のマス・メディアとプラットフォームの地位の逆転は2000年代に起き，現在も続いています。そしてこのことが，近代を通じてジャーナリズムのなかで創り上げられてきた「事実」に対する考え方をなし崩しにしていくのです。ポータルサイトはやがて，一般のブロガーが書いた記事をマス・メディアの記事と並べていきます。そうすると，新聞社の中立報道を意識した記事とは異なり，立場がはっきりしていて時には過激でもわかりやすい個人ブロガーの記事が人気コンテンツになっていきます。こうした動きに先鞭をつけたライブドアは，新聞社の価値判断を疑問視し，ニュースの価値はユーザーの判断に委ねるべき，つまりランキングで決めていくべきだと主張しました。こうして組織的なジャーナリズムでトレーニングを積んだことのない人々の文章が，ネットの世界ではむしろ主流になっていったのです。

編集からアルゴリズムへ

ネットの世界で支配的な立場を獲得していったプラットフォーム・メディアは，しばしば「マス・メディアが伝えるニュースは，新聞社固有の視点から編集されているので偏向しているが，ネットは編集なしの個人の声がそのまま表出されているのでより真実に近い」と主張し，マスコミ報道に不満を抱く読者を集めていきました。しかし，この主張には疑問の余地があります。なぜならば，新聞のニュースがデスクなどの立場にいるジャーナリストの視点で編集されているのに対し，ネットのニュースは，実は見えないアルゴリズムによって構造化され，それぞれのユーザーの関心や嗜好にあわせて出現するように組織されているからです。

　イーライ・パリサーは『閉じこもるインターネット』で，インターネットの検索サイトのアルゴリズムが，ユーザーの過去のクリッ

3　氾濫するポスト真実と虚構への自閉　225

ク歴や検索歴に基づいて情報を構造化しており，ユーザーが見たいであろう情報を推定し，それが優先的に出てくるような仕組みを実現してしまっていることを指摘し，これを「フィルターバブル（filter bubble）」と呼びました。私たちはこの種のアルゴリズムを，たとえばアマゾンがメールで本を推薦してくる際に頻繁に経験しています。フィルターバブルのアルゴリズムが支配するネット環境では，ユーザーは自分の関心に合う情報とだけ接していればよく，気に入らない情報からはますます隔離されていきます。膨大な情報があふれるネットの世界で，個人はそれぞれの狭い関心や立場の被膜＝バブルのなかに孤立していくのです（パリサー 2012）。

　フィルターバブルは，異なる立場の対話の可能性を開くという初期のインターネットがもたらした可能性を，完全に反転させていきます。インターネットは対話のメディアではなく，むしろ諸個人が知らぬ間に自分の価値観に閉じ込もり，異なる意見の他者を排除する傾向を促進するメディアとなっていったのです。

　ここにおいて，最も敵対視されたのはマス・メディアでした。前出の藤代も，「マスメディアへの疑いの目は，ソーシャルメディアのアルゴリズムにより強化されていく。マスゴミ批判のニュースを読むと，ユーザーには次々と，マスメディアの課題や信頼性を指摘するニュースが表示され，同じ考えの友人がいいね！を押すようになり，さらにマスメディアに対する疑いが深まるような仕組みになっている。何を信じればよいのか，混沌とした状況が生み出された」と書いています（藤代 2017: 38-39）。

　さらに，ネット上のニュースをめぐり，2010 年代以降に起きたパソコンからスマホへの主要な端末の移行は，こうした開放から閉塞への転換を加速させました。パソコンでネットのニュースが見られていた時代にも，アクセス数を稼いでいたのはスポーツやエンタ

ーテイメントで，政治や国際情勢のニュースではありませんでした。スマホでは SNS などとの接続によりこの傾向がますます強まり，さらにアルゴリズムで人気の記事が自動的に表示されるようになることで，偽ニュースや過激さを売るニュースが雪だるま式にアクセス数を稼ぐようになっていったのです。

> **ポスト真実がアメリカ大統領を生む**

新しい局面に入ったネット社会で偽ニュースが氾濫していく状況が，どれほど重大な事態を生じさせてしまうかを，2016 年 11 月 8 日，全世界の人々が思い知ることになります。実際，その前日まで，世界の大多数の人々は，アメリカ大統領選では民主党のヒラリー・クリントン候補が共和党のドナルド・トランプ候補に勝利すると予想していました。しかし，この予想は見事に外れました。

　トランプ当選後にしだいに明らかになったのは，想定外の大逆転の背景の 1 つに，偽ニュースが蔓延していく状況があったことです。実際，大統領選挙の渦中，最有力候補と見られていたヒラリー・クリントンを誹謗中傷する事実無根の情報がネットを通じて大量にばら撒かれていきました。震源地の 1 つはマケドニアなどの貧しい地域で，普通の若者たちが偽ニュースを粗製乱造し，ネットでのアクセス数を稼いで広告収入を得ていたのです。さらに，ここでロシアの諜報戦略も策動し，トランプ候補を後押しする大量の疑わしいコンテンツが，意図的にフェイスブックや YouTube に流されてもいました。この出来事のポイントは，彼らが発信した大量の「嘘」を，トランプ支持層が信じ込んで反クリントンの結束を強化させ，世界最大の国家の大統領選挙の結果にまで影響を及ぼしたことです。

　1960 年のケネディとニクソンが戦ったアメリカ大統領選では，テレビが決定的な役割を果たしたことで知られますが，2016 年の大統領選は，勝敗の鍵を握るメディアがテレビからネットにはっき

り移行したことを示す選挙となりました。テレビの場合，他のさまざまな視聴者が見ているなかでの候補者の公的で視覚的な印象は重要になります。ところがネットは，すでに述べた「フィルターバブル」により，ユーザーと候補者の間にもっとはるかに閉じた世界を形成していきます。テレビが候補者の公的な印象を操作しようとしてきたのに対し，ネットはより個別的に，個人の感情や嗜好に訴えていきます。しかも，ネットの情報はあまりにも大量に，分散的に流れているので全体をコントロールすることは不可能です。結局，全体を秩序立てるのではなく，粗製乱造でもお構いなしに情報量を爆発的に増やした者が有利です。

　ドナルド・トランプはこのインターネットの特性をフルに利用して大統領の座を獲得し，アメリカ全土と世界をさらなる混乱に導きました。インターネットの情報が無料であり，情報はフェイスブックやツイッターで二次，三次，四次の発話者に媒介されて無限に拡散し，その過程で公私も真偽もほとんど問題にならなくなっていきます。このようなメディア環境では，自分自身を「ネタ」にできる過剰な露出志向の人物が有名性を獲得していきます。トランプはまさにそうした傾向の体現者です。

　大統領選挙中にネットを駆けめぐった偽ニュースは，仮にトランプ自身が関与したものではなかったとしても，トランプ政権の真偽を気にしない態度と共振しています。トランプはかつて，「大事なのはハッタリ。私はそれを真実の誇張と呼ぶ。ハッタリは効果的な宣伝だ」と語っていました。語る内容が事実かどうかを全然気にしない，相手に影響を与えられればいいと公然と宣言していたのです。この宣言にちょうど呼応するかのように，人々の側もネット情報の氾濫のなかで語られることが事実かどうかを気にしなくなっていきました。こうして，重要なのは人々の感情に訴えることだけだとの

発想から断言を繰り返す政治が，既存の権威への反感というポピュリズム感情と共振し，力を得ていったのです。本来，開かれた社会を実現する有力な道具として受け入れられていった初期のインターネットからすれば，これほど逆説的な結末はありません。

┌─ Key word ─────────────────────────┐
│ インターネット　知識　情報ネットワーク　新しい社会運 │
│ 動　ネット社会の匿名性　偽ニュース　マス・メディア │
│ ソーシャル・メディア　プラットフォーム・メディア　フィ │
│ ルターバブル　ポスト真実　ポピュリズム │
└──────────────────────────────────┘

予習図書

① アルベルト・メルッチ『現在に生きる遊牧民〈ノマド〉──新しい公共空間の創出に向けて』山之内靖・貴堂嘉之・宮崎かすみ訳，岩波書店，1997年

② 岡部一明『インターネット市民革命──情報化社会・アメリカ編』お茶の水書房，1996年

③ 吉田純『インターネット空間の社会学──情報ネットワーク社会と公共圏』世界思想社，2000年

④ イーライ・パリサー『フィルターバブル──インターネットが隠していること』井口耕二訳，ハヤカワ文庫，2016年

復習課題

① 図書館で探した本からの知識とネット上で検索して得る知識の間には，どのような違いが存在するのでしょうか。レポートを書く際，その違いをどう意識しながら両者をそれぞれ活用していくべきなのかを考えながら議論しましょう。

② 1990年代から2000年代にかけて，インターネットと新しい市民運動が結びついて，それまでの社会の状況を変えていった事例を1つ取り

3　氾濫するポスト真実と虚構への自閉　　229

上げながら，インターネットがなぜそのような変革的な力をもつことができたのかについて議論しましょう。

③ 2016 年のアメリカ大統領選挙を事例として，「フィルターバブル」がどのように機能してトランプ大統領を生んでいったのかについて分析し，21 世紀社会におけるインターネットと「ポスト真実」状況の関係について議論していきましょう。

| 第 12 場 | パフォーミングする文化 |

日常化する舞台

➡ネット社会に生じたのは，それまでマス・メディアの受け手だった人々が，それぞれ送り手に変身する関係性の反転でした。客席から舞台上で語られることに耳を傾けていた人々が，自らネット空間のなかで語り始めたのです。この反転は，ネットの普及だけによって生じたのではありません。メディア環境が身の回りに飽和していくなかで，1970 年代から人々は舞台上の歌手と同じように歌い，画面のキャラクターを演じ始めていました。読者やオーディエンスからパフォーマーへの変化です。パフォーマンスする文化は，最初は酒場に登場した「スターになりきるパフォーマンス」，つまりカラオケに兆候的に現われました。他方，マンガ・アニメのファン文化として始まったコスプレは，「キャラターになりきるパフォーマンス」でした。今回は，こうしたパフォーマンスの文化が，現代のメディアや消費社会とどう結びついてきたのかを，〈歌う身体〉〈装う身体〉〈走る身体〉という 3 つの次元で考えます。

1 歌う身体のパフォーマンス

カラオケ・レコードと「歌う」自己の反転

いまでは世界的に通用する言葉となった「カラオケ」が，最初に日本の音楽文化に登場したのは 1970 年代初頭のことです。

その一方の端緒は，この頃からレコード産業が人気歌手の歌で，しかし肝心の歌が入っていないレコードを販売し始めたことにありました。これが静かなブームとなり，70 年代半ばまでにレコード会

231

社は次々に演歌，軍歌，ナツメロ（流行歌とは逆に年月を経たことで
人々に懐かしさを感じさせる大衆歌謡の総称），宴会ソング，民謡等の
ジャンルで伴奏のみのレコードを販売していくようになります。しか
も，最初はスナックやバーなどでの購買が主だったのが，しだい
に個人用の消費も伸びたため，70年代半ばには「カラオケ・ベス
ト150」というような，家庭での消費を視野に入れた大型のカラオ
ケ・レコード全集も販売されていました。

　1970年代半ばにレコード産業がカラオケに施した工夫は，それ
まで伴奏だけだったところに，素人が歌いやすいように小さくメロ
ディを伴奏に先行して入れたことでした。この工夫により，歌い手
は完全に歌を覚えていなくても，メロディが導いてくれるのでそれ
に従って上手に歌えた気分を味わえるようになりました。エッセイ
ストの江國滋は当時，この工夫がもたらした変化をこう要約してい
ます。メロディなしの「カラオケで歌うのはたいそうむずかしい。
歌うどころか，曲によっては一度や二度では何の曲だか見当もつか
ないようなものさえある」けれども，歌えるようになると「こっち
が引っぱってゆく感じで，カラオケがあとからついてきたりこなか
ったり」という関係になる。しかしメロディのついたカラオケの場
合，歌い手は自分で歌っている気分に酔うが，実は先行するメロ
ディを追っているだけなのです（『朝日新聞』1977年7月31日）。

> ハードとしてのカラオ
> ケの誕生と発展

1970年代初頭，このようなソフトウェア
面での商品開発の動きと並行して，ハード
ウェア面での技術開発も，各方面から進め
られていました。そもそも盛り場の酒場などで客が自分の得意な歌
を披露する習慣はどこの国でも一般的に見られることです。日本で
も戦後しばらく，伴奏の役割は流しの演奏家によって担われていま
した。彼らの楽器は多くの場合，ギターかアコーディオンでしたが，

232　　第12場　パフォーミングする文化

60年代，一部の酒場は楽器産業が売り出した電子オルガンを店に備えるようにもなっていきます。三井徹が跡づけたように，このあたりから音響技術と歌う行為が結びつき始めるのですが，電子オルガンの場合，伴奏者の人件費が小さな酒場にとっては高くつきすぎます。これもすべて自動化して，客の望みに応じて自在に曲を伴奏していくことのできる機械があれば，旧時代の流しの役割は取って代わられていくと考えられるようになります。

しかし，1960年代にはまだ解決できない問題がありました。それは，どうやって客のリクエストに応じて自由自在に曲を提供できる仕組みを開発するかという点でした。そこで参考にされたのがジュークボックスです。ジュークボックスの発明は19世紀末のアメリカに遡ることができますが，一般化するのは1920年代以降です。硬貨を投入することで8枚のレコードから1つを選んで聞く装置に始まり，選択の幅が100曲以上にまで拡がることで1950年代に全米で全盛期を迎えます。日本にも米軍経由でこの装置が輸入され，60年代末までにこの仕組みを利用したカラオケの先駆をなす機械も作られていました。しかし，たとえ選択の幅が拡がっても，100曲程度ではとても客が期待する多様な曲目に対応できません。この問題は，やがてカーオーディオ用に開発された8トラックのテープが転用されることで解決されていきます。伴奏のみの曲を再生するテープ式のジュークボックスが70年代初頭に神戸で開発され，この機械がカラオケの原型をなしていったとされています。

視聴者参加型のステージとしてのカラオケ　その後，ハードとしてのカラオケは，8トラックのテープからレーザーディスク，さらにはCDやDVD，インターネットを用いるものへと進化していきます。空間的にも，主流はカラオケ・スナックからカラオケ・ボックスへ変容を遂げました。カラオケ・ボ

1　歌う身体のパフォーマンス　　**233**

初期のカラオケ・スナック（1983年，東京）

ックスとは、もともとは貨物列車用のコンテナを改造したものから始まったのでこの名前がつけられていますが、ビルのフロアなどを防音性の高い多数の個室に仕切り、それぞれの個室で思う存分にカラオケを楽しめるようにした施設です。1990年代以降、こうした施設がカラオケの主流になるなかで生じた最も重要な変化は、カラオケはお酒を飲むことに付随する行為という以上に、歌うこと自体が目的とされるようになっていったのです。

このようなカラオケの発展史が示唆しているのは、1970年代あたりから、「歌う／聴く」という行為のありようが大転換を遂げていったことです。カラオケが広く浸透していくなかで、それまで聴くものとされていたスター歌手の流行歌が、聴く以前にまずむしろ自分をそのスター歌手に擬えて自ら歌うものになっていったのです。カラオケは、このような関係の反転を大いに促進し、さらに多くの人々を同じプロセスに巻き込んでいきました。

しかし、この関係の反転は、カラオケが原因となって起きたもの

では必ずしもありません。1960年代のテレビやステレオ，ラジカセなどの機器の普及で，大量に複製され，広く販売される音楽を消費することはごく日常的な行為となっていました。ウォルター・オングのいう「二次的な声の文化」は飽和状態に達し，私たちの感覚に深く浸透しきっていたのです。そうした状況では，スターの身体と私たちの身体の距離は，もはや絶対的なものではなく相対的なものとなります。舞台と客席の境界線はだんだんぼんやりとしたものになり，私たち自身がいつでも舞台の上で演じているかのような感覚を味わうようになったのです。70年代から80年代にかけて，カラオケはこの変化を主導していったメディアでした。

歌謡番組文化の飽和と自己のスター化

カラオケは，テレビの歌番組や素人のど自慢大会，あるいは視聴者参加型番組などの日本社会への深い浸透の先で登場した現象です。NHKラジオの『のど自慢素人音楽会』が始まったのは1946年で，背景には米占領軍の民主化政策がありました。ほぼ同じ頃，民放ラジオ局（毎日放送）でも，『歌のない歌謡曲』のようにあえてメロディの歌を抜いた音楽番組も放送されていました。視聴者参加型のクイズ番組も，NHKで53年に始まった『ジェスチャー』や55年に始まった『私の秘密』のようにテレビ放送と同じくらいに古くからあり，戦後日本の歴史と一体だったともいえます。

そして1970年代以降，それらの参加型のクイズ番組や歌番組は爆発的に増加していき，80年代に全盛期を迎えます。それまでテレビ受像機の手前にいた視聴者たちが，この頃からどんどんテレビ画面のなかのステージ上に登場するようになっていったのです。こうした流れの先で，カラオケは一般の人々に，いつでも自分が主役になれるステージを提供していきました。

実際，カラオケが出現した当初から，この流行は「視聴者参加の

1　歌う身体のパフォーマンス　　235

歌う番組が盛んになった影響」だと指摘され，そうした参加者やレコード会社のオーディションを受けにくる若者がカラオケで練習したケースが多いことも観察されていました。1970年代から80年代にかけて，テレビとお茶の間の距離が縮まって，多くの素人がテレビに気軽に登場するようになるなかで，その中間地帯でカラオケのような即席のステージが爆発的に増殖していったのです。やがて，この中間地帯はそれ自体が増殖を繰り返し，その上部にあったはずのテレビの世界までをも呑み込んでしまうことになります。それまでテレビ放送に依存していた音楽著作権協会（JASRAC）が，全国のカラオケ・スナックやカラオケ・ボックスから著作権料を本格的に徴取していくのも80年代末からのことでした。

　このようにして，音楽はスター歌手の歌唱に聞き入る対象ではなく，むしろスターに擬えて自分を演じる媒介となっていきました。カラオケの登場は，そのようなスターと聴衆の関係の反転の原因というよりも，結果であったと思われます。歌声は，（たとえば美空ひばりのような）特権的な他者が発するというよりも，まずは自分が発するものとなり，この内発性は，しかし最初からテレビ的な地平の上にセットされていったのです。テレビ的な世界がすでに完全に環境化した後，そのような環境の一部として私たちの内面も形作られるものになっていたということもできます。

2 コスプレする身体のパフォーマンス

マンガ・アニメから
コスプレ文化へ

カラオケに垣間見られた私たちの自己の変容は，1990年代までには広く多くの文化現象に共通して見られる特徴となっていま

した。この変化を特徴的に示す現象としてしばしば取り上げられるのが「コスプレ」です。コスプレとは，「コスチューム・プレイ（costume play）」を原語とする和製英語で，おもにアニメやマンガ，ゲーム等に登場するキャラクターの扮装をして楽しむことで，一種のファン・カルチャーとして始まったものです。それらのコンテンツを単に自分の外側の〈他者〉として消費することにとどまらず，自らがそうしたメディアと一体化し，メディア上の存在になりきることで，同じような扮装をしている仲間と連帯感を高めたり，お互いになりきり方を競い合ったりしていくのです。

カラオケが流行し始めたのは 1970 年代でしたが，コスプレがマンガやアニメのファン層に広がり始めるのも 70 年代のことです。その中心的な舞台となったのは，マンガ同人誌の展示即売会から出発したコミックマーケット（コミケット）でした。70 年代から 80 年代にかけて，コミケットの会場では，同人誌仲間が作品中のキャラクターの扮装をしてお祭り気分を盛り上げる動きが出始めていました。この動きが徐々に拡大し，80 年代半ばには集団でコスプレに興じる若者たちも現れてきていました。

そして 1990 年代，コスプレは一気に大衆化，全国化していきます。コミケットの参加者のなかでコスプレに興じる者の数は数千人に上るようになり，コミケット会場はさながら仮装大会のような様相を呈していきました。もともとコスプレは，男性よりも女性の文化と強い結びつきをもっていましたが，90 年代には彼女たちが演じるキャラクターも著しく多様化しました。

こうしたコスプレ文化の爆発的な拡大は，当然ながらコスプレ専門の衣料品店を東京都の中野や秋葉原といった街を中心に誕生させていきました。いまやコスプレ用の衣裳は，手作りしなくてもこれらの店で購入すればいいものとなったのです。とはいえ，コスプレ

2　コスプレする身体のパフォーマンス　　237

コスプレーヤー（コミックや映画，ポップカルチャーの祭典「東京コミコン」にて）(2016年，千葉)

の参入者たちは多くの場合，街の専門店で買った衣裳をそのまま着て済ますということはなく，自分が仮装するキャラクターに似せるために既製品にさまざまな加工を施しているようです。コスプレが全体として，想像上のメディアのイメージに合わせて自己の外面を加工し，編集することを競うパフォーマンスである以上，こうした工夫が必須の手続きであることはよく理解できます。

　コスプレ人気はやがて全国へと広がり，2010年代までに全国各地でコスプレのイベントが月に100以上も催されるようになったとされています。各地のイベントを一覧できる無料ミニコミ誌も登場していきます。さらに，コスプレの流行はマンガやアニメのグローバル化に並行して，世界に広がっていきました。もともと欧米には，SFなどの登場人物に扮するコスプレの先行形態がありましたが，マンガやアニメのような二次元の存在に扮するコスプレは日本の流行が伝播したものです。2000年代以降，日本のアニメが欧米でも

アジアでも流行していくなかで，アニメ・ファンの集まりなどでコスプレは急速に拡大していきました。

| 自己目的化するコスプレ

1990年代以降のコスプレの大きな変化は，それまでコミケットのようなマンガやアニメの展示即売会のいわばアトラクションとして演じられていたコスプレが，しだいに母体の催しから独立し，それ自体を目的とするイベントとなっていったことです。コスプレをした者同士の撮影会やコスプレ・ダンスパーティ，さまざまなコスプレ大会が催されるようになっていきました。

この変化は，ある意味でカラオケに生じた変化と似ています。つまり，それまではお酒の場のアトラクションであったカラオケが，しだいに宴会文化から独立していったように，それまではマンガやアニメの同人誌文化の一部であったコスプレが，それ自体が仮装のパフォーマンス性において楽しまれるようになっていったのです。もっともコミケットに集約される同人誌文化は，それ自体がオリジナルの出版社ベースのマンガやアニメの文化からのスピンアウトだったわけですから，ここでは離脱が二重に生じているわけです。

実際，カラオケとコスプレでは，それぞれが置かれる社会的文脈はかなり異なりますが，いずれもメディア上で演じられてきた理想的な他者になりきろうとする点でよく似ています。カラオケの場合，人々はスターの歌声に自分の声を重ね，可能な限りそのスターになり切ることで存在感を得ます。コスプレの場合は，現実に存在する他者というよりも，マンガやアニメの架空の登場人物に自らを重ねていくのです。いずれの場合も，いま，ここに存在している〈私〉が〈誰か〉を演じるのではなく，メディアの向こう側に〈誰か〉がいるという感覚がまずあり，そのような〈誰か〉になり切ることで，〈私〉も存在感を得られるのです。

2　コスプレする身体のパフォーマンス　239

| コスプレ文化のエスノ
| グラフィー

しかしコスプレは，単にメディア上の他者に自己を重ねるだけのパフォーマンスなのではありません。田中東子はコスプレ文化のエスノグラフィーを試みるなかで，このパフォーマンスを取り巻く無数の文化的コードに遭遇しています。彼女は「イベント会場に足を運び多数の実践者から話を聞くようになるにつれて，レイヤー[コスプレをする人]になる／レイヤーであるためには時間的蓄積を必要とする様々な実践知の積みあげと，ある程度の金銭的な担保が必要である」ことを知ります（田中 2009: 26, ［ ］は引用者）。

彼女によれば，「コスプレの現場はジャーゴンや独特の風習であふれて」います（同 30）。コスプレをする「レイヤー」は，自分たちの行為を「コスプレ」ではなく短縮して「コス」と呼びます。それぞれのレイヤーは，コスプレをするときにだけ使う「コスネーム」をもっていて，それが「ウェブ上ではプライベートな情報を開示していないレイヤーたちにとって，本人を識別するための唯一の情報になって」いきます（同 30）。あるコミュニティが，自分たちのことやその行為を，そのコミュニティ内だけで通用する名前で呼ぶのはしばしば見られることで，そうした呼称の利用によって，彼らは自分たちの世界を外部の干渉から守ることができます。

そしてこのコスプレ共同体のイベントで，参加者たちのパフォーマンスの中心に据えられているのが，お互いに写真を撮ることです。参加者が複数で参加することが多いのは，「二次元世界のキャラクターの衣装を着て写真を撮るということが活動の中心的な目的となる以上，単独での参加では撮影の手が足りない」からです（同 32）。参加者たちは，マンガやアニメに登場する特定のキャラクターに扮し，しばしば「さらに詳しい場面設定によって，特定のテーマや文脈の一貫性を維持しながら」撮影を重ねます（同 32）。

2000 年代以降，デジタルカメラの高性能化によって，コスプレ文化のなかでの写真撮影の重要性は拡大し続けました。レイヤーたちが容易に自分の扮装写真を撮れるだけでなく，そうした写真を容易に加工できるようになったのです。しかも，インターネットの浸透で，レイヤーは撮影・加工した自分の写真をネットにアップロードし，互いにつながっていきました。コスプレ文化には誰もが発信者となるネット文化と高い親和性があります。田中はこの点に注目し，レイヤーたちの活動自体が，「インターネットとデジタル・テクノロジーの発展を通じて，情報やコンテンツを受容するだけのファン活動から，受容したものを再解釈・再加工して公表するという生産的な活動へと移行」したとしています（田中 2017: 144）。

　こうしたパフォーマンスを通じ，レイヤーの行為を枠づけているのは，その扮装がどれだけ空想上の登場人物に精緻に似ているかという点です。コスプレのレイヤーが，「『あの人はレベルが高い』と云えば，模倣の元となったキャラクターと似せるのに成功していること」を意味します（同 32）。つまり，ここでは「レイヤー自身の容姿やスタイルだけが重要なのではなく，細部にまで渡る衣装や造形の再現度や着こなし方，キャラクターへのなりきり度」が重要で，「部外者や素人には，ほぼ判別のつかない独特の審美眼」によって選別が行われているのです（田中 2009: 32-33）。

　しかし，基準の元になっているキャラクターは二次元の架空の存在なのですから，ここでの「似ている」「似ていない」は，客観的に何かが存在しているというよりも，コスプレの参加者たちが共同で作り上げている幻想だともいえるでしょう。ところがこの虚構性は，レイヤーたちの自分が演じるイメージへの能動的な参加度をさらに強めもします。とりわけコスプレのモデルとなるのはマンガやアニメに登場する無国籍的なファンタジーの世界の登場人物なので，

人種や民族，文化的差異は目立ちにくく，世界のどのような若者でも能動的な参加が容易になっています。

ストリート・ファッションの自己のパフォーマンス

1970年代から80年代にかけて，若者文化のなかでコスプレに並行するいくつもの現象が見られました。たとえば，ストリート・ファッションです。ストリート・ファッションは，単に「路上のファッション」なのではありません。70年代以降に浮上していったこのファッションに特徴的だったのは，そうしたファッションを身に着ける若者たち自身が，自分が見られていること，他者のまなざしの前で自分を演じていることをはっきり意識していたことです。この意識が確立していくのは，もう一方で雑誌やテレビがストリート・ファッションを取材し，メディア上に再現していく動きが他方で広がっていたからでもありました。

ストリート・ファッションにおいて，着こなしのモデルがファッション雑誌だけでなく，マンガの主人公や音楽グループを参考にしていく現象もしばしば観察されていました。メディア上のイメージと，実際に路上で自分が身に着けるスタイルが循環をなしていくのです。やがてインターネットが普及していくと，ストリート・ファッションは，外部から取材されるだけでなく，担い手たちが自分の写真をネット上にアップロードしていくようにもなりました。このように，メディア上のイメージと都市空間での自己表現が循環的回路をなしながら増殖していく現象が，コスプレよりも日常的な仕方で都市の各所に出現していたのです。

この過程で，メディアの誌面のみならず実際のファッション・ブランドまでもがストリート・ファッションに影響され，流行が形づくられていく流れも生じていきました。渡辺明日香によれば，ストリート・ファッションの存在感が大きくなるなかで，「影響力の強

いデザイナーやブランドのいくつかが，ファッションのアイデアソースとして，ストリートファッションを参照していると公言」するようになったといいます（渡辺 2017: 183）。ファッション雑誌や音楽シーン，マンガなどを参考にして路上の若者たちのファッションが形づくられるようになっただけでなく，そのようなメディアやファッション全体が，路上のパフォーマンスと循環し始めたのです。

ストリート・ファッションからコスプレまでの1970年代に現れ始め，90年代には全国化，大衆化していく現象は，〈メディアのなかの他者〉と〈都市のなかの自己〉が反響しながら融合していく過程でした。一般には，スターやアイドル，ファンタジーの主人公は，憧れの対象であっても自己ではなく他者です。そのような他者の服装やスタイル，ふるまいの一部を自己表現に引用することは，50年代から映画スターの模倣や皇太子妃ブームにおいてなされていましたが，それらはあくまで模倣であり，「オリジナル」と「コピー」の関係は揺らいでいません。

しかし1970年代以降，この関係が揺らぎ始めます。メディアの数が増殖し，しだいに日常生活にあふれ返っていきました。つまり，メディアが生活のなかに飽和していったのです。そうしたなかで，すでにインターネット以前から，若者たちはサブカルチャーやファッション，音楽の領域でそれぞれがオリジナル，つまり発信者になっていましたが，ネット社会の拡大はこの傾向を決定的にします。コスプレは何よりもこの転換を顕著に示した現象で，レイヤーは単にマンガやアニメの主人公を模倣しているのではありません。むしろ彼女たち自身が「作品」の制作者，つまりメディア上の架空のイメージの作り手となったのです。

2 コスプレする身体のパフォーマンス **243**

3 スポーツする身体のパフォーマンス

> 「観るスポーツ」の時代から
> 「するスポーツ」の時代へ

カラオケが音楽の領域で〈歌う身体〉の変容を示し，コスプレがファッションの領域で〈装う身体〉の変容を示したとするならば，もう1つ，スポーツの領域での〈走る身体〉にも同様の変化が起きていました。杉本厚夫は，1960年代半ばから90年代半ばまでで，スポーツ文化は選手（athlete）と組織（association）が中心の大人（adult）の娯楽（amusement）から，ファン家族（family）が中心の女・こども（female/child）のファッション（fashion）に，つまり頭文字が「A」の時代から「F」の時代に変化したと論じています（杉本 1997）。高度成長期には「観るスポーツ」が中心だったわけですが，70年代を経て，やがて「するスポーツ」が中心の時代に移行し，その主体は特権的なエリートからごく普通の市民に変化したのです。つまり，この30年間でスポーツの日常化と商品化が同時並行で進みました。スポーツは生活の奥深くに入り込むファッショナブルでコマーシャルな実践となったのです。

　これは，すでにお話しした音楽やマンガ・アニメの世界で起きたことと共通の変化でした。いずれの場合も，それまでリスナーや読者，観客であった普通の人々が，普通のままパフォーマーになり，発信者になっていったのです。そしてこれは，前回論じたマス・メディアからソーシャル・メディアへの変化とも対応しています。音楽からスポーツまでの文化世界が，スターの時代からアイドルの時代を経てファンの時代へ変化したということもできるかもしれません。1970年代から90年代までの四半世紀の社会の構造変化を背景

244　第12場　パフォーミングする文化

に，90年代以降に顕在化したこの傾向は，私たちの文化世界を広く覆っています。プロから素人へ，受け手から発信者へ，非日常から日常へ，ナショナルなものからコマーシャルなものへ，生活世界の商品化は日々の営みをくまなく組織化し，誰しもが商品としての自己を楽しみながら演じているのです。

マラソンは，努力と忍耐のスポーツか

スポーツの分野でこうした変化がはっきり観察できるのは，マラソンのような競技です。1964年の東京オリンピックでマラソンは花形の種目でした。そこで銅メダルを獲得したのが円谷幸吉です。彼は，もともと福島県の農家の7人兄弟の末っ子として生まれ，地元高校卒業後，自衛隊に入隊します。この自衛隊で，駅伝ランナーとして頭角を現し，東京オリンピックで活躍する隊員を育てる特別養成プログラム，さらにはオリンピック全体の特別プログラムに加えられていくのです。彼は，何よりも底知れぬ「努力と自己鍛錬」の人でした。もともと彼が自衛隊に入隊したのも，「軍隊というところは，人間を鍛えるにはとてもいいところだ」と口癖にしていた父親の影響が大きかったとされます。日本の農村はまだ貧しく，戦前期のメンタリティをいまだ継承していた人々にとって，スポーツは軍事教練の延長線上にありました。

実際，円谷はその出身や家庭環境が示すように，マゾヒスティックともいえるほど厳しい自己鍛錬への願望が強い若者でした。そしてその結果，彼は持ち前の持久力にスピードを加えていき，オリンピックでのメダル獲得を果たすのです。東京オリンピックの特別強化プログラムで円谷をトレーニングしたコーチは，円谷はその性格から放っておくと練習をやりすぎて体を壊す傾向があるので，彼の気持ちに余裕をもたせることに注意を払っていました。

ところが，オリンピックでメダルを獲得し，一身に脚光を浴びる

東京オリンピック・マラソンでゴール前の円谷幸吉（1964年，東京）

ようになったのとは逆に，オリンピック後は円谷の頑張りを抑えるコーチが周囲にいなくなります。結果的に，彼は成績が伸びないとそれを克服するためにもっと鍛錬を重ね，それがむしろ彼の体を壊していくという悪循環に陥っていきました。最終的に，社会からの期待に応えきれなくなった円谷は，1968年1月8日，自衛隊体育学校の宿舎で自殺します。自分を徹底的に追い詰める努力で栄光を獲得したマラソン選手の最期は，なんとも悲痛なものでした。

| 苦しむマラソンから楽しむマラソンへの転換 |

1970年代以降のマラソンに生じたのは，このような円谷型の自己鍛錬と忍耐のマラソンから，むしろ自己解放と楽しみのマラソンへの転換でした。この転換に大きな役割を果たしたのは，一方では女子マラソンの，他方では市民マラソンの台頭であったといえるでしょう。70年代以降のマラソンで浮上してくるこの2つの大きな流れは，しばしば相互に結びつき，日本人のスポーツに対する

接し方を大きく変える流れの一部をなしていきました。

　実際，そもそも 1964 年の東京オリンピックでは，まだ女子マラソンという種目はありません。女性たちのマラソンがオリンピックの正式種目になったのは 84 年のロサンゼルス・オリンピックからで，その後，有森裕子や高橋尚子，野口みずきが世界で活躍していくわけです。80 年代まで，女子マラソンがオリンピックの正式種目でなかったのは，たいへん遅かったといわなければなりません。日本国内では，東京国際女子マラソンが始まったのが 79 年です。つまり，国内的にも，国際的にも，70 年代がマラソンの大きな転換点で，このあたりからマラソンは男たちのまるで軍事教練のような忍耐と自己鍛錬の競技から，もっと都会的でカラフルなスポーツに変容し始めていたのです。

　こうして生じた 1970 年代以降のマラソン文化の変容を，円谷幸吉との対比において最もよく示しているのは，80 年代から 90 年代にかけて，市民ランナーから出発して日本女子マラソンを代表する選手となっていった谷川真理でしょう。

　谷川はマラソンを始めた頃のことを振り返り，それまでは「走るっていいイメージがなかったんです。忍耐とか苦しいとか。そんな時に楽しく，おしゃれなランナーになりたかった」と述べています（『朝日新聞』2008 年 11 月 12 日）。東京都内の一般企業でごく普通のOL として働いていた彼女は，楽しそうに皇居の周りをジョギングしている人々の姿を見て，自分もこれなら続けられると感じたそうです。円谷においては至上の価値が置かれていた努力や忍耐が，谷川にとってはマイナスの記号でしかなく，むしろ楽しいこと，おしゃれなことがスポーツの価値だと考えられていくのです。

　谷川が円谷と対照的なもう 1 つの点は，国際大会での優勝経験や高レベルの記録があったにもかかわらず，彼女は一度もオリンピッ

3　スポーツする身体のパフォーマンス　247

ク選手には選ばれなかったことです。円谷が，東京オリンピックというたった1回の機会の活躍で国民的ヒーローとなったのに対し，谷川はオリンピックの晴れ舞台には上りませんでした。しかし，選考にもれて全国の市民ランナーから励まされ，そうした支援に支えられて彼女は市民マラソンのシンボル的な存在にまでなっていきました。彼女は後に，「五輪に出られなかったからこそ，今でもマラソンランナーとして走り続ける事が出来る」と語り，また「五輪を目指していた時は，1秒でも速くゴールを目指していたので手を振る暇がなかったんですが，今は走ることの素晴らしさをアピールするのが喜びです」と語っています（『朝日新聞』前掲）。この走ることへの関わりを，円谷は東京オリンピックの大舞台で勝利して以降，最後まで発見することができなかったのです。

市民マラソンの台頭と〈走る私〉のパフォーマンス

谷川真理を誕生させ，また彼女がそのシンボル的な役割を担うようになっていったのは市民マラソンです。そしてこの市民マラソンが日本で興隆し始めたのも，1970年代から80年代にかけてのことでした。その最初の段階をリードしたのは，30キロを競う市民マラソンとして1967年に始まった青梅マラソンでした。参加者は，最初の年は337人，第2回が447人，第3回が680人と徐々に増える程度だったのですが，70年代に入って急増し始め，70年は1193人，71年は1723人，72年は2089人，73年は2406人，74年は2956人，75年は4087人，76年は7813人，77年は1万710人と，毎年1万人の大台を超えていくようになります。81年には上限を1万5000人とする定員が設けられるようになりますが，わずか2日で応募者が定員を超えてしまいました。明らかに，市民マラソンは70年代半ばから劇的な拡大を見せ始めていたのです。

1980年代から90年代にかけて，市民参加型のマラソン大会の数

は増加していきます。つくばマラソン，篠山ABCマラソン，横浜マラソンなどが80年代初頭に始まり，80年代半ばにはNAHAマラソン，北海道マラソン，青島太平洋マラソン，さらに90年代に入るとかすみがうらマラソン，福知山マラソン，おきなわマラソンなどが開催されていきました。さらに，市民マラソンへの機運が盛り上がるなかで，東京都心を舞台に大規模な市民マラソン大会を実施していくことも計画されていました。東京都庁舎の新宿移転を契機として，新宿を起点とする都心部のマラソンコースを走るもので，91年から実施する構想でした。結局，紆余曲折を経てこのマラソンが実現するのは2007年のことです。

この東京マラソンが約30万人の応募者から3万数千人の参加者を選び，沿道で200万人もの観衆が応援する巨大イベントに発展していくと，観光客誘致や地域活性化につながると，全国で爆発的な勢いで市民マラソンが増殖していきました。2010年代に始まったマラソン大会を挙げるだけでも，奈良マラソン，大阪マラソン，神戸マラソン，京都マラソン，ちばアクアラインマラソン，富士山マラソン，熊本城マラソン，福岡マラソン，富山マラソン，金沢マラソン，さいたま国際マラソン，おかやまマラソン，鹿児島マラソン等々があり，これらの多くが1万人以上の参加者を集めていきます。2010年代半ば，国内の市民マラソンは，小規模なものまで含めると約1800大会にまで上るとされます。2012年の時点でマラソン人口は日本全国で約2500万人，全人口の2割にもなるとされ，健康志向を背景にマラソンは巨大な市場を形成しています。

こうして市民マラソンが大発展するなかで，市民ランナーたちの意識も変化していきます。初期の参加者にとって，市民マラソンの魅力はその解放感でした。当時の記事には，マラソンには「テニスや乗馬のようなカッコよさはたしかに乏しい」けれども，「走って

いると雑念を忘れ，頭が空白になる。複雑な社会に生きる現代人に，これは貴重な時間だと思う」といった参加者の感想が載せられていました（『読売新聞』1974年12月28日）。しかし，市民マラソンが社会のなかで主流化し，産業規模も大きくなっていくと，マラソン自体が自己表現の舞台と見なされるようになっていきます。

今日の市民ランナーに欠かせないのは，「周囲の人に見られながら美しく走る」ことです。「ランスカ」と呼ばれるランニング用スカートも開発され，ランニングウェアをカラフルに着こなした女性ランナーは「美ジョガー」と呼ばれます。市民マラソンのスタート地点は，カラフルなウェアを着た参加者たちで色鮮やかになっていきました。東京都心では，東京マラソンを走るためのランニング・ファッションのイベントが開催され，「マラソンのための美容講座」まで開かれています。女性ランナーたちは，（かわいい服で走ると）「モチベーションがあがる」と語り，場合によっては「以前はランニングのためにウェアを買っていたが，今は，かわいいウェアを着たいがために走る」といった面も生じているのです。

反転した〈客席〉と 〈舞台〉

今回は，〈歌う身体〉〈装う身体〉〈走る身体〉という私たちの身体的実践の3つの次元で，1970年代以降，〈自己〉と〈他者〉の関係がどのように変容してきたのかを検討しました。一言でいうならば，それは〈客席〉と〈舞台〉の反転としてまとめられます。70年代以降，それまで舞台上のスターや画面のなかの架空の存在を客席から眺めていた人々が，むしろ自らステージの上で自分の好む役を演じ始めたのです。たとえばカラオケの浸透により，それまで聴くものとされていた人気歌手の曲が，聴く以上にその歌手に自分を重ねる媒体となりました。コスプレは，レイヤーたちが自分の外面を加工することにより，自己をいかにメディアのなかの登場人

物に重ねているかを競うゲームでした。70年代に拡大し始める市民マラソンは，初期にはストレスの多い仕事からの解放の場でしたが，やがて〈走る自己〉を演出する場として受けとめられていきます。誰しもが発信者になるというインターネットの浸透で起きたのと並行する変化が，日々の身体にも生じていたのです。

　新しいメディア技術が，このような客席のステージ化，つまりそれまで客席から舞台を眺めていた人々が，自らステージの上で自分の好む役を演じ始めていくのを大いに促した点は特筆しておくべきでしょう。カラオケが大衆化していくうえで，伴奏に先行してメロディが小さく入る工夫は必須でした。しかも，客の希望に応じてどんな伴奏，どんな背景のシーンでも呼び出せるようにしたのも技術の力です。他方，コスプレの場合も，デジタル写真の技術的な発達で，扮装した自己を自在に撮影し，しかもその画像を編集していくことが容易になりました。このような技術的な媒介が，客席のステージ化には不可欠であったのです。

　そして，このような技術に媒介されながら，カラオケも，コスプレも，市民マラソンも，それぞれがかつては属していた活動から独立していきました。カラオケは，もともと宴会文化のなかで広がっていきましたが，カラオケ・ボックスの普及で「お酒の席」とは関係なく楽しまれていきます。コスプレも，かつてそれが母体としていたコミケットのような特別の場との結びつきに依存しなくなっていきました。市民マラソンも，青梅マラソンが必要としたようなスター選手の参加は，だんだん二次的なものとなりました。

　外から眺めるならば，これは社会がどんどん分断され，それぞれの小さなグループで閉じていっていることを示すようにも見えます。カラオケ・ボックスで歌うグループは，コンサートホールよりはもちろん，スナックや宴会の席で歌い手を囲んでいた人々よりも小規

3　スポーツする身体のパフォーマンス　251

模であることが多いでしょう。コスプレも，昔からある仮装パーティや仮装行列よりもずっと小規模な，1人からせいぜい数人で楽しまれる文化です。かつてはママさんバレーが流行した時代もありましたが，市民マラソンの流行は，1人で走るのがカッコいいという感覚が深く浸透したことを示します。

　その一方で，これらの一見ばらばらな活動が，アップロードされたネット上の映像や画像によって結ばれていることも見逃せません。ネット社会は，私たちがメディアを通じて「もう一人の自分」を演出することを可能にしました。この「もう一人」は，ネット上でスターとつながるファンの自分かもしれませんし，歌やファッションでスターを演じる自分かもしれません。自己を演出する主要な場が徐々にヴァーチャル化していくことにより，実際の物理的な場にいる〈歌う自己〉や〈装う自己〉，〈走る自己〉の存在は，必ずしも目前の他者によってこそ受け入れられる存在ではなくなっていったのです。

Key word

カラオケ・レコード　　カラオケ　　コスプレ　　レイヤー　　コスプレ文化　　ストリート・ファッション　　マラソン　　女子マラソン　　市民マラソン　　自己と他者

予習図書

① アーヴィン・ゴッフマン『行為と演技——日常生活における自己呈示』石黒毅訳，誠信書房，1974 年

② 成実弘至編『コスプレする社会——サブカルチャーの身体文化』せりか書房，2009 年

③ 杉本厚夫『スポーツ文化の変容——多様化と画一化の文化秩序』世

界思想社, 1995 年

④ Tōru Mitsui & Shūhei Hosokawa eds., *Karaoke around the World: Global Technology, Local Singing*, Routledge, 1998.

復習課題

① カラオケやコスプレ, 市民マラソンといった現象に示されたオーディエンスからパフォーマーへの関係性の反転は, 他の文化ジャンルでも見出せます。あなたの身の回りを眺め, ここでは取り上げなかったジャンルで同様の関係性の反転がいかに生じてきたかを調べ, その原因も考察してみましょう。

② これまでの議論では, カラオケとコスプレ, 市民マラソンの共通性を強調してきましたが, もちろん3者の間には違いもあります。現代文化において〈歌う身体〉と〈装う身体〉と〈走る身体〉に生じていった変化の違いについて論じてください。

③ 現代文化のなかで個々人がパフォーマー化していく現象が, インターネットだけによってもたらされたわけではないのなら, この変化を生じたさせたのはいかなる要因だったのでしょうか。現代社会で自ら〈歌う身体〉や〈装う身体〉, 〈走る身体〉が台頭した原因を, 伝統社会におけるそれらの身体との違いに注目しつつ論じてみましょう。

第13場　観光のまなざし／上演する地域

現代文化としての地域

➡観光は，近現代社会に広く行き渡った消費行為です。観光において私たちが消費するのは見知らぬ地域の文化ですが，この文化の消費は，大量生産された一般的商品の消費とは異なる面を含んでいます。なぜならば，消費される地域には人々が住んでおり，その地域の伝統があり，観光客たちは地元民によって見返されてもいるからです。観光についてはこれまで多くの歴史的，人類学的研究が重ねられてきましたが，ここでは19世紀の鉄道旅行やリゾートの大衆化，観光の疑似イベント化，「本物」と「偽物」の境界線をめぐる議論を紹介し，観光を観光客と地元民の相互行為として捉える視点に向かっていきます。最終的には，私たちはその視点を，地域を消費する観光客から地域を演出する地元民へと反転させ，地域がグローバルな消費社会のなかで観光客を集め続けるために，いかなる文化資源を動員できるのかについて考えていきたいと思います。

1 観光のまなざしのなかの地域

「観光」というまなざしの組織化

観光とは，〈他者〉の文化を経験しようと欲望する〈自己〉のまなざしの体制です。その西洋的な起源は，中世の巡礼や学者の遍歴，17, 18世紀のグランド・ツアーにまで遡れないことはありませんが，今日的な意味での観光は，やはり19世紀，鉄道や蒸気船の発達と中産階級や労働者階級のレクリエーションという社会教育的概念の浮上，これらを結びつけて大規模に組織していく旅行産業

の台頭によってはじめて出現した現代的現象でした。

こうした意味で、19世紀後半のヨーロッパで鉄道の発達と結びついて大発展していったのは、パック旅行やガイドブック、海浜リゾートです。これらはいずれも同時代の鉄道や蒸気船と同様、新しい観光産業の中核的な基盤をなしていきました。

パック旅行の場合、バプティスト派の貧しい巡回宣教師で、熱烈な禁酒運動家であったトーマス・クックが、酒場やアルコールに代わる「健全な」娯楽を労働者に提供するため、「安い切符」

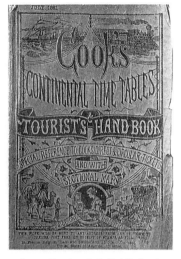

トーマス・クックのガイドブック兼用の大陸時刻表

による団体旅行を発案したのは1840年代のことです。禁酒大会への特別列車運行からスタートしたその事業は、やがてウェールズやスコットランドへの観光団を組織し、さらに1851年のロンドン万国博へ多数の団体観光客を送り込んだことで、一挙に拡大しました。彼はこのとき、イングランド各地で「博覧会クラブ」への加入を呼びかけ、積立金制度による労働者の博覧会見学を奨励し、顧客向けに旅行誌を発行して見学のための基礎知識を広めていきました。

さらにクックは、1850年代から60年代にかけ、ヨーロッパ一周旅行やスイス旅行、アメリカ旅行を企画し、1869年には最初のガイドつきエルサレム巡礼を実現させました。19世紀末になると、このクック社の強力なライバルとなるアメリカン・エクスプレス社が登場します。同社は1891年にトラベラーズ・チェックを商品化

1 観光のまなざしのなかの地域 255

し，95 年にはヨーロッパ支店も開いていきました。

海浜リゾートと観光客　　このような旅行社の発展は，観光客目当て
のリゾートの成長とも結びついていました。
イギリスではすでに 18 世紀にもスカーバラのような海辺と温泉が
一体になった海水浴場がありましたが，これは富裕層が治療や療養
で滞在する高級保養地で，中産階級や労働者階級のレジャーや観光
の空間ではありませんでした。ところが 19 世紀以降，たとえばブ
ライトンに代表されるような家族客相手の海浜リゾートがイギリス
各地に出現するのです。19 世紀前半，ブライトンの人口は 7000 人
から 6 万 5000 人まで激増します。この増加のスピードは，この国
有数の産業都市をも凌ぐものでした。こうして 20 世紀初頭までに，
イングランドやウェールズの半数以上の人々が毎年少なくとも 1 回
以上は海辺へ旅行するようになっていたのです。

　ジョン・アーリは『観光のまなざし』で，こうした海浜リゾート
発展のデータを紹介しながら，観光やレジャーの大衆化と海浜リゾ
ートの発達が，単に鉄道の発達だけによってもたらされたのではな
く，資本家たちの労働者の身体に対する管理の合理化，つまり彼ら
の身体を規則的な時間のなかに位置づけ，産業的合理性の観点から
健全な娯楽を与えていこうとしたことや，自然に対するロマン主義
的な関心が拡がっていったことなどが複合的に作用していた点を強
調しています。そして，このように各地で海浜リゾートが発達し，
大衆化されてくると，それら相互の間での「高級な」リゾートと
「大衆的な」リゾートとの差別化も進んでいくのです。

★────────────────────────────────

　アーリ　John Urry（1946〜2016）　イギリスの社会学者。ランカスター大
学教授。観光社会学，移動の社会学で知られる。主著：『観光のまなざし』
（1990），『場所を消費する』（95），『モビリティーズ』（07）。

256　第 13 場　観光のまなざし／上演する地域

| 疑似イベントとしての 「観光」 |

以上のように，19世紀後半から急速に発達していった観光旅行を，1960年代，ダニエル・J・ブーアスティンは『幻影の時代』で，「疑似イベント」として論じました。彼は，複製技術革命以来の「イメジの大量生産は，われわれの想像力にも，われわれのもっている真実らしさの概念にも，さらには，日常的経験のなかで真実として通用しているものにも，革命的な影響をおよぼした」として，こうしたマス・メディアによって製造される事実のことを「疑似イベント」と呼んだのです（ブーアスティン 1976: 222）。

ブーアスティンの視点からするならば，現代の観光旅行は疑似イベントの典型です。「現代のアメリカ人の観光客は，疑似イベントでもって経験を満たしている。彼は世界が本来提供してくれる以上のめずらしいものと，見なれたものとを同時に期待するようになった。本来，一生かかってやるような冒険を二週間のうちにやれるようになり，生命の危険を冒して初めて味わえるようなスリルを，危険を全然冒さないで味わえるようになったと信じるに至った。エキゾチックなものも，見なれたものも，注文通りに作ることができると期待する」と，彼は論じました（同 91-92）。

この変化は，「旅行者」から「観光客」への主体概念の転換を伴っていました。「旅行」という意味の travel は，もともと骨折り，労働，苦痛などを意味する travail と同じで，骨の折れるやっかいな仕事という意味を含んでいました。それに対し，19世紀前半，楽しみのために旅行する人を指す「観光客（tourist）」の語が登場し

★────────────────────────────

ブーアスティン Daniel Joseph Boorstin（1914〜2004）　アメリカの文明史家。74年『アメリカ人』でピューリッツァ賞を受賞。主著：『幻影の時代──マスコミが製造する事実』（62）は世界的に反響を呼んだ。

1　観光のまなざしのなかの地域　　257

ます。同じ頃、「観光＝見物（sight-seeing）」という英語も登場するのです。これらの言葉の歴史から、ブーアスティンは、19世紀の欧米で、能動的で生産的な「旅行」から受動的で消費的な「観光」への構造的な転換が起きたと論じたのです。この転換により外国旅行は、労苦を伴う経験から価格つきの商品へと転態し、人々は「アフリカの奥地にいても、自分の家にいるのと同じような快適さを楽しむことができると期待するように」なりました（同92）。

「観光＝疑似イベント」論の限界

ブーアスティンの「観光＝疑似イベント」論は、現代社会のなかで観光現象の成り立ちを総論的に論じた先駆的な議論です。しかし、この議論は、これまでいくつかの点で批判されてきました。なかでも重要なのは、彼が、疑似イベントの成立を、マス・メディアによるイメージの製造に求め、「本物」の旅と、「偽物」の観光を二分法的に区別していることへの批判です。

たとえばギー・ドゥボールは『スペクタクルの社会』で、ブーアスティンが現代アメリカにおけるスペクタクル的な商品消費を記述しながらも、その原因を、あまりに巨大なイメージ伝播装置とセンセーショナルなものに対する現代人のあまりに強い好みとの「半ば偶然の不幸な出会い」に求めているため、その批判は「正常な」常識を擁護することで終わってしまっていると批判しました。

ドゥボールによれば、今日の世界を覆っているスペクタクルは、物象化された商品世界の日常生活に対する完全な支配によってもたらされたのです。広告や観光、ショッピングやスポーツまでを含むスペクタクルは、単にマス・メディアの発明品なのではなく、完全に商品化されてしまった世界に対する、イメージによって媒介された諸個人の社会関係＝ヴィジョンなのです。

この批判の要点は、ブーアスティンが「本物」の旅と「偽物」の

258　第13場　観光のまなざし／上演する地域

観光を無前提に区別してしまった点にあります。ディーン・マッカ
ネルも，観光客が表層的で仕組まれた観光経験だけを望んでいると
いうブーアスティンの主張には何ら根拠がないと論じます（マキァ
ーネル 2012）。ブーアスティンは「旅行者」と「観光客」を区別し
ますが，この区別は暗黙裡に知識人と大衆の区別と重ねられていま
す。つまり彼は，どこかエリート主義的に，大衆＝観光客が表層的
な「偽物」の消費しかできないと思い込んでいるのです。

　しかし，多くの観光客はうわべだけの経験に満足する「単なる観
光客」とは自分は異なると考え，「本物」に近づこうとしています。
ブーアスティンが示す「旅行＝本物／観光＝偽物」の区別は，それ
自体，多くの観光客が共有する「本物」志向と同型的です。マッカ
ネルはこのようにブーアスティンの議論の足元を批判し，彼の「観
光＝疑似イベント」論に代え，アーヴィング・ゴッフマンの「上演
モデル」を基礎に，表のステージと舞台裏が何層にも連なるなかを
観光客が進んでいく過程として観光現象を捉えました。

2 〈触れる〉まなざしとしての観光

「眺める」ことと「触
れる」こと

　先ほど，観光とは，〈他者〉の文化をめぐ
る〈自己〉のまなざしの体制であると定義
しましたが，このまなざしには特徴があり
ます。というのも，たとえば人類学も，観光と同じように〈他者〉
の文化をめぐる〈自己〉のまなざしの体制として発達してきました。
しかし人類学の場合，その〈他者〉をまなざすことでなしてきたの
は，観察し，識別し，記述し，分類することであり，1970 年代以
降はそのように分類するまなざしを自己批判していきます。

これに対し，観光は，まなざされた〈他者〉に実際に触れ，これを我有化しようとする欲望に満ちています。観光客は，その訪れた土地で，〈他者〉の文化を我が物とするために，名所に足を運び，その土地の料理を食べ，自分をなかに入れた写真を撮り，土産を買って家に飾ります。これらはどれも認知的な活動というよりも，〈他者〉の文化に直接触れ，それを取り込んでしまおうとする実践的行為です。つまり観光のまなざしとは，〈他者〉を眺めるまなざしというよりも，〈他者〉に触れるまなざしなのです。

　そうした意味では，観光は容易に「侵略」に転化することもありますし，他方で〈他者〉との交流，直接的なやりとりを通じて親密な関係が形成されることもあります。「触れる」行為は，「眺める」行為よりもはるかに相互的です。「眺められた」者は，一方的に眺められただけかもしれませんが，「触れられた」者は必然的に「触れてもいる」のです。かつて人類学的観察の対象となった人々とは異なり，観光地は，観光客を誘致することで「まなざされること」を仕掛けています。観光地は，受動的に観光客が期待するイメージを受け入れるだけの存在ではありえないのです。

ホストとゲストの相互行為としての観光

　ですから，「現代文化としての観光」は，これを消費する観光客の側だけからでは捉えきれません。現地に「触れ」ようとする観光客のまなざしに，ホスト側の地域がどう対応したのか，またそのことによってホスト社会がいかに変容したのかを考える必要が生じます。そして，このホスト側の対応を重視して観光活動を「ゲスト」と「ホスト」の相互作用として捉えたのが，バレーン・L・スミスらの「ゲスト＆ホスト」論でした（スミス編 1991）。

　スミスらは，ホストとゲストの間のストレスを生む接触の機会は，ゲスト＝観光客の数が増えるにつれて増えていくと考えています。

観光客の量的拡大は，そうした人々の質的低下，すなわち現地社会に対するマナーや知識，理解度の面でよりレベルの低い観光客の割合が増えていく事態を伴います。ですから，「大衆観光とは，観光客の絶え間ない流入」を意味し，その観光客の大半は，しばしば「『金を払えば，なんでもできる』といった態度で，あらゆる種類のホテルやペンションや旅館を，溢れさせて」いきます（同 19）。

　しかし彼らは，実際には「多くの言語を話せるホテルの従業員や旅行スタッフに頼らねば何もできず，彼らに絶えず見守ってもらい，自分たちの必要なことだけでなくわがままでも一生懸命に聞いてくれることを望んでいる」のです（同 19）。現地社会は，こうした観光客たちにもそれなりの満足を与える技術を洗練させていきます。

　その 1 つの典型的方法は，「模型文化（model culture）」の製作です。模型文化とは，ある地域や民族，伝統を誰にでもわかりやすくモデル化して再現したもので，たとえば観光地にある博物館の展示のように過去に遡り，「訪れた者に進歩を感じ取れるような物差しを与えて，先祖たちが経験した苦しみを追体験させ」ます（同 15）。時には模造された施設で実際に人間が過去を再現しますが，最新の映像技術が使われ，観客たちが過去の歴史を生々しく追体験できるようになってきています。こうした模型文化は，明白な疑似イベントなのですが，これによりある程度，「地元民の日常生活から観光客の立ち入る空間を隔てる」ことができます（同 16）。

　ホストとゲストの相互行為として観光を捉えるならば，両者のどちらがより大きな力でこの活動を左右するかで観光が地域社会にもたらす効果は違ってきます。この力は，開発される土地が誰の所有であるかとか，観光地の整備費用を誰が払うかとか，観光の企画や運営を誰ができるかといった資本や技能の所有状況に依存します。観光の報酬が誰にどう分配され，全体として観光事業がホスト社会

2　〈触れる〉まなざしとしての観光　261

にどんな変化をもたらしていくかは，こうした土地，資本，技能の所有と相関しているのです。そしてこの力のバランスは，観光開発の速度によっても違ってきます。開発がゆっくりしたものならば，ホスト社会には自らの主体性を発揮して観光をデザインする余地が残ります。しかし開発が急激だと，外部の大資本の影響力が圧倒的になり，地元は従属的な役割しか果たせないでしょう。

マス・ツーリズムの
概念を超える観光 スミスらの議論は，1980年代以降に活発化する人類学的観光研究の流れを導くものでした。観光は，ゲストの側とホストの側の両方できわめて多様であるされていったのです。観光客が均質的ではなく，多様な関心，背景の人々からなっているのなら，当然，「観光」も多様です。実際，近年の観光研究では，これまで固定的なイメージで捉えられてきた「大衆観光」とは異なる多様な観光に関心が集まっています。それらは，大衆消費型とは異なる経験を追求する「オルタナティブ・ツーリズム（alternative tourism）」，地域住民と観光客の間の相互理解を重視する「ソフト・ツーリズム（soft tourism）」，自然環境の保全をめざす「エコ・ツーリズム（eco-tourism）」，NGOや学校が主催し，現地社会の現実に目を向ける活動を含んだ「スタディ・ツアー（study tour）」などを含み，これまでの典型的な「観光」イメージとは一致しません。

これらの現代的な「観光」は，観光地の表面的なイメージを消費させることにとどまらず，ホスト社会や文化遺産，自然が直面している困難な問題にゲストの目を向けさせることを重視します。また，そうした活動を旅行代理店や旅行雑誌に誘導されるのではなく，ホスト側の社会の人々自身がゲストを導き，地域のイメージを創出しようとしている点にも特徴があります。

このうち前者の流れを代表するのが「ダーク・ツーリズム（dark

tourism）」の拡大で，これは大災害や原発事故の被災地，戦争の痕跡，人類の死や悲しみの記憶に焦点を当て，そうした歴史の現場で，観光客を生々しい学びの実践に導こうとする活動のことです。日本でいえば，広島や長崎，沖縄ではすでに組織やガイドの体制が整っています。また，東日本大震災や福島原発事故の被災地でも，復興支援と結びついた観光が活発化しています。

他方，ホスト社会と来訪者が連携して観光を地域貢献と結びつけていく活動は「サポーティング・ツーリズム（supporting tourism）」とも呼ばれ，貧困や飢餓，環境破壊や歴史的遺産の劣化をただ見学するのではなく，ゲストがそうした状況の改善や遺産の保全に自発的に加わっていきます。こうなると，「観光客」は，むしろ「ボランティア」に近い存在です。NGO や NPO のボランティア活動が「観光」と結びついて社会に浸透していくのです。

ホストとゲストの境界線のあいまい化

観光のスタイルが短期滞在型の観光から長期滞在型の観光に変化していくと，「ホスト」と「ゲスト」の境界線はあいまいになってきます。つまり，「ゲスト」側であった観光客は，現地での滞在が長引くに従い，だんだん現地通のゲストとなって，ゲストとホストとの仲介者になり，ついにはホストの一員となっていきます。

ちょうどこの「ゲスト」から「ホスト」への変容の中間に位置するのは，留学生やロングステイの観光客でしょう。留学は，多くの場合，20 代の若者たちがおもに英語圏の大学や語学学校に数カ月から数年の長さで滞在するケースであり，日々の経験を通じ，狭い意味での「観光客」の眼から「現地人」の眼へのゆるやかな転換を経験します。ロングステイは，退職者が第 2 の人生を海外で過ごす場合が多く，社会の高齢化に伴い増え続けました。

こうした長期滞在の拡大に先立って，1980 年代後半からバブル

経済と円高のなかで日本から海外に出ていく女性観光客が激増していました。彼女たちは，観光客としてアジアや欧米を旅し，その過程で男性優位の日本社会のなかでは気づかなかった自己を発見し，現地社会に住みついていくようになったのです。

　観光人類学者の山下晋司は，1980 年代から盛んになったインドネシアのバリ島への観光のなかで，首都圏を中心とした都会出身の日本人女性たちの多数がインドネシア人男性と結婚していくようになっていった過程を追い，次のように書いています。

　　「彼女たちはバリに来てはじめて結婚に目覚め，子育てに目覚め，家族に目覚めるのである。物質的には貧しいが，ゆったりとした時間の流れ。いつもそばにいて協力してくれる夫。なにかにつけて寄り合う家族。そんななかで，子どもを産み，育てたりすることが大事だと思える空間。そこには現代の日本が失った『なつかしい』世界がある」（山下 2009: 35）

　彼女たちは，忙しいだけでいつまでも生活の豊かさには到達しない「日本社会に愛想をつかして，事実上逃げ出し」たのです。「観光」は，そうした現代日本からの「亡命」の回路になります。「2，3 週間くらい日本にいると，バリから持ってきたエネルギーがなくなり，もういいかなっていう感じになる。バリの方がずっと居心地がいい」と，バリ島のある日本人妻は語ります（同 35）。

　こうなると「ゲスト」と「ホスト」の関係は逆転し，彼女たちはバリ島のホスト，日本のゲストということになっていきます。しかし，このインドネシア化した日本人妻にとっての「なつかしい世界」の源泉は日本にあったはずのもの（いまはもう日本にはないもの）であり，それがいまも息づいているのは日本よりもバリ島であるわ

けです。そうだとすると，すっかり変化したのは，彼女たちのほう
ではなく，日本社会の側ということになります。

> 「オーセンティックな
> 文化」を上演する

さて，ホストとしての地域が観光客に向け
て演出する自己イメージで，重要な要素と
なるのが「オーセンティシティ」です。都
市社会学者のシャロン・ズーキンは，今日のニューヨークでは，文
化的オーセンティシティの創造と都心部への高度な資本の集積が，
同時並行的に生じていると論じました。ニューヨークの中心街にち
なんで用いられる「マンハッタン化」という用語は，高くなり続け
る超高層ビルや匿名的な群衆，高価で競争的なショッピングモール
で都心部が埋め尽くされていく現象を指します。

　これに対して，「オーセンティシティ」は，普通はこれと正反対
の概念です。ジェーン・ジェイコブスが 1960 年代のニューヨーク
で大規模開発に反対して唱えたように，それは通常，歴史的建築物
や地域の保全，小さなスケールの店やカフェ，住民たちの緊密な結
びつきの維持を含意します。しかし，ズーキンによれば，1990 年
代以降のニューヨークでは，むしろ両者が相補的な関係をなして同
時進行するようになってきているのです。

　1960 年代や 70 年代に活発化した超高層オフィス街やニュータウ
ンの開発は，地域のオーセンティシティには目もくれず，ひたすら
均質的な空間を拡張していました。ところが 90 年代以降に活発化
するジェントリフィケーション（gentrification）は，むしろその地
域のオーセンティシティに目をつけて，その内実を変容させます。

★────────────────────────────

ジェイコブス　Jane Butzner Jacobs（1916〜2006）　アメリカのジャーナ
リスト。都市再開発，道路建設の反対運動で先頭に立つ。20 世紀の都市計
画思想を転換させたといわれる。主著に『アメリカ大都市の死と生』(61)，
『都市の原理』(69)，『発展する地域 衰退する地域』(84) など。

2　〈触れる〉まなざしとしての観光　**265**

ニューヨークのハイライン

前者の開発時代のただなかにあって、ジェイコブスは「人間同士のオーセンティックなふれあいは、古くからある非計画的な都市の猥雑さによってもたらされるということ」を強調していました（ズーキン 2013: 26）。ところが、まさにそうした非計画的な猥雑さが、都市のスタイリッシュな文化として演出されていく時代が来るのです。

1990 年代以降、ニューヨーク都心は、「観光客や投資家のような金持ちにターゲットを絞り、中心部を再構築して郊外に負けない魅力を持たせる」戦略を展開していきました（同 15）。そうして都心には新しいアートスペースやカフェ、洒落たレストランが集中していったのですが、クリエイティブ産業によって創造されたこの都心地域が、「『オーセンティックでない』と、誰が言えるでしょうか？ 新しい店も、新しい人々も、都市を育てるための新しい『土壌（テロワール）』と地域性を生みだします。その地域性は、世界中で取引されるような特定の文化を持った製品や特性によって生みだされる」と、ズーキンは論じました（同 14）。都市のオーセンティシティが創造的なプロセスとして演じられるのなら、そもそもの文化もまた同じように演じられているはずです。

同様のことは、日本の都市にも当てはまるでしょう。たとえば最近、旧三井財閥の本拠地であった東京・日本橋は、「江戸」をキーワードに再開発を進めています。これは、旧三菱財閥の本拠地であ

266　第 13 場　観光のまなざし／上演する地域

った丸の内の再開発が，旧来型の均質空間ではなく，スタイリッシュでオーセンティックな雰囲気の街を作ることに成功したことに刺激された動きです。三菱の丸の内の場合，創出された街並みが強調したのは，ほぼ永久的に保存されることになった赤レンガの東京駅舎との結びつきです。開発者は，大正 3 (1914) 年に完成したこの駅舎のもともとの姿を復元することで，この地域全体のオーセンティシティを支える仕掛けにしたのです。

　日本橋で，東京駅に相当するオーセンティックな施設は，日本橋の橋そのものです。しかしこの日本橋の景観は，1964 年の東京オリンピックの際，運河の上に首都高速道路が架けられてしまうことで台無しにされてしまいました。ですから日本橋のオーセンティシティを呼び戻すには，日本橋川の上に架かる首都高速道路を取り外す大英断が必要です。もしもこれが実現するなら，グローバルシティ東京には，東京駅と日本橋という大正期と江戸期の 2 つの施設を中心に，三菱，三井という二大旧財閥系の資本力がフルに発揮されたオーセンティックな文化の中心が出現し，グローバル資本主義が演出する東京で魅力ある観光スポットとなっていくでしょう。

3 地域の〈文化資源〉とは何か

文化資源という文化の
土壌

すでに何度も解説してきたように，「文化」とは耕作，つまり人々や社会を耕すことです。この営みは単数形ではなく複数形，つまりさまざまな仕方で耕されていくこと，そのプロセスの総体が「文化」なのです。このことについては，もう繰り返し論じたとおりですが，そうした耕作には「土壌」が必要です。肥えた土地を耕

3　地域の〈文化資源〉とは何か　　267

して種子を撒けば，きっとやがておいしい作物がなるでしょう。痩せた土地ならば，一定の肥料をやり，水を引いて，より丁寧に耕していかなければならないでしょう。そのような耕地に一定の循環が生まれれば，毎年の収穫を期待できるかもしれません。

このように文化という営みは，本来，工業よりも農業にはるかに似ています。近代産業社会はこの文化を工業化，つまり大量生産 - 大量消費のシステムに組み込みました。いわば，その土地に根づいてきた耕作様式を，単一作物を機械で大規模に耕作するプランテーション型農業に転換してしまったようなもので，「文化」はより安価に供給され，消費されていきましたが，その内実は，人工的に肥料を大量投下された土地のように痩せ衰えていったのです。

文化の営みにとって決定的に重要なのは，耕作がなされる土壌自体を豊かにしていくことです。つまり，その土地の土壌のなかにある栄養素を見分け，それを生かしていくことが大切なのです。私たちはこの文化という土壌に含まれる栄養素を，「文化資源（cultural resources）」と呼んでおきたいと思います。

「文化資源」の5つのタイプ

文化資源には，さまざまなタイプのものがあります。第1に，たとえば老舗の商店のように昔からの建物そのものが残っていて，なおかつ営業も続いているような場合，土壌に種子や栄養素が残っているというだけでなく，耕作そのものが続いているわけです。このように「過去」がそのまま生き続けている場合（生活としての文化）は，そうした過去の蓄積を，どのように新しい時代にも息づかせ，その価値を次世代に伝えるかが課題になります。

第2に，かつてその場所で営まれてきた活動はもう存続していないのだけれども，建物や庭園，何らかの物的な施設が，過去の痕跡として残っている場合があります（遺産としての文化）。この場合は，

268　第13場　観光のまなざし／上演する地域

そうした痕跡の施設を保存しつつ，そこで営まれる機能を変え，空間をリノベートしていくことが課題になります。

第3に，今度は逆に，物的な痕跡はすでに失われてしまったのだけれども，活動やその技能は世代を超えて継承されてきている場合があります（伝統としての文化）。地域の祭りや芸能はだいたいそうですし，その地域固有の味覚や風習のようなものもあるでしょう。この場合は，そうした「伝統」に，人々の目に見えやすい形を与え，継承の基盤を整えることが必要になります。

第4に，地域の過去が，何らかの文書や記録資料のなかに書き込まれている場合があります（記録としての文化）。それらの資料は，現在では地域の人々になじみ深いものではないのですが，文書や記録資料から地域の過去を掘り起こし，現在とつないでいく試みが可能です。ここでは次章で論じるデジタル・アーカイブスが大きな役割を果たします。記録資料をデジタル化し，関連資料とともに誰もが日常的にアクセスできる地域の記憶庫のようなものを製作していくことで，地域の文化資源を発掘できます。

第5に，建物も，そこで営まれていた活動も，何らかの文書的な痕跡も残っていないのだけれども，それでもこの地域にかつてあったと人々が信じている過去があります。これは，地域の歴史的アイデンティティのようなもので，人々はそれを「地域らしさ」として受容してきたのです（個性としての文化）。具体的な根拠がなくても，何となくみんなが信じている集合的な想像力です。これもまた，広い意味での地域の文化資源の一部をなしています。

| 「文化財」から「文化資源」への視座転換 |

以上の文化資源の5つのタイプは，いずれも地域の過去と未来をつなぎます。たとえ想像上のものであれ，地域がその「過去」について記憶を保持していることが，地域が文化資源を有している

3　地域の〈文化資源〉とは何か　　269

ことの前提となります。なぜならば，文化とは社会や人々を耕すプロセスであり，その土地にすでにあったものとの関係が，常に問われてくるからです。いかなる文化施設であれ，それが新設された瞬間から，そこに「文化」があるというふうにはなりません。一定の年月が過ぎてその施設を使う人々との関係が持続的に形成されてきてはじめて，「文化」が形成されてくるのです。

したがって，「文化資源」の概念は，いわゆる「文化財」の範囲をはるかに超えています。一般に「文化財」と考えられているのは，いま，お話しした第2，第3，第4のカテゴリーの一部です。つまり，歴史的に貴重な建築物や美術品がよく「国宝」や「重要文化財」に指定されますが，これらはここでいう「遺産」としての文化の一部です。しかし，遺産としての文化には，国や自治体に「文化財」として指定されなくても，過去から受け継がれて価値のある建築物や施設が多数含まれます。とりわけ民間の住宅や街並みには，そうした例が多いでしょう。したがって，「文化財」から「文化資源」への視点の転換は，一部の特別なものだけでなく，幅広く文化の基盤を考えるという視野の拡大を含みます。

また，第3のカテゴリー，つまり「伝統」としての文化は，多くの「無形文化財」を含んでいます。いまも活動している名匠や名優は，もちろん文化資源の担い手です。しかし，「伝統」としての文化には，そのような一部の特別な知識や技能の持ち主だけが含まれるわけではありません。むしろ，地域の子どもや高齢者，ごく普通に活動している人々が身につけている慣習的行動様式（ハビトゥス）が，「伝統」を成り立たせているのです。

さらに，第4の「記録」としての文化には，昨今，しばしば話題になる「記憶遺産」が含まれています。ユネスコの「世界記憶遺産」とは，危機に瀕した世界的に重要な歴史的記録物を指していて，

270　第13場　観光のまなざし／上演する地域

これらはデジタル技術によって高精細に保存していくことが可能です。この概念のポイントは、もともと対象がデジタル化可能な記録資料（音源やフィルムを含む）に限定されていることです。

　しかし、それでもこの「記憶遺産」は、「記録としての文化」全体のごく一部を占めるにすぎません。地域の文化的「記録」には、「記憶遺産」と見なせるようなものだけでなく、もっと日常的で些細な、たとえば地域の図書館や公民館に眠る多くの文書や写真、映画フィルムなどが含まれます。これらは「記憶遺産」として顕彰されるレベルには至らないかもしれませんが、地域の記録として貴重なものであり、技術的にはデジタル化が可能です。その際、課題となるのは著作権や肖像権などの知的所有権の処理に関する諸課題とデジタル・アーカイブ化に要する予算の確保です。

　以上のような文化財や無形文化財、記憶遺産といった諸概念をはるかに超える「遺産」「伝統」「記録」としての文化に加え、地域の文化資源には「生活」としての文化や「個性」としての文化が含まれます。前者は人々の日々の具体的な営みのなかに息づいているものですし、後者は人々の心、集合的な無意識のレベルで感じられているものです。文化資源という概念には、そのような集合的な行動や無意識のレベルの規範や価値、意味世界が含まれていなくてはなりません。そして、以上の次元のすべてを含んだ地域の文化資源が、ホストとしての地域社会と観光客のような外からのゲストが出会っていく観光の文化的土壌をなしていくのです。

┌─── Key word ─────────────────────────────────┐

観光　疑似イベント　ゲスト&ホスト　模型文化　オル
タナティブ・ツーリズム　ソフト・ツーリズム　エコ・ツー
リズム　スタディ・ツアー　ダーク・ツーリズム　サポー
ティング・ツーリズム　オーセンティシティ　ジェントリフ
ィケーション　文化資源

└──┘

予習図書

① ジョン・アーリ／ヨーナス・ラースン『観光のまなざし（増補改訂版）』加太宏邦訳，法政大学出版局，2014 年

② ディーン・マキァーネル『ザ・ツーリスト──高度近代社会の構造分析』安村克己ほか訳，学文社，2012 年

③ バレーン・L・スミス編『観光・リゾート開発の人類学──ホスト&ゲスト論でみる地域文化の対応』三村浩史監訳，勁草書房，1991 年

④ 山下晋司『バリ　観光人類学のレッスン』東京大学出版会，1999 年

復習課題

① ブーアスティンやアーリの議論を踏まえ，20 世紀日本で観光地として発展した地域を 1 つ取り上げ，その発展が鉄道やメディアの発達といかに結びつき，現地についての大衆的イメージがどう形成されてきたのかについて調べてみましょう。

② 戦争や大災害の記憶をめぐる「ダーク・ツーリズム」や「サポーティング・ツーリズム」の事例を 1 つ取り上げ，そこでツーリストと現地の人々の関係がどう形成されているのかを，「ゲスト」と「ホスト」の概念を使って考察してみましょう。

③ あなたがよく知っている地域について，その地域が保有している文化資源を本書が示した 5 つのカテゴリーに従って示し，それらの文化資源を活用して地域の「オーセンティシティ」を育んでいくための計画を立案してみましょう。

第14場 アーカイビングする文化

新しい記憶 – 再演術へ

➡最終回は，現代社会の〈記憶〉について考えます。昔から，私たちの社会は博物館や図書館を社会の記憶装置として備えていました。多くの場合，それらは支配層のためのものでしたが，近代社会はアーカイブ施設を市民に開放します。今日，図書館や博物館が文化の基盤的施設としてなくてはならないものであるのはいうまでもありません。近現代におけるこれらの施設の発展を概観するなら，大きく〈蒐集〉から〈公開〉へ，さらには〈学習〉から地域の文化拠点へとどんどん開かれていく方向に進んできたことがわかります。そして今日，ミュージアムやアーカイブは創造都市形成の中核施設として位置づけられており，さらにデジタル化の大きな流れは，博物館，美術館，図書館，文書館といった既存の制度的分割を超え，より広い意味での私たちの社会の文化的な記憶装置の形成を促しています。本書の最後では，「ポスト真実」が跋扈する情報爆発の時代だからこそ，文化のサスティナビリティの仕組みとして，すべてのジャンルの文化をプロセスとして記憶していくようなデジタルアーカイブの構築が必要であることを示していきたいと思います。

1 ミュージアム化する都市

コレクションからミュ
ージアムへ

今日，世界の大都市で観光のまなざしを集める中核施設となっているのはミュージアムです。パリはもちろん，ベルリン，ロンドン，ニューヨークやシカゴ，シドニーやメルボルンから，アジア

の諸都市まで，都心部の大規模再開発や観光客の誘致がミュージアムの建設やリニューアルと結びついて進められています。

　ミュージアムは大まかに4つの段階を経て発展してきました。最初に現れたのは，「蒐集」のミュージアムです。それはまず，過去や海外から貴重なもの，珍しいものを集め，保存する施設として発展しました。その原点はコレクションの空間で，しばしば珍品を集めた陳列室の意味で「驚異の部屋」とも呼ばれました。この種の陳列室は，15～16世紀のイタリア諸侯や有力貴族の邸宅で始まり，やがてヨーロッパ全体に広がります。こうした拡大の背景に，大航海時代の到来で世界がつながり，各地からヨーロッパに珍しい文物が流れ込むようになっていたと考えられます。

　ここで蒐集された対象には，動植物の標本や鉱石からさまざまな工芸品，文献や実験器具，絵画や聖遺物などまでが含まれていました。コレクションのなかで大規模なものは，やがて各地でミュージアムに発展していきます。たとえば18世紀半ばにハンス・スローン卿が集めた膨大なコレクションにより基礎を築いた大英博物館はその典型でしょう。同じように，コレクションからミュージアムに発展した例としては，オックスフォードのアシュモレアン博物館，あるいはメディチ家の蒐集に遡るフィレンツェのラ・スペコラ博物館，パリのフラゴナール博物館などがあります。

　17～18世紀を通じて徐々に単なるコレクションにとどまらず，国家的施設に発展していくミュージアムですが，18世紀末になると「公開」が蒐集と同じくらい重要なミュージアムの機能として加わることになります。ミュージアムは裕福な個人の趣味的な空間から，近代国家の啓蒙・教育の空間へと転換するのです。この転換を象徴的に示したのは，フランス革命で教会や王侯貴族の美術品が没収され，それを集めて1793年にルーブル美術館が公開された瞬間

274　第14場　アーカイビングする文化

驚異の部屋

でした。その後，ルーブル美術館はナポレオンが征服地で略奪した遺跡や美術品，工芸品も加え，巨大化していきます。

　このように，大英博物館もルーブル美術館も 18 世紀から 19 世紀にかけてコレクションからミュージアムへ，そして蒐集から公開へという流れのなかでヨーロッパ各地に出現するミュージアムの代表だったわけですが，この公開化の流れはミュージアム以上に博覧会において実現していたともいえます。19 世紀後半から 20 世紀に全盛期を迎える万国博覧会は，展示された世界に膨大な数の見物人を巻き込む壮大なスペクタクルでした。そしてミュージアムはしばしば，そのような博覧会で集められた品々を恒久的に保存し，公開する施設としても発展していきます。

| 蒐集，公開から学習まで |

　さて，20 世紀になるとミュージアム発展の最前線は徐々にアメリカに移り，ワシントンのスミソニアン博物館やニューヨークのメトロポリタン美術館や現代美術館（MoMA）などが大規模化し

1　ミュージアム化する都市　　275

ていきます。スミソニアンは，航空宇宙博物館，歴史博物館，自然史博物館など9館のミュージアムからなっていますが，自然科学や科学技術のミュージアムの規模が大きいのが特徴です。MoMAの場合，開館したのが1920年代と遅いのですが，第二次世界大戦後は世界の現代美術を先導する美術館となっていきました。

このような20世紀のミュージアムにおいて，とくに強化されていったのは学習機能でした。「蒐集」の施設から「公開」の施設へという進化を遂げてきたミュージアムは，20世紀には「学習」の施設として発展していくのです。大きな歴史との対応では，「蒐集」のミュージアムは帝国主義と絶対王政の時代と強く結びつき，「公開」のミュージアムは市民社会と啓蒙，そして国民国家の時代と強く結びついていました。これらに対し，「学習」のミュージアムが背景としたのは，ニューディール以降の福祉国家体制です。

科学博物館や自然史博物館，産業博物館の発展と学習的な要素の増大の関係は理解しやすいでしょう。こうした自然科学系ないし産業技術系の博物館では，名画を集めた美術館とは異なり，来館者に楽しみながら学んでもらう機能を充実させていきます。当然，来館者はガラスの向こうの機械や標本をただ眺めるというのではなく，さまざまなインタラクティブな仕組みによって実際に自分が操作したり，実験したりすることに誘われていきます。

しかし20世紀には，そうした自然科学や産業系のミュージアムだけでなく，美術館でも，あるいは先住民文化や歴史の博物館でも学習的な機能がより重視されていきました。たとえば，カナダやオーストラリアのような国々では，文化的多様性についての教育は社会の根幹をなすもので，ミュージアムはそうした多文化主義の学びの基盤をなす場と考えられていったのです。ミュージアムはそれまで以上に学校教育と結びつき，さまざまなインタラクティブな教育

的仕掛けが組み込まれていきました。

ミュージアムにおける学習的な機能の発達は、単に展示がインタラクティブになることや、学芸員や学校の先生の解説者としての役割が増大することにとどまりませんでした。20世紀後半になると、ミュージアムが社会教育的な機関として自らを位置づけ、図書館機能を大幅に充実させていったり、映像的な記録を上映したり、学術的な会議を開いたりといった場にもなっていきました。こうした方向をいち早く進めたのはパリのポンピドゥー・センターで、1977年に開館したこの施設は、現代美術や音楽、ダンス、映像表現から図書館、アーカイブまでの総合的な文化センターとなっています。

グローバル化と新自由主義のなかで

さて、20世紀末以降、つまりグローバル化と新自由主義の席巻で、ミュージアムのあり方も大きく変化しつつあります。すなわち、一方で20世紀末以降のミュージアムに生じてきたのは、近代西洋的な価値に対する問い返しでした。19世紀の帝国主義時代に植民地化され、20世紀には独立戦争や内戦、軍事独裁体制が続いていた国々が、1980年代頃から経済発展を始め、21世紀の世界の風景はすっかり変わりました。今日、世界経済を押し上げているのは植民地化されていた地域の発展です。人口構成がすでに少子高齢化し、成長が飽和した欧米や日本と異なり、これらの国々にはまだ成長の余地があり、人々は世界を移動し始めています。

18世紀以来、近代的な価値を信奉し、西洋の帝国主義が非西洋世界から、時として略奪してきた品々を集め、展示してきたミュージアムでは、かつての植民地の人々からの増大するまなざしに対し、自らの展示のあり方を根底から問い直し、さらにはミュージアム概念そのものを再定義するさまざまな実践が生じていくことになります。すでに、ポストコロニアリズムについては第9場で論じました

1　ミュージアム化する都市　277

が，ミュージアムはそのようなポストコロニアリズムの最もアクチュアルな実践の場となっていくのです。

他方，新自由主義の潮流は，それまで国民国家の仕組みのなかで発展し，数も増やしてきた国立，公立のミュージアムの運営に大きな困難をもたらしてきました。国や自治体からの安定的な予算が確保されなくなり，人件費もカットされるなかで，ミュージアムは一定以上の入場者数と事業収入，外部資金の獲得を求められていきます。その結果，それまでの近代西洋的な価値とは異なるポップアート的な要素や若者に人気のある日本のマンガやアニメの要素を積極的に展示に加え，館内のグッズ販売やレストラン，商業施設に力を入れる傾向が広がっていきます。

こうしたミュージアムの商業主義化は，先ほど述べた近代西洋的な価値に対するポストコロニアルな問い返しの動きと矛盾しません。近代西洋的な価値に対してポストコロニアルな価値，ハイアートに対してポップアート，エリート知識人に対してむしろアニメやゲーム，キャラクタービジネスが優位に立ち，コマーシャリズムと一体をなしながらミュージアムのあり方を変容させてきたのです。本書で繰り返し論じてきた現代文化研究も，しばしばそのようなコマーシャルな価値転覆を正当化する言説として利用されてきました。

ミュージアムからミュージアムシティへ

20世紀末以降のミュージアムに生じている出来事を最も戦略的に先導してきたのは，ニューヨークのグッゲンハイム美術館です。もともとアメリカの鉱山王だったソロモン・グッゲンハイムがその財を現代美術の蒐集に投じ，グッゲンハイム財団と美術館を設立したのは1930年代のことです。その後，1959年には晩年のフランク・ロイド・ライトの設計でカタツムリ状のユニークな形状をもった美術館に発展し，MoMAとともに世界の現代美術の中心として

278 第14場 アーカイビングする文化

ビルバオ・グッゲンハイム美術館 (2014年, スペイン)

のニューヨークを支えてきました。

　このグッゲンハイム美術館が, 1990年代以降, グローバル化のなかでのミュージアムの世界戦略の最先端を担っていきます。契機となったのが, フランク・ゲーリーの設計でスペインのビルバオに建てられた分館です。このビルバオ・グッゲンハイム美術館が開館したのは1997年のことですが, ゲーリーによる徹底して脱構築主義的な建築は, 世界の建築界, アート界に衝撃を与え, またたく間に美術館を世界的な観光拠点に変え, 斜陽になりかけた地方工業都市を世界的な観光都市に変容させていったのです。

　もともとビルバオは, スペイン有数の工業都市でしたが, ポスト工業化の流れのなかで産業が衰退し, 何らかの抜本的な政策的転換を迫られていました。90年代, バスク州政府は市の老朽化した港湾地区にグッゲンハイム美術館を誘致しようと考えます。新美術館の建設経費や新しい作品の購入費は州政府側の負担ですからグッゲ

ンハイム側にもこれは旨味のある話でした。そもそもグッゲンハイム財団は世界各地に分館を建てる構想をもち，ヴェネチア，ラスベガス，ベルリンなどで拠点形成を進めてきました。ですから，当然，ビルバオ市からの誘致にも前向きでした。

　ここまでならば，よくある文化施設の誘致事業なのですが，もともと本館がライトの設計で名を馳せた同美術館は，ミュージアムの建物の設計が徹底的に先鋭的なものになることにこだわりました。そうして設計者としてゲーリーが選ばれ，一切の妥協を排した建物が建てられ，世界に衝撃を与えるのです。新美術館のオープンとともに，ビルバオには年間100万人以上の観光客が訪れるようになり，その波及効果によってビルバオは地方工業都市からミュージアムを核にした観光都市に変身していきました。周辺のショップやレストランの雰囲気もすっかり変わり，ミュージアムシティとしてのビルバオの認知度は世界に広がっていったのです。

　このビルバオ・グッゲンハイム美術館が都市全体にもたらした変化は「グッゲンハイム効果」とも「ビルバオ効果」ともいわれています。ビルバオでの成功は，ミュージアムの都市再開発や観光における役割を再認識させることにもなり，ルーブル美術館はランスに別館を建設し，パリのセーヌ河畔には次々に新しいミュージアムが建てられていきました。ロンドンでも，テムズ河畔の港湾地区で大規模な再開発が進み，テート・モダンなどのミュージアムが古い発電所や工場の施設を利用してオープンします。

　こうした動きは，ミュージアムが「蒐集」「公開」「学習」の場というだけでなく，それ自体，「都市」になりつつあることを示しています。ミュージアムの内と外の壁は薄くなり，ボーダーレス化しつつあります。もはや外部の都市環境から切り離してミュージアムについて考えることができなくなり，周辺地域も含めた都市全体を

280　　第14場　アーカイビングする文化

金沢21世紀美術館

ミュージアムとして捉える必要が生じているのです。

　日本国内で，同様の流れをいち早く示した例が，金沢 21 世紀美術館でした。金沢市の都心の敷地に 2004 年にオープンしたこのミュージアムは，外と内の境界を透明化し，できるだけ外部を内部に取り込み，また内部を外部に開いていく建築構造をとっています。つまり，ミュージアムが閉じた施設としてではなく，都市に開かれた場として設計されているわけで，開館後，このミュージアムは金沢市全体の観光拠点化において大きな役割を果たしていきます。

2　つながるミュージアム，図書館，文書館

図書館，文書館，ミュージアム共通の原点とは

　以上でお話ししたミュージアムの歴史に対し，図書館や文書館の歴史はかなり異なる経緯をたどってきたようにも見えます。しかし，この 3 種の施設の出発点は，実はほぼ同じです。たとえばす

でに述べた大英博物館にしても，20世紀後半になるまで図書館部門を含んでおり，これが大英図書館として独立するのは1973年のことです。他方，図書館と文書館は，グーテンベルクの活字印刷が普及して，手書きの文書から活版印刷された図書が分離されるまでは区別することはそもそも不可能で，手書きの文書類も含めて収蔵するのが図書館でした。ミュージアムと図書館，文書館は，いずれも知識の公共的な保存と活用を支えるアーカイブ機関で，共通の基盤のなかから生まれてきたものなのです。

　逆にいえば，これらの施設が異なる道をたどるのは，近代の出版産業と国民国家，文化財保存の仕組みのなかでのことです。近代を通じた出版の爆発的な発展は，そのようにして出版された膨大な図書の収蔵庫としての図書館の役割を拡大させました。文物一般を集めるミュージアムとも，おもに手書きの資料を保存する文書館とも異なる独立した施設として，近代を通じて図書館は出版物の蒐集と保存に特化することで一大発展を遂げたのです。その際，一定数以上の部数が出版されていることは，その資料が図書館で保存されるための必要条件となっていきました。

書物の時代と図書館の発展

図書館の歴史が古代アレクサンドリアまで遡れるのはもちろんですが，もう少し近くではルネッサンス期のイタリアで，印刷革命に先だって図書館設立の勃興期がありました。たとえば，イタリア北部チュゼーナの領主だったノヴェッロ・マラテスタが1452年に設立したマラテスティアーナ図書館は市民に公開されており，最初の公共図書館であったとされています。同じ頃，フィレンツェのメディチ家もラウレンツィアーナ図書館を設置，さらに1475年には，ローマ教皇シクストゥス4世がバチカン図書館を設立します。このバチカン図書館は今日に至るまで蔵書の拡大を続け，最近では

282　第14場　アーカイビングする文化

その膨大な蔵書のデジタル化が進みつつあります。

　これらの手稿本中心の図書館設立は 16 世紀以降も続き，たとえばローマでは，フィリッポ・ネリの蔵書を基礎にしたヴァリセンリアナ図書館，アウグスチノ修道会により市民に公開されていたアンジェリカ図書館，ローマ教皇アレクサンダー 7 世がローマ大学に寄贈したアレッサンドリーナ図書館等々，多数の図書館が建ち並ぶようになっていました。ローマほどではないにせよ，同じような図書館設立の動きは，ヴェネチアでもミラノでも起きており，グーテンベルク革命に先んじて，ヨーロッパでは活字本を前提にしない図書館設立のブームが始まっていたのです。

　もちろん，図書館がさらに広範に設置されていくようになった前提が，活字本の爆発的な流通であったのはいうまでもありません。書物の絶対量が，16 世紀から 17 世紀にかけて劇的に増大しました。当然，上流階級や学者が買い求める本の冊数も劇的に増え，それらを保管し，継承していく施設が必要になってきます。こうして 17 世紀から 18 世紀にかけて，ヨーロッパの上流階級の間では，図書館は彼らの知的教養の維持にとってなくてはならない施設となっていました。やがて，この図書館設立の動きはフランスやイギリスにも広がり，市民への公開化の動きも広がっていきました。

　なかでも有名なのは，1602 年，オックスフォード大学に設立されたボドリアン図書館です。ボドリアン図書館の基礎は，同大学のカレッジのフェローだったトーマス・ボドリーが蒐集した膨大な図書によって築かれましたが，オックスフォード大学はその後も図書館の拡張を続け，場合によっては講義室や会議室が図書館に転換されていくようなことも生じました。こうして 18 世紀頃までにボドリアン図書館は，大英博物館に並ぶ大規模なコレクションをもった世界最大の大学図書館に成長していきます。

2　つながるミュージアム，図書館，文書館　　283

> 「蒐集・保存」から
> 「公開」へ

このように，近世ヨーロッパにおいて図書館は，すでに述べたミュージアムと非常に似た展開をたどっていきます。すなわち最初に生じたのは，一部の富裕層や聖職者によるコレクションの寄贈でした。教会や大学，市政府などのコレクションが寄贈され，図書館が設立されます。それらのなかには，個人の所有物から何らかの公的な所有物に移ることで，施設の公開化に進むところも出てきます。ミュージアムと同じように，図書館もまた「蒐集」から「公開」へという展開をたどったのです。

違いといえば，ミュージアムで重視されたのは，その収蔵品が本物，つまりオリジナルであることでしたが，図書館の場合，本が複製品であることは当然の前提で，むしろその結果，ミュージアムとは比べものにならないくらい蔵書点数が多くなるので，それらの蔵書をいかなる仕方で分類・整理し，検索可能なシステムを作り上げていくかが課題となります。同時に，1点1点がきわめて貴重であることが多いミュージアムに比べ，本は多くの読者に読んでもらわなければ無意味なので，学生や市民への公開化の動きは比較的早い段階で始まり，広まっていきました。

こうした図書館の初期の発達を支えたのは，読書クラブの発展でした。啓蒙の時代，市民層にある特定のジャンルの本を読書するクラブ的な組織が広がり，その会員たちに図書館の利用が共有されていきます。いまふうにいえば，会員制のスポーツクラブのようなものです。この種の18世紀のクラブ組織的な図書館で有名なのは，フィラデルフィアでベンジャミン・フランクリンが始めたフィラデルフィア図書館会社で，参加はもちろん有料でした。

18世紀の図書館のもう1つの発展は，多くの図書館が18世紀頃から蔵書の貸し出しを始めていたことです。それまでの図書館は，

公開されていたとしても，なかなか本は貴重品という考え方から抜けられず，蔵書が盗まれないように書棚にチェーンで縛りつけていることすらありましたし，入館を許されても自由に本を読めるわけではなく，館内をミュージアムと同じように観覧して回ることしかできなかった場合もありました。それが18世紀，図書館はしだいに入館者が自由に本を読み，借り出すこともできる読書機会提供の場であるとの認識が成立していくのです。

19世紀には，すでに発達していた読書クラブと本の貸し出しの仕組みが，増大する小説や文学への大衆的な読書欲を背景に結合していきます。18世紀までの図書館の蔵書の主流は，文学的なジャンルよりも，もう少し学術的な諸分野でした。これは，図書館の主要な来館者が一般大衆というよりも上層階級の知識層だったからだと考えられます。しかし19世紀には，ジャーナリズムや文学の世界を中心に大衆的な読者層が形成され，そうしたそれまでとは比べものにならない規模の読者市場を前提に，新しいスタイルの図書館が求められていくのです。そして，その答えが，それぞれのコミュニティに建てられていく公共図書館でした。

読書クラブと労働者階級の教育

重要なことは，私たちの身近にある公共図書館が，長い歴史のなかでは最初からトップダウン式に，行政機関が地域住民の社会教育施設として建てたことから出発しているのではなく，近代的な読書習慣がより広範な層に広がる過程で，各地に形成された読書クラブを基盤としていたこと，つまり図書館設立がいわば下からの文化運動でもあったことです。読書クラブでは購入図書の選定委員会が組織され，より広い会員に満足してもらえる本の購入を進めていきます。結果的に，市や町の公的な図書館には，多くの住民に読まれ続ける本が蓄積されていくことになりました。

2　つながるミュージアム，図書館，文書館　285

他方，そうした公共的な仕組みが発達していない地域では，営利目的の貸本屋的な図書館が増殖していきました。1800 年のイギリスには，そうした実質は貸本屋的な図書館が 200 館もあったとされます。少し前までの DVD や CD のレンタル店の隆盛を思い起こしていただければ，この 200 館という数字はかなり控え目なものであることがわかります。パッケージ型のコンテンツの貸し出しが，一方では公共図書館，他方では営利目的のレンタルショップに二分される状況は，すでに 19 世紀から存在したのです。

　このような状況のなかで，無料の公共図書館が発達した最大の要因は，産業革命の進展と，そのなかで労働者階級の教育の必要性が，資本家にとっても喫緊の課題となったことでした。19 世紀初頭，イギリスの工業都市で，きわめて安価に利用できる労働者階級のための図書館が開設され始めます。やがて 1850 年，英国議会で公共図書館法が制定されます。この法律は，各自治体が行政の一貫として無償の公共図書館を建設していく流れの原点となり，それらは地域住民が知識に無償かつ自由にアクセスできる知の民主主義の原点に位置づけられる法的な基盤となったものでした。

　アメリカの場合，この公共図書館法制定とほぼ同じ頃に，マサチューセッツ州で図書館法が発布され，これを受けて 1854 年にボストン公共図書館が開館しています。しかし，この東部での動きがそのまま全国に広がることはなく，アメリカの図書館の骨格が形づくられていくのは南北戦争後，アメリカの経済的発展のなかで各地の企業家が巨額の資金を投入して図書館を建設していくようになって以降のことです。やがて 1897 年にワシントンの議会図書館が，1912 年にニューヨークの公共図書館が開館します。アメリカにおける図書館のこうした発展で特筆すべきなのは，専門職としてのライブラリアン（図書館司書）の養成システムが高度に発達していっ

たことでしょう。とりわけ世界恐慌とニューディールの時期に，アメリカの公共図書館は失業者や移民に対する再教育の基盤としての役割を強調し，一定の認知を得ていきました。

日本の図書館は，このような欧米の動きの影響を異なる段階で受けてきました。日本でも，戦前期に読書クラブが発達していましたし，大学図書館は欧米と同じように専門

ボストン公共図書館（内部）

図書館として発達しました。他方，国立国会図書館と地域の公共図書館は，戦後，アメリカの仕組みが導入されることで育まれていったものです。ところが日本では，図書館司書が専門職として十分に確立できませんでしたから，システムとしての図書館の発達はいまだに不十分です。

| 国民国家の記憶装置としての文書館 |

以上のような図書館の発達とは対照的に，近代における文書館の発達は，国民国家の記憶装置としての発達が基本でした。その最初の画期となったのは，もちろんフランス革命です。フランス革命の大動乱で，旧体制でバラバラに保持されてきた国王文書やさまざまな官庁文書，教会文書，各地の領主文書が一挙に新しい国家体制によって掌握されることになります。これら膨大な文書を一括管理することは，革命政府が旧体制の支配階級を訴追し，自らの統一権力を維持していくためにも決定的に重要でした。

2　つながるミュージアム，図書館，文書館　287

そこで革命政府は，早くも 1790 年，パリに国立中央文書館を置くことを決定し，96 年には正式に公文書館法が施行されていきます。その体制は，行政システムの各階層に対応して文書館を置いていくもので，各県に県文書館，市町村に市町村文書館が置かれ，それが中央文書館を頂点とするピラミッド状の体制に統合されていきます。この他にも，外務省，陸軍省，国務院，パリ警視庁などにおいて文書館を置くことが定められ，フランスは，革命までの旧体制の膨大な記録と同時に，革命後に起きていく歴史に対しても，行政的には完全に記録を残す体制を整備するのです。このような過去を徹底的に記録する体制の構築は，過去を徹底的に廃棄したとされるフランス革命が実はもっていたもう 1 つの顔でした。

　革命期のフランスに導入された文書館体制は，ナポレオン政権になっても継承され，王政復古後の 1820 年代には，専門的なアーキビスト養成のための学校も設置されます。国家体制の激動にもかかわらず，19 世紀を通じて国家の記録を保全する体制が整えられ続けるのです。こうした文書館発達の背景として，19 世紀の国家で，処理される文書の総量が爆発的に増大していたことが挙げられます。膨張する文書に対し，適切な選別や分類，保存と活用の仕組みが整備できなければ，官僚機構は機能不全に陥ってしまいます。官僚機構の意思決定は，すべて紙の文書に基づいて行われており，その証拠の文書を保全していくことは，組織のアカウンタビリティ（説明責任）のためにも必要不可欠でした。

　他方，このような制度整備を背景に，アーカイビングの考え方の理論化も進み，19 世紀末までにオランダで体系化されていきます。それによれば，①行政機関や職員によって作成・受領された書類・図面・印刷物のすべての保存（恣意的廃棄の禁止）や，②ある作成母体の資料を，他の作成母体の資料と混在させてはならないこと（恣

意的編集の禁止）が基本原則とされるのです。やがて，第一次世界大戦を契機に行政文書はさらに爆発的に増加し，文書館の業務は膨大なものとなります。その結果，すべての行政文書を保存することが困難となり，保存されるべき文書の第一次的な選別は，それを作成した母体の組織に委ねられていくのですが，この選別が意図的に行われないようにするために，行政文書はそれが作成された時点で，どれだけの保存期限を課すかが決められていなければならないという原則も打ち立てられていきました。今日，世界の多くの国の公文書館は，これらの原則に基づいて運営されています。

両世界大戦とアメリカ
国立公文書記録管理局

20世紀半ば以降，世界の公文書管理の流れをリードしていくのはアメリカです。1930年代，ニューディール政策によって政府の活動が拡大しますが，それまでのように各省庁・機関が個別に文書保管をするのでは，さまざまな記録紛失問題が生じたため，連邦政府は何らかの抜本的な対策を迫られていました。そこで1934年，大統領府にアメリカ国立公文書記録管理局（NARA）が設立され，この機関が第二次世界大戦後を通じ，世界の歴史的資料のアーカイブとして多大な貢献をしていくのです。というのも，1930年代から40年代にかけて，戦時体制のなかで公文書がさらに爆発的に増大していきますが，それらの相当部分をNARAは保管し，一定期間を経た後に公開することを実現してきました。

　このNARAの活動で特筆すべきことの1つは，「レコード・グループ（record group）」という概念の確立です。これは，文書館が膨大な記録を整理するときにまとまりをなす文書の集合体で，それ以前の公文書館では「アーカイブ・グループ」とも呼ばれ，規模の大小に関係なく組織ごとに文書が分類されていました。NARAは実用的な観点から，処理のうえで有効な集合体の大きさを配慮し，

2　つながるミュージアム，図書館，文書館　　289

ある程度同規模の「レコード・グループ」に分けて資料全体を機能的に活用する仕組みに転換したのです。つまり，資料の構造化に出所だけでなく活用の観点を入れていったのです。

　同時に NARA は，文書記録には，アーキビストが専門的観点から決定する「証拠的価値」のほかに，アーキビストが各主題の専門家に相談しながら記録を社会的に活用していく「情報的価値」があると考えました。つまり，資料の操作性を考えた「レコード・グループ」を基本にすることで，文書館は過去の歴史の検証だけでなく，現行の組織活動のなかで過去の記録を効率的に活用していくことに道を開き，「組織のマネージメント・チームに貢献するパートナー」とならんとしたのです。これはアーカイブが，単に歴史編纂的な業務ではなく，現在進行形の活動を過去の蓄積のうえに展開させていく知識基盤となっていくための第一歩でした。

3　記録知＝集合知としてのデジタルアーカイブ

デジタルアーカイブの
台頭

　さて，以上でお話ししてきたミュージアムと図書館，文書館を貫くような仕方で21世紀初頭に起きているのは，デジタルアーカイブ技術の急激な発展によるこれらの異なる記録知の統合化という事態です。すでに述べたように，図書館と文書館の分離は，15世紀末以降の印刷革命，つまりそれまでの手書き文書の世界から活字本の世界が分離していくことによって生じました。活版印刷によって爆発的に増えていった本が，やがてまとまって収蔵されていったのが図書館です。他方，おもに手書きの文書を中心に，国家の行政記録を保存していく装置として文書館は発達していきました。と

290　第14場　アーカイビングする文化

ところが21世紀，デジタル技術の普及によって，活字本も手書きの文書も一挙にデジタルの世界に吸収されていきます。

　ミュージアムでも最近まで，芸術作品を収蔵する美術館と歴史的な資料を収蔵する博物館，それに自然標本や機械のサンプルなどを収蔵する科学博物館がはっきり分かれていました。しかし，これらの美術館・博物館は，収蔵しているモノのレベルでは異なっていても，デジタルコンテンツの扱い方での共通性は大きくなります。異なるのは，美術館では著作権の扱いで厳しい条件がつくことが多いのに対し，博物館ではそれほど大きな問題にはならず，科学博物館では著作権はほとんど問題にならないことくらいです。

　こうした美術館，博物館，図書館，文書館の間の共通性の拡大に加えて重要なのは，デジタル技術の進展によって，これまでコレクターの蒐集対象にとどまっていた文化資料，たとえば写真や映像，録音，脚本，設計図，楽譜，プログラムなどのデジタル形式での保存と活用が容易になっていったことです。図書のように大量に複製されてきたわけでもなく，美術作品のようにオリジナルであることが特別の意味をもつわけでもなかったこれらの資料は，これまで図書館からも，博物館や美術館からも蒐集対象の外に置かれてきました。ところがこれらの資料が，デジタル化の進展により新しい蒐集対象として注目され始めているのです。

　このような蒐集対象の拡大は，単に量的な拡大というにとどまらず，文化資料をアーカイブ化することの意味自体の変化も伴っていました。旧来の美術館や図書館が収蔵したのは，すでに完成された美術作品や出版物です。博物館の標本では，やや異なる事情もありますが，多くはすでに完成された工芸品や道具，資料です。ところがデジタルアーカイブは，アーカイブ化される資料の範囲を拡張しただけでなく，作品が完成に至る諸段階，たとえば脚本や設計図の

3　記録知＝集合知としてのデジタルアーカイブ　291

段階から関連する証言なども含め，制作プロセス全体を保存・再現していくことを可能にするのです。

アーカイブのなかの文書館と記憶の場所

この意味では，デジタルアーカイブはその「アーカイブ」という語義に含まれる文書館に最も近いともいえます。文書館も何らかの意思決定がなされていく過程の関連資料を広く収蔵してきました。換言するなら，デジタルアーカイブの台頭によって起きているのは，ミュージアムや図書館のような文化施設のアーカイブ化＝文書館化だともいえます。しかしながら，「アーカイブ」という言葉の含意は，単に「文書館」に尽きるものではないのです。

アーカイブという言葉は，直接的には歴史的記録の集積，ある個人や組織，活動がその生涯や存続ないしは展開期間を通じて生み出していった記録の総体を指します。前述した公文書館では，近代国家がその発展の途上で生んでいった記録全体の集蔵庫ということになります。しかし，この言葉の語源であるギリシャ語の「アルケイオン」は，ポリスの最高権力者「アルコン」の居所という意味を含んでいます。つまり，アーカイブとは「権力の館」でもあるのです。なぜなら，少なくとも古代社会ではその社会の構成員についての記録を握った者，その国の歴史についての編纂能力を有した者が，最高権力者でもあったからです。アーカイビングと統治は，端緒から深い結びつきをもっていたのです。

つまりアーカイブは，上からの可視化，監視，記録，言説化といった意味合いをそもそも含んだ言葉です。古代から19世紀に至るまで，こうして記録され，保存される記録とは，基本的には書かれたものとしての文書でした。実際の社会は，書かれたものという以上に語られたこと，聞かれたことによって動いていたのですが，エジソンが蓄音機を発明するまで，オーラルな記録がオーラルなまま

292　第14場　アーカイビングする文化

残ることは不可能でした。しかし，それでも原理的には，過去の記録は書かれたものの外側に膨大な語られたこと，聞かれたこと，演じられたことを潜在させていました。

デジタルアーカイブは，そのような潜在的可能性を顕在化させます。するとそこには，一方は公式的な記録性，他方は非公式的な記憶性を極として，少なくとも3つの異なるアーカイブとしての層が存在することがわかってきます。すなわちアーカイブのなかで最も公式的な記録性に近い層をなしているのは，すでにお話しした文書館です。文書館は，言葉によって書かれ，文書として残された記録を主対象としています。しかし，その文書館の層の下には，より一般的な記録庫の層が存在します。ここで保存される記録には，録音や写真，映像，地図，電子データなど，あらゆる形態のイメージや音声の記録が含まれます。

さらに記録庫の下には，記憶庫ともいうべき，人々の語りや思い出，集合的に記憶された出来事の層が残ります。この層にあるものは客観的な証拠とはなりえませんが，人々は何らかの仕方で過去を記憶し，語り直していきます。この層は，最近ではオーラスヒストリーとして注目されており，さまざまな分野で活動をしてこられた比較的高齢の方々の聞き書きが積み重ねられています。アーカイブという観点からは，この層のオーラスヒストリーは，文書館や記録庫の層にある資料と組み合わせながら活用されていくべきでしょう。語られた記憶が常に正しいとは限りませんが，何らかの思い違いや忘却，嘘も含めてアーカイブとしては価値のあるものです。

以上で述べた非公式的な記憶性と公式的な記録性を両極とする軸は，より一般的な言葉では「暗黙知」と「形式知」を両極とする軸ということになります。私たちの知識には，さまざまな具体的なふるまいややりとりと一体化した暗黙知の次元と，それが言語化され，

3　記録知＝集合知としてのデジタルアーカイブ　293

記録として定着されていった形式知の次元があります。アーカイビングとは，この暗黙知の次元の活動や痕跡を基礎としながら，それらが形式知の次元に言語化され，記録化され，さらには目録化されていくプロセスです。それは私たちが，私たち自身の歴史を自覚化していく実践でもあり，その効果として，自分たちの活動が検証され，時には方向修正もされるのです。

情報爆発のなかでの文化のサスティナビリティ　以上で述べてきたミュージアムと図書館，文書館，そして諸々のアーカイブは，現代文化が持続可能な営みをしていくために不可欠な基盤です。現代は，15世紀末以降に人類が経験した印刷革命とも対比できるデジタル革命の時代です。印刷革命が，活版印刷という技術上の発明によって，それまでとは比べものにならない大量の情報や知識へのアクセスを容易にしていったのと同じように，今日のデジタル革命もこれまでの私たちの情報や知識へのアクセスのあり方を決定的に変化させつつあります。

　現代のデジタル技術の高度化とインターネットの浸透により，携帯型端末を通じて随時に，あらゆるタイプの情報にアクセスできるようになるなかで，これまでのマス・メディアを基盤とした文化のシステムが大きく揺らいでいます。世界中の多くの既存の出版社，新聞社，放送局が苦境に陥るなかで，新しいネット型の文化産業が台頭しています。人々がネット社会のなかで接する情報量は爆発的に増え，わざわざ本や新聞を読み，テレビ番組を最初から終わりまでじっくり観る余裕はない，という人が増えてきています。マス・メディアが提供する情報を国民的な規模で共有する文化に代わって台頭しているのは，検索エンジンに媒介されてそれぞれが関心のある情報だけにアクセスする文化です。

　この大きな文化変容が内包している危険は，私たちが過去から継

294　第14場　アーカイビングする文化

承してきた文化の基盤が根こそぎ失われていくことです。圧倒的な量の情報が日々やりとりされ，流通していくなかで，過去から未来に向けての連続性が見失われていきます。人々は，これまで以上に，現在，流れている多くの短命な情報洪水のなかで判断を下し続けていくことになるのです。ネット社会は，こうして時間を限りなく短く切っていく刹那的な文化を助長します。しかし，短期的に膨大な情報が流れ，そこから自分たちの興味のあるものだけを検索し続けていく文化だけでは，決して豊かな深さは生まれないのです。

　今回，取り上げてきたミュージアムや図書館，各種のアーカイブは，過去の文化資産，記憶を未来につないでいく装置です。これらは現在，デジタルアーカイブ化という大きな潮流のなかで新たな統合的仕組みの形成に向かっています。この潮流は，これまでの博物館や美術館，図書館，文書館といった個別組織の自立性を否定するものではなく，むしろそれらを統合し，デジタル社会に対応した新しい文化的プラットフォームを生んでいくはずです。そこで何よりも重要なのは，その新しいプラットフォームが，ネット社会で流れていく集合知だけでは不十分な歴史との対話，つまりは記録知や記憶知を現代の集合知に接続させるのを可能にすることなのです。

Key word

ミュージアム　　博覧会　　図書館　　文書館　　読書クラブ
アーカイビング　　レコード・グループ　　デジタルアーカイブ
暗黙知　　形式知

予習図書

① ピーター・バーク『知識の社会史——知と情報はいかにして商品化

したか』井山弘幸・城戸淳訳，新曜社，2004 年

② ジェイムズ・クリフォード『文化の窮状——二十世紀の民族誌，文学，芸術』太田好信ほか訳，人文書院，2003 年

③ フランセス・A・イエイツ『記憶術』玉泉八州男監訳，水声社，1993 年

④ 記録管理学会・日本アーカイブズ学会編『入門・アーカイブズの世界——記憶と記録を未来に』日外アソシエーツ，2006 年

復習課題

① あなたがよく知る美術館，博物館，図書館，文書館のどれか 1 つを取り上げ，そこにおいて本書が示した〈蒐集〉〈公開〉〈学習〉〈都市〉の 4 つの機能がどう実現されているか，あるいは十分には実現していないかの評価書を作成してみましょう。

② 今日，ミュージアムや図書館，文書館を多言語，多文化の利用者に向けてグローバルに開くことは重要ですが，その障壁も小さくありません。上記の施設で 1 つ具体的な事例を取り上げながら，これらの日本の施設をグローバルに開くにはどのような困難があり，いかに解決できるかについて考察しましょう。

③ あなたがよく知る 1 つの地域について，その地域にすでにあるミュージアムや図書館施設を中核にして現代文化の拠点として地域を発展させていくまちづくり計画を立ててください。

カーテンコール

　さて，いよいよ現代文化論の幕が下り，カーテンコールとなります。では，このカーテンコールに登場する役者たちとは誰なのでしょうか。もうお気づきと思いますが，それはもちろん本書を使って学んでこられたみなさん自身です。本書が大学の授業で使われる場合，講師の先生は演出家です。演出家の指示に従って，みなさんは毎週の議論を進めてきたと思いますが，本書はいわば，そうしてみなさんが演じた学びのシナリオだったわけです。

　本書はすべての場を通じ，現代文化を複数の社会的主体によって演じられるものとして，しかしその上演は軋轢や抗争，革命と反動を含んだものとして捉えてきました。大都市と労働者階級の文化を考えることは現代文化をめぐる思考の原点がどこにあったかを教えてくれます。そしてやがて，ジェンダーの境界線が階級的境界線と交差するのです。もちろん，現代文化を貫く境界線は階級とジェンダーだけではなく，文化帝国主義やポストコロニアリズムも，現代文化の上演を考えるうえで不可欠の視点です。さらに現代という時代の根底をなすものとして資本と文化の関係がありました。

　しかし本書の根底にあるのは，文化は遊ばれ，演じられるものであるとする第２場での議論です。この考え方は，鶴見俊輔の限界芸術の概念にも通じるもので，そもそも文化概念の根幹には，社会を〈耕す〉プロセスとして捉える視点があることも論じました。今日，

ポスト近代的状況が全般化しつつある現代には，〈上演としての文化〉という本書の視点の有効性が増しているように思われます。

　本書の最後に強調したいのは，現代文化が上演であるのみならず，みなさんの学びも上演であることです。つまり，読者のみなさんは学びを演じる役者なわけで，シナリオがなければ演じられません。本書のような教科書が授業に必要なのは，そこにたくさんの知識が詰め込まれているからではありません。授業開始前，学生と教師がシナリオを共有するために，教科書が必要なのです。

　同時に教師の側も，自分は〈授業というドラマ〉の主役ではなく，むしろ演出家だという自覚をもつべきです。主役は教師ではなく，学生です。教師と学生がシナリオを共有し，それぞれの舞台稽古において，どんな課題に挑戦し，何を参考にするかを一緒に考える。そうしたところから新しい授業のかたちが生まれるはずです。

　シェイクスピアのあまりにも有名な科白に「この世は舞台，人はみな役者」（『お気に召すまま』）というのがありますね。シェイクスピアの天才は，今から400年も前の人でありながら，この世界＝演劇というパラダイムを，21世紀の現代にまで通底する視野の広さで劇作のなかに書き込んでしまっていることです。実際，たとえば「ハムレット」には監視と恐怖が，「マクベス」には暴力と運命が，「ヴェニスの商人」には資本と差別が，「真夏の夜の夢」には民衆や植民地へのまなざしと自明性の崩壊が書き込まれています。ここに取り上げた4つの作品以外にも，彼が残した多くの作品は現代の文化状況に深く通じています。そのことについて考えることを最後の課題とし，本書は本当に幕を閉じることにしたいと思います。

　2018年9月

吉見　俊哉

参考文献

◆ 第1場

アーノルド，マシュー，1965，『教養と無秩序』多田英次訳，岩波文庫

バーク，ピーター，1988，『ヨーロッパの民衆文化』中村賢二郎・谷泰訳，人文書院

バーク，ピーター，2010，『文化史とは何か（増補改訂版）』長谷川貴彦訳，法政大学出版局

イーグルトン，テリー，2006，『文化とは何か』大橋洋一訳，松柏社

エリオット，T・S，2013，『文化の定義のための覚書』照屋佳男・池田雅之監訳，中央公論新社

ヘルダー，ヨハン・ゴットフリート，2017，『言語起源論』宮谷尚実訳，講談社学術文庫

カント，エマニュエル，1974，『啓蒙とは何か 他四篇』篠井英雄訳，岩波文庫

レヴィ＝ストロース，クロード，1976，『野生の思考』大橋保夫訳，みすず書房

ターナー，グレアム，1999，『カルチュラル・スタディーズ入門——理論と英国での発展』溝上由紀・毛利嘉孝・鶴本花織・大熊高明・成実弘至・野村明宏・金智子訳，作品社

吉見俊哉，2000，『カルチュラル・スタディーズ』岩波書店

吉見俊哉，2003，『カルチュラル・ターン，文化の政治学へ』人文書院

◆ 第2場

バフチン，ミハイル，1995，『フランソワ・ラブレーの作品と中世・ルネッサンスの民衆文化』川端香男里訳，せりか書房

カイヨワ，ロジェ，1990，『遊びと人間』多田道太郎・塚崎幹夫訳，講談社学術文庫

エリアス，ノルベルト，2010，『文明化の過程』（上巻）赤井慧爾・中村元保・吉田正勝訳，（下巻）波田節夫・溝辺敬一・羽田洋・藤平浩之訳，法政大学出版局

ギアーツ，クリフォード，1987，『文化の解釈学II』吉田禎吾・柳川啓一・中牧弘允・板橋作美訳，岩波書店

アンリオ，ジャック，1986，『遊び——遊ぶ主体の現象学へ』佐藤信夫訳，白水社

藤田省三，2003，「或る喪失の経験——隠れん坊の精神史」『精神史的考察』平

凡社ライブラリー版

ホイジンガ，ヨハン，1973，『ホモ・ルーデンス』高橋英夫訳，中公文庫

ルロワ゠グーラン，アンドレ，2012，『身ぶりと言葉』荒木亨訳，ちくま学芸文庫

中村雄二郎，1979，『共通感覚論──知の組みかえのために』岩波書店

西村清和，1989，『遊びの現象学』勁草書房

坂部恵，1983，『「ふれる」ことの哲学──人称的世界とその根底』岩波書店

ストリブラス，ピーター／ホワイト，アロン，1995，『境界侵犯──その詩学と政治学』本橋哲也訳，ありな書房

多田道太郎，1974，『遊びと日本人』筑摩書房

戸井田道三，1963，『演技──生活のなかの表現行為』紀伊国屋

ターナー，ヴィクター，1996，『儀礼の過程（新装版）』冨倉光雄訳，思索社

柳田國男，1990，「こども風土記」『柳田國男全集 23』ちくま文庫

◆ 第3場

アンダーソン，ネルス，2000，『ホーボー──ホームレスの人たちの社会学』上下，広田康生訳，ハーベスト社

クレッシー，ポール・G，2017，『タクシーダンス・ホール──商業的娯楽と都市生活に関する社会学的研究』奥田道大・吉原直樹監修，桑原司・石沢真貴・寺岡伸悟・高橋早苗・奥田憲昭・和泉浩訳，ハーベスト社

Hall, Stuart and Paddy Whannel, 1965, *The Popular Arts*, Pantheon Books

ハーヴェイ，デヴィッド，2013，『反乱する都市──資本のアーバナイゼーションと都市の再創造』森田成也・大屋定晴・中村好孝・新井大輔訳，作品社

ホガート，リチャード，1986，『読み書き能力の効用（新装版）』香内三郎訳，晶文社

マレー，チャールズ，2013，『階級「断絶」社会アメリカ──新上流と新下流の出現』橘明美訳，草思社

オーウェル，ジョージ，1996，『ウィガン波止場への道』土屋宏之・上野勇訳，ちくま学芸文庫

オーウェル，ジョージ，2009，「少年週刊誌」『新装版 オーウェル評論集 4 ライオンと一角獣』川端康雄編，平凡社

パーク，ロバート・E，1986，『実験室としての都市──パーク社会学論文選』町村敬志・好井裕明編訳，御茶の水書房

パーク，ロバート・E，2011，「都市──都市環境における人間行動の研究のための提案」松本康訳，松本康編『都市社会学セレクション 1 近代アーバニズム』日本評論社

パットナム，ロバート・D，2006，『孤独なボウリング──米国コミュニティ

の崩壊と再生』柴内康文訳，柏書房

ホワイト，ウィリアム・F，2000，『ストリート・コーナーソサエティ』奥田道大・有里典三訳，有斐閣

ウィリアムズ，レイモンド，2008，『文化と社会——1780‐1950』若松繁信・長谷川光昭訳，ミネルヴァ書房

ウィリス，ポール・E，1996，『ハマータウンの野郎ども』熊沢誠・山田潤訳，ちくま学芸文庫

ウィルソン，ウィリアム・J，1999，『アメリカのアンダークラス』青木秀男監訳，平川茂・牛草英晴訳，明石書店

吉見俊哉，1987，『都市のドラマトゥルギー——東京・盛り場の社会史』弘文堂

◆ 第 4 場

セルトー，ミシェル・ド，1987，『日常的実践のポイエティーク』山田登世子訳，国文社

デューイ，ジョン，1968，『哲学の改造』清水幾太郎・清水禮子訳，岩波文庫

福住廉・隅千夏編，2008，『今日の限界芸術』BankART1929

石子順造，1986，『キッチュ論』（石子順造著作集 第 1 巻）喇嘛舎

ジェイムズ，W，1957，『プラグマティズム』桝田啓三郎訳，岩波文庫

佐藤忠男，1962，『斬られ方の美学』筑摩書房

思想の科学研究会編，1950，『夢とおもかげ——大衆娯楽の研究』中央公論社

思想の科学研究会編，1950，『私の哲学』中央公論社

多田道太郎，1962，『複製芸術論』勁草書房

鶴見俊輔ほか，1951，「ルソーのコミュニケイション論」桑原武夫編『ルソー研究』岩波書店

鶴見俊輔，1961，『折衷主義の立場』筑摩書房

鶴見俊輔，1967，「芸術の発展」『限界芸術論』勁草書房

鶴見俊輔，1986，『アメリカ哲学（新装版）』講談社学術文庫

鶴見俊輔，1999，『限界芸術論』ちくま学芸文庫

鶴見俊輔，2001，『戦後日本の大衆文化史——1945‐1980 年』岩波現代文庫

鶴見良行，1999，『鶴見良行著作集 1　出発』みすず書房

吉見俊哉，1994，『メディア時代の文化社会学』新曜社

吉見俊哉，2012，『アメリカの越え方——和子・俊輔・良行の抵抗と越境』弘文堂

◆ 第 5 場

福澤諭吉，1995，『文明論之概略』松沢弘陽校注，岩波文庫

権田保之助，2010a，「民衆娯楽の基調」『権田保之助著作集』第1巻，学術出版会

権田保之助，2010b，「民衆娯楽論」『権田保之助著作集』第2巻，学術出版会

本間久雄，1972，「民衆芸術の意義及び価値」（『近代文学評論大系』第5巻）

桑木厳翼，1920，『文化主義と社会問題』至善堂書店

南博・社会心理研究所編，1965，『大正文化』勁草書房

森本厚吉，1922，『新生活研究』文化生活研究会出版部

森本厚吉，1924，『滅びゆく階級』同文館

新居格，2011，『近代心の解剖』（吉見俊哉監修 文化社会学基本文献集 第1期（戦前編）第5巻）日本図書センター

大杉栄，1964，「民衆芸術の技巧」『大杉栄全集』第5巻，現代思潮社

大山郁夫，1988，「民衆文化の世界へ」『大山郁夫著作集——大正デモクラシー期の政治・文化・社会』第3巻，岩波書店

清水真木，2013，『忘れられた哲学者——土田杏村と文化への問い』中公新書

左右田喜一郎，1922，『文化価値と極限概念』岩波書店

戸坂潤，1948，『イデオロギー概論』理想社

土田杏村，2011，『文明は何処へ行く』（吉見俊哉監修 文化社会学基本文献集 第1期（戦前編）第7巻）日本図書センター

鶴見俊輔，1976，「民衆娯楽から国民娯楽へ」『思想』1976年6月号。

柳父章，1995，『文化』三省堂

◆ 第6場

針生一郎，2014，『われらのなかのコンミューン——現代芸術と大衆』（吉見俊哉監修 文化社会学基本文献集 第3期 第22巻）日本図書センター

日高六郎，1960，『1960年5月19日』岩波新書

コーンハウザー，ウィリアム，1961，『大衆社会の政治』辻村明訳，東京創元社

栗原彬，1982，『管理社会と民衆理性——日常意識の政治社会学』新曜社

松下圭一，1969，『現代政治の条件（増補版）』中央公論社

松下圭一，1994，『戦後政治の歴史と思想』ちくま学芸文庫

見田宗介，1963，「死者との対話」『思想の科学』1月号

見田宗介，2011，『生と死と愛と孤独の社会学』（定本 見田宗介著作集 第6巻）岩波書店

見田宗介，2012a，『現代化日本の精神構造』（定本 見田宗介著作集 第5巻）岩波書店

見田宗介，2012b，『近代日本の心情の歴史』（定本 見田宗介著作集 第4巻）岩波書店

中井正一ほか編，2012，『図書館年鑑1952』（吉見俊哉監修 文化社会学基本文献集 第2期（戦後編）第15巻）日本図書センター

南原繁，1973，『文化と国家』（南原繁著作集 第7巻）岩波書店

オルテガ・イ・ガセット，1995，『大衆の反逆』神吉敬三訳，ちくま学芸文庫

理論編集部編，2012，『美しい生活のために——新しい芸術鑑賞』（吉見俊哉監修 文化社会学基本文献集 第2期（戦後編）第14巻）日本図書センター

清水幾太郎ほか，2012，『メディアと知識人1』（吉見俊哉監修 文化社会学基本文献集 第2期（戦後編）第20巻）日本図書センター

思想の科学研究会編，2012，『「戦後派」の研究』（吉見俊哉監修 文化社会学基本文献集 第2期（戦後編）第12巻）日本図書センター

津村喬，2014，『メディアの政治』（吉見俊哉監修 文化社会学基本文献集 第3期（高度経済成長期編）第28巻）日本図書センター

◆ 第7場

ベル，ダニエル，1976-77，『資本主義の文化的矛盾』上中下，林雄二郎訳，講談社学術文庫

ブルデュー，ピエール，1990，『ディスタンクシオン——社会的判断力批判（1・2）』石井洋二郎訳，藤原書店

コーエン，タイラー，2011，『創造的破壊——グローバル文化経済学とコンテンツ産業』浜野志保訳，田中秀臣監訳・解説，作品社

ドラッガー，P・F，1969，『断絶の時代——来たるべき知識社会の構想』林雄二郎訳，ダイヤモンド社

エンツェンスベルガー，ハンス・マグヌス，1979，『意識産業』石黒英男訳，晶文社

フロリダ，リチャード，2008，『クリエイティブ資本論——新たな経済階級の台頭』井口典夫訳，ダイヤモンド社

ハーヴェイ，デヴィッド，1999，『ポストモダニティの条件』吉原直樹監訳・解説，青木書店

ホルクハイマー，マックス／アドルノ，テオドール，2007，『啓蒙の弁証法——哲学的断想』徳永恂訳，岩波文庫

マッハルプ，フリッツ，1969，『知識産業』高橋達男・木田宏監訳，産業能率短期大学出版部

シラー，ハーバート・I，1995，『世論操作』斎藤文男訳，青木書店

◆ 第8場

ボードリヤール，ジャン，2015，『消費社会の神話と構造（新装版）』今村仁司・塚原史訳，紀伊國屋書店

ボードリヤール，ジャン，1980，『物の体系——記号の消費』宇波彰訳，法政大学出版局

ユーウェン，スチュアート，1990，『浪費の政治学——商品としてのスタイル』平野秀秋・中江桂子訳，晶文社

ガルブレイス，ジョン・K，1972，『新しい産業国家（第2版）』都留重人監修，石川通達ほか訳，河出書房新社

ガルブレイス，ジョン・K，2006，『ゆたかな社会（決定版）』鈴木哲太郎訳，岩波現代文庫

Hall, Stuart, 1980, "Encoding / Decoding," Hall S, D. Hobson, A. Lowe, and P. Willis eds., *Culture, Media, Language: Working Papers in Cultural Studies, 1972-79*. Routledge.

北田暁大，2002，『広告の誕生——近代メディア文化の歴史社会学』岩波書店

見田宗介，1996，『現代社会の理論——情報化・消費化社会の現在と未来』岩波新書

難波功士，2000，『「広告」への社会学』世界思想社

リースマン，デイヴィット，1964，『孤独な群衆』加藤秀俊訳，みすず書房

リースマン，デイヴィット，1968，『何のための豊かさ』加藤秀俊訳，みすず書房

多木浩二・内田隆三，1992，『零の修辞学——歴史の現在』リブロポート

内田隆三，1987，『消費社会と権力』岩波書店

ヴェブレン，ソースティン，1998，『有閑階級の理論——制度の進化に関する経済学的研究』高哲男訳，ちくま学芸文庫

吉見俊哉，1996，『リアリティ・トランジット——情報消費社会の現在』紀伊國屋書店

◆ 第9場

アパデュライ，アルジュン，2004，『さまよえる近代——グローバル化の文化研究』門田健一訳，吉見俊哉解説，平凡社

バーバ，ホミ・K，2012，『文化の場所——ポストコロニアリズムの位相』本橋哲也・正木恒夫・外岡尚美・阪元留美訳，法政大学出版局

Cannell, Fenella, 1995, "The Power of Appearances: Beauty, Mimicry, and Transformation in Bicol," Vincente L. Rafael eds., *Discrepant Histories*, Anvil Publishing, Manila.

ドルフマン，アリエル／マトゥラール，アルマン，1984，『ドナルド・ダックを読む』山崎カヲル訳，晶文社

モーリス＝スズキ，テッサ／吉見俊哉ほか，2004，『グローバリゼーションの文化政治』平凡社

リッツア，ジョージ，1999，『マクドナルド化する社会』正岡寛司監訳，早稲田大学出版部

サイード，エドワード・W，1986，『オリエンタリズム』今沢紀子訳，平凡社

サイード，エドワード・W，1998，2001，『文化と帝国主義』1・2，大橋洋一訳，みすず書房

Schiller, Herbert I, 1969, *Mass Communications and American Empire*, Westview Press.

トムリンソン，ジョン，1997，『文化帝国主義』片岡信訳，青土社

吉見俊哉，2007，『親米と反米——戦後日本の政治的無意識』岩波新書

◆ 第 10 場

天野正子・桜井厚，2003，『「モノと女」の戦後史——身体性・家庭性・社会性を軸に』平凡社

Benson, Susan P., 1988, *Counter Cultures: Saleswomen, Managers, and Customers in American Department Stores, 1890–1940*, University of Illinois Press.

ボウルビー，レイチェル，1984，『ちょっと見るだけ——世紀末消費文化と文学テクスト』高山宏訳，ありな書房

バトラー，ジュディス，1999，『ジェンダー・トラブル——フェミニズムとアイデンティティの攪乱』竹村和子訳，青土社

フリーダン，ベティ，2004，『新しい女性の創造 改訂版』三浦冨美子訳，大和書房（原題は，「女らしさの神話」1963）

北澤秀一，1925，「ショップ・ガール」『改造』1925 年 4 月号

ミード，マーガレット，1961，『男性と女性——移りゆく世界における両性の研究』上下，田中寿美子・加藤秀俊訳，東京創元社

Miller, Michael B., 1981, *The Bon Marche: Bourgeois Culture and the Department Store, 1869–1920*, Princeton U.P.

村上信彦，1983，『大正期の職業婦人』ドメス出版

ポロック，グリゼルダ，1998，『視線と差異——フェミニズムで読む美術史』萩原弘子訳，新水社

上野千鶴子，2009，『セクシィ・ギャルの大研究——女の読み方・読まれ方・読ませ方』岩波現代文庫

ウィリアムズ，ロザリンド・H，1996，『夢の消費革命——パリ万博と大衆消費の興隆』吉田典子・田村真理訳，工作舎

ゾラ，エミール，2002，『ボヌール・デ・ダム百貨店』伊藤桂子訳，論創社

◆ 第 11 場

カステル，マニュエル，2009，『インターネットの銀河系——ネット時代のビジネスと社会』矢澤修次郎・小山花子訳，東信堂

フロリディ，ルチアーノ，2017，『第四の革命——情報圏（インフォスフィア）が現実をつくりかえる』春木良且・犬束敦史監訳，新曜社

藤代裕之，2017，『ネットメディア覇権戦争——偽ニュースはなぜ生まれたか』光文社新書

ギャロウェイ，アレクサンダー・R，2017，『プロトコル——脱中心化以後のコントロールはいかに作動するのか』北野圭介訳，人文書院

レッシグ，ローレンス，2001，『CODE——インターネットの合法・違法・プライバシー』山形浩生・柏木亮二訳，翔泳社

メルッチ，アルベルト，1997，『現在に生きる遊牧民（ノマド）——新しい公共空間の創出に向けて』山之内靖・貴堂嘉之・宮崎かすみ訳，岩波書店

モザド，アレックスほか，2018，『プラットフォーム革命——経済を支配するビジネスモデルはどう機能し，どう作られるのか』藤原朝子訳，英治出版

長尾真・遠藤薫・吉見俊哉編，2010，『書物と映像の未来——グーグル化する世界の知の課題とは』岩波書店

岡部一明，1996，『インターネット市民革命——情報化社会・アメリカ編』御茶の水書房

パリサー，イーライ，2012，『閉じこもるインターネット——グーグル・パーソナライズ・民主主義』井口耕二訳，早川書房

リフキン，ジェレミー，2015，『限界費用ゼロ社会——〈モノのインターネット〉と共有型経済の台頭』柴田裕之訳，NHK 出版

田中辰雄・山口真一，2016，『ネット炎上の研究——誰があおり，どう対処するのか』勁草書房

吉田純，2000，『インターネット空間の社会学——情報ネットワーク社会と公共圏』世界思想社

吉見俊哉，2012，『「声」の資本主義——電話・ラジオ・蓄音機の社会史』河出文庫

◆ 第 12 場

アリスン，アン，2010，『菊とポケモン——グローバル化する日本の文化力』実川元子訳，新潮社

コンドリー，イアン，2009，『日本のヒップホップ——文化グローバリゼーションの〈現場〉』田中東子・山本敦久訳，上野俊哉監訳，NTT 出版

Hosokawa, Shuhei and Toru Mitsui eds., 1998, *Karaoke Around the World: Global Technology, Local Singing*, Routledge.

杉本厚夫編，1997，『スポーツファンの社会学』世界思想社

田中研之輔，2016，『都市に刻む軌跡——スケートボーダーのエスノグラフィー』新曜社

田中東子，2009，「コスプレという文化」成実弘至編『コスプレする社会——サブカルチャーの身体文化』せりか書房

田中東子，2017，「コスプレとサブカルチャー」藤田結子・成実弘至・辻泉編『ファッションで社会学する』有斐閣

渡辺明日香，2017，「ストリートファッション」藤田結子・成実弘至・辻泉編『ファッションで社会学する』有斐閣

吉見俊哉・北田暁大編，2007，『路上のエスノグラフィ——ちんどん屋からグラフィティまで』せりか書房

◆ 第 13 場

ブーアスティン，ダニエル・J，1976，『幻影（イメジ）の時代——マスコミが製造する事実』星野郁美・後藤和彦訳，東京創元社

ドゥボール，ギー，2003，『スペクタクルの社会』木下誠訳，ちくま学芸文庫

ジェイコブス，ジェイン，2010，『アメリカ大都市の死と生』山形浩生訳，鹿島出版会

マキァーネル，ディーン，2012，『ザ・ツーリスト——高度近代社会の構造分析』安村克己・須藤廣・高橋雄一郎・堀野正人・遠藤英樹・寺岡伸悟訳，学文社

スミス，バレーン・L編，1991，『観光・リゾート開発の人類学——ホスト＆ゲスト論でみる地域文化の対応』三村浩史監訳，勁草書房

アーリ，ジョン／ラースン，ヨーナス，2014，『観光のまなざし（増補改訂版）』加太宏邦訳，法政大学出版局

山下晋司，2009，『観光人類学の挑戦——「新しい地球」の生き方』講談社

吉見俊哉，1992，『博覧会の政治学——まなざしの近代』中公新書

ズーキン，シャロン，2013，『都市はなぜ魂を失ったか——ジェイコブズ後のニューヨーク論』内田奈芳美・真野洋介訳，講談社

◆ 第 14 場

バーク，ピーター，2004，『知識の社会史——知と情報はいかにして商品化したか』井山弘幸・城戸淳訳，新曜社

クリフォード，ジェイムズ，2003，『文化の窮状——20 世紀の民族誌，文学，芸術』太田好信・慶田勝彦・清水展・浜本満・古谷嘉章・星埜守之訳，人文書院

デリダ，ジャック，2017，『アーカイブの病——フロイトの印象』福本修訳，

法政大学出版局

フーコー，ミッシェル，1974，『言葉と物——人文科学の考古学』渡辺一民・
　佐々木明訳，新潮社

アルヴァックス，M，1999，『集合的記憶』小関藤一郎訳，行路社

記録管理学会・日本アーカイブズ学会編，2006，『入門・アーカイブズの世界
　——記憶と記録を未来に』日外アソシエーツ

ノラ，ピエール，2002，『記憶の場——フランス国民意識の文化＝社会史』全
　3巻，谷川稔訳，岩波書店

イエイツ，フランセス・A，1993，『記憶術』玉泉八州男監訳，青木信義・井
　出新・篠崎実・野崎睦美訳，水声社

吉見俊哉，2011，『大学とは何か』岩波新書

索　引

──────── 事項索引 ────────

◆ アルファベット

LGBT（性的マイノリティ）　194

SEALDs（Students Emergency Action
　　for Liberal Democracy）　220

Windows95　215

◆ あ 行

アーカイビング　288

アカウンタビリティ（説明責任）　288

アーキビスト　290

アゴン　29

新しい社会運動　219

『新しい女性の創造』　188

「新しい望郷の歌」　126

アノミー　132

アメリカ国立公文書記録管理局
　　（NARA）　289

アメリカ大統領選　227

アメリカ的生活様式　172

アメリカニズム　48

アルゴリズム　225

アレア　29

安保関連法案　220

暗黙知　293

『意識産業』　134

依存効果　156

イデオスケープ　181, 182

イデオロギー　42, 100

イノベーション　144

異文化　6, 15

移　民　56

イリンクス　29

岩波文化　101

印刷革命　294

『ウィガン波止場への道』　47

『歌のない歌謡曲』　235

エキゾチック・ジャパン　199

エコ・ツーリズム　262

エスノグラフィー　46

エスノスケープ　181, 182

絵葉書　83

エンコーディング／デコーディング
　　5, 163

炎上（フレーミング）　222

送り手／受け手　164

オーセンティシティ　265

男らしさ　189

お守り言葉　66

オーラルヒストリー　293

オリエンタリズム　18, 176

お笑い番組　83

音楽著作権協会（JASRAC）　236

女らしさ　189

◆ か 行

階　級　16, 51

階級意識　42

解釈コード　70

ガイドブック　255

海浜リゾート　255

替え歌　75, 82

家　郷　126

格差社会　167

家族アルバム　77, 78

価値意識　122

〈価値〉の産業化　137

309

活版印刷　211
家電製品　195
カーニバル　24
カフェ　205
家父長制　189
カラオケ　231, 235, 239, 250, 251
カルチュラル・スタディーズ　4, 58,
　　163
環境運動　214
観光客　257
監　視　292
寛容性　146
記憶遺産　270
記号／言語の多声性　165
記号的価値　160
記号的差異化　151
疑似イベント　257
キッチュ　83
教育基本法　112
驚異の部屋　274
共産党宣言　188
玉音放送　110
記録映画　77
記録知　290
記録紛失問題　289
草の根　214
グッゲンハイム美術館　278
グランド・ツアー　254
クリエイティブ産業　143, 145
クールジャパン　19
グロテスク・リアリズム　26
形式知　293
啓蒙主義　9
『啓蒙の弁証法』　132
ゲスト　260
『ゲットー』　56
限界芸術　72, 73
限界的特殊化　156
検索システム　212
原子化　116

講　談　81
公民館　271
御真影　120
コスプレ　237-239, 243, 250, 251
『孤独な群衆』　154
コミックマーケット（コミケット）
　　82, 237
コンピュータウイルス　221

◆　さ　行

差異化のシステム　160
サウンドデモ　220
盛り場　232
サブカルチャー　3, 167
サポーティング・ツーリズム　263
参与観察　46
ジェンダー　16, 189
『ジェンダー・トラブル』　192
ジェントリフィケーション　265
シカゴ学派　42
思想の科学研究会　65
支配的な読み　165
市民マラソン　246, 248, 250-252
社会関係資本　141
社会的性格　42, 154
『ジャック・ローラー』　56
シャリヴァリ　25
集合意識　125
集合知　290
蒐　集　274
自由貿易主義　172
修　養　15, 18
ジュークボックス　233
出郷者　126
主婦＝奥さま　196
趣　味　142
シュミラークル　133
準拠集団　43
純粋芸術　73
巡　礼　254

証拠的価値　290
上昇移動　45
消費者運動　214
『消費社会の神話と構造』　159
情報的価値　290
情報ボランティア　216
商用パソコン通信サービス　215
女　給　205
職業婦人　201
女子マラソン　246
女性参政権　188
女性車掌　202
女性電話交換手　201
『女性の権利の擁護』　188
女性の財産保護　188
ショップ・ガール　204
新カント派　99
人権宣言　187
人　口
　　──の過渡的成長期　154
　　──の高度成長潜在期　154
　　──の初期的減退期　154
心　情　125
スクルーティニー派　12
スター　236, 239
スタディ・ツアー　262
ステレオタイプ　42
ストリート・ファッション　242
スーパーマーケット　152
スペクタクル　258
スミソニアン博物館　275
スラム　46
生活世界　46
成婚パレード　119
聖／俗／遊　28
聖なるもの　27
西南ドイツ学派　99
「西方的」世界感情　123
セグメント化　152
折衝的な読み　165

『1984』　47
想像の共同体　182
ソーシャルメディア　226
ソフト・ツーリズム　262

◆ た　行
第一次世界大戦　16, 42
大英博物館　275
対抗的な読み　165
大衆（マス）　16, 115, 116
大衆芸術　73
大衆社会化　132
大衆社会論争　117
大衆小説　80
大衆天皇制　119
『大正文化』　96
大正文化主義　95
ダーク・ツーリズム　262
他　者　237, 254
脱領土化　183
脱魔術化　131
たのしい記号　72
多文化主義　276
男女雇用機会均等法　191
ダンスホール　45
男性／女性　189
知識産業　143
中間集団　116
著作権　211, 291
ディアスポラ　181
ディスカバー・ジャパン　199
ディスコミュニケーション　70
テイスト　153
テクノスケープ　181, 182
テクノストラクチュア　157
デジタルアーカイブ　291
デ　モ　75
田　園　17
伝統主義　131
ドイツ・ロマン主義　8

東京オリンピック 245
道徳地域 44
『動物農場』 47
「東方的」世界感情 124
読書クラブ 284
匿名化 210
都市コミュニティ 46
図書館 210, 287
『ドナルド・ダックを読む』 173

◆ な 行
ナショナリズム 9
浪花節 81
二次的な声の文化 235
偽ニュース 223, 227
日本国憲法 111
ニューヨーク現代美術館（MoMA）
　275
任侠映画 82
ネット社会 222, 252
『のど自慢素人音楽会』 235

◆ は 行
パソコン・ネットワーク 214
8ミリ映画 78
バック旅行 255
ハビトゥス 142
パブリック・スクール 47
バーミンガム大学現代文化研究センター
　57
バリ島 264
パルコ 152
反安保闘争 75
反学校の文化 60
万国博覧会 275
反戦運動 214
パンフレット 68
美的経験 72
百科事典 212
百貨店 152, 203

ビルバオ 279
ファイナンススケープ 181, 182
ファシズム 68, 134
ファン・カルチャー 237
フィルターバブル 226
フェミニズム 189, 214
　「第一波」の—— 188
　「第二波」の—— 189
プラグマティズム 66
プラットフォーム 224
フランクフルト学派 132
フランス革命 187, 287
ブルジョア文化 54
プロセスとしての文化 138
ブロマイド 83
プロレタリア文化 54
文化アパートメント 96
文化映画 96
文化価値 103
文化国家 110
文化財 6, 270
文化産業 132
文化資源 268
文化資本 43, 141
文化社会学 99
文化住宅 96
文化主義 99
文化生活 95, 97
文化生活運動 97
『文化生活研究』 97
文化庁 112
文化帝国主義 172
『文化と社会』 51
『文化と帝国主義』 184
文化の型 43
文化村 96
文明開化 13
『文明論之概略』 91
ベストセラー 124
ヘブライズム 124

ヘレニズム　124

ポスト構造主義　180

ポストコロニアリズム　18，277

ポータルサイト　224

ボドリアン図書館　283

『ポピュラー・アート』　58

ポピュリズム　229

『ホーボー』　44

ホボヘミア　44

『ホモ・ルーデンス』　23

ボランティア　263

ポンピドゥー・センター　277

◆　ま　行

マーケティング　117

マス・カルチャー　53，117

マス・コミュニケーション　42，53

貧しさ　167

まなざし　254

マルクス主義　99

マンガ　57，241

三　越　204

ミッチー・ブーム　120

身の上相談　124

耳穴っ子　60

ミミクリ　29

ミュージアム　273

民　衆　115

民衆芸術　105

民衆娯楽　104，107

民衆文化　104

民主制　51

民俗学　74

民俗文化　15

みんなの知識　210

無宿者　44

無料ミニコミ誌　238

メディアスケープ　181，182

メディア・リテラシー　58

メトロポリタン美術館　275

メーリングリスト　217

模型文化　261

モダニズム　14，195

モダンガール　195

◆　や　行

野　蛮　18

『やりかたの技法』　84

野郎ども　60

豊かさ　167

『夢とおもかげ』　80

欲望の生産　157

『読み書き能力の効用』　48

◆　ら・わ行

ラディカル・フェミニズム　189

リサーチ・クエスチョン　5

リスク　214

流行歌　124

旅行者　257

ルネッサンス　26

ルーブル美術館　274

ルポルタージュ　47

レクリエーション　254

レコード・グループ　289

労働者階級　11

労働者文化　48

ローカル　218

『私の秘密』　235

――――――　人名索引　――――――

◆　あ　行

アドルノ，テオドール　132

アーノルド，マシュー　11

アパデュライ，アルジュン　5，180

阿部次郎　　101
安倍能成　　101
有島武郎　　97
アンダーソン，ネルス　　44
アンダーソン，ベネディクト　　181
石子順造　　83
岩波茂雄　　101
ヴァネル，パディ　　58
ウィリアムズ，レイモンド　　11, 51
ウィリス，ポール　　60
ヴィンデルバント，ヴィルヘルム　　99
ウェーバー，マックス　　41, 131
ヴォリンガー，ヴィルヘルム　　123
ウルストンクラフト，メアリ　　188
エリオット，T・S　　17
エンツェンスベルガー，ハンス・マグヌ
　　ス　　134
オーウェル，ジョージ　　47
大杉栄　　105
大山郁夫　　106
オング，ウォルター　　235

◆ か 行

カイヨワ，ロジェ　　27
賀川豊彦　　97
カーライル，トーマス　　11
ガルブレイス，ジョン・ケネス　　156
カント，イマヌエル　　9
北澤秀一　　204
キャネル，フェネラ　　171
九鬼周造　　101
クック，トーマス　　255
クラカウアー，ジークフリート　　78
クリントン，ヒラリー　　227
クレッシー，ポール・G　　45
桑木厳翼　　102
ケーベル，ラファエル・フォン　　101
ゲーリー，フランク　　279
ゴッフマン，アーヴィング　　259
コペルニクス，ニコラウス　　213

コールリッジ，サミュエル・テイラー
　　11
権田保之助　　107

◆ さ 行

サイード，エドワード・W　　175
坂部恵　　37
佐藤忠男　　81
シェイクスピア　　12
ジェイコブス，ジェーン　　265
ジェイムズ，ウィリアム　　66
ジェネップ，アーノルド・ヴァン　　32
シェーラー，マックス　　100
清水幾太郎　　117
ショウ，クリフォード・R　　46
シラー，ハーバート　　172
シラー，フリードリヒ・フォン　　9
ジンメル，ゲオルク　　42
ズーキン，シャロン　　265
スミス，バレーン・L　　260
スラッシャー，フレデリック・M　　46
セルトー，ミシェル・ド　　84
左右田喜一郎　　102
ゾーボー，ハーヴェイ・W　　46

◆ た 行

高野岩三郎　　97
ターナー，ヴィクター　　32
田中耕太郎　　112
田中美知太郎　　114
谷川真理　　247, 248
チェッカー，チャビー　　59
土田杏村　　103
円谷幸吉　　245
鶴見和子　　66
鶴見俊輔　　65
鶴見良行　　78
ディズニー，ウォルト　　134, 176
デューイ，ジョン　　66
デュルケーム，エミール　　41

戸井田道三　37
ドゥボール，ギー　258
戸坂潤　66，99
ドラッカー，ピーター　143
トランプ，ドナルド　227
ドルフマン，アリエル　173

◆ な 行

中野重治　66
夏目漱石　101
新渡戸稲造　97
ニューマン，ジョン・H　11

◆ は 行

バーク，エドマンド　52
バーク，ピーター　15
パーク，ロバート・E　43
パース，チャールズ・S　66
バトラー，ジュディス　192
バフチン，ミハエル　24
パリサー，イーライ　225
日高六郎　117
ブーアスティン，ダニエル・J　257
福澤諭吉　91
藤田省三　36
フリーダン，ベティ　188
ブルデュー，ピエール　5
ブレア，トニー　147
フロイト，ジークムント　100
フロム，エーリッヒ　117
フロリダ，リチャード　145
ヘーゲル，ゲオルク・ヴィルヘルム・フ
　リードリヒ　100
ベッカー，ハワード・S　56
ヘルダー，ヨハン・ゴットフリート
　8
ホイジンガ，ヨハン　23
ホガート，リチャード　48
ボードリヤール，ジャン　152，158
ホール，スチュアート　5，58，163

ホルクハイマー，マックス　132
ホワイト，ウィリアム・F　56
本間久雄　105

◆ ま 行

マッカネル，ディーン　259
松下圭一　117
マトゥラール，アルマン　173
マルクス，カール　100
マンハイム，カール　42，117
三木清　101
見田宗介　122
ミード，マーガレット　190
宮沢賢治　74
ミルズ，C・ライト　117
ムッソリーニ，ベニート　68
村上信彦　201
メルッチ，アルベルト　219
森本厚吉　97

◆ や 行

柳田國男　34，74
柳宗悦　74
与謝野晶子　97
吉川英治　80
吉野作造　97
吉屋信子　80

◆ ら・わ行

ライト，フランク・ロイド　278
ラスキン，ジョン　11
リーヴィス，F・R　12，17
リーヴィス，Q・D　17
リースマン，デイヴィット　154
リッケルト，ハインリヒ　99
ルソー，ジャン＝ジャック　68
ロレンス，D・H　52
ワース，ルイス　46
和辻哲郎　101

◎著者紹介

吉見 俊哉（よしみ しゅんや）

1957年，東京都に生まれる。1981年，東京大学教養学部教養学科相関社会科学分科卒業。1987年，同大学院社会学研究科博士課程単位取得退学。現在，東京大学大学院情報学環教授。社会学・文化研究専攻。

主著『都市のドラマトゥルギー』『「声」の資本主義』（河出文庫），『博覧会の政治学』『万博と戦後日本』（講談社学術文庫），『親米と反米』『ポスト戦後社会』『大学とは何か』『トランプのアメリカに住む』（岩波新書），『夢の原子力』（ちくま新書），『「文系学部廃止」の衝撃』『大予言』『戦後と災後の間』（集英社新書），『メディア時代の文化社会学』（新曜社），『メディア文化論（改訂版）』（有斐閣），『カルチュラル・ターン，文化の政治学へ』（人文書院），『リアリティ・トランジット』（紀伊國屋書店），『カルチュラル・スタディーズ』『視覚都市の地政学』（岩波書店），『アメリカの超え方』（弘文堂）ほか。

現代文化論——新しい人文知とは何か
Introduction to Contemporary Cultural Studies

2018年11月5日　初版第1刷発行
2020年8月20日　初版第2刷発行

著　者	吉　見　俊　哉
発行者	江　草　貞　治
発行所	株式会社　有　斐　閣

郵便番号　101-0051
東京都千代田区神田神保町2-17
電話　(03)3264-1315〔編集〕
　　　(03)3265-6811〔営業〕
http://www.yuhikaku.co.jp/

印刷・精文堂印刷株式会社／製本・大口製本印刷株式会社
© 2018, S. Yoshimi. Printed in Japan
落丁・乱丁本はお取替えいたします。
★定価はカバーに表示してあります。
ISBN 978-4-641-22076-8

|JCOPY| 本書の無断複写(コピー)は，著作権法上での例外を除き，禁じられています。複写される場合は，そのつど事前に(一社)出版者著作権管理機構(電話03-5244-5088, FAX03-5244-5089, e-mail:info@jcopy.or.jp)の許諾を得てください。